内陆型集装箱中心站中欧班列运输组织与优化

武中凯　尹传忠　著

上海交通大学出版社
SHANGHAI JIAO TONG UNIVERSITY PRESS

内容提要

　　本书研究内陆型集装箱中心站运输组织与优化问题,以中欧班列为研究对象,采用理论分析和实际案例相结合的方式进行研究。书中案例主要以哈尔滨铁路集装箱中心站为背景进行论证、分析。主要内容包括:中欧班列货流形成机理分析;内陆型集装箱中心站功能区布局优化;中欧班列节点吸引区划分及货流分配;内陆型集装箱中心站中欧班列运输组织协同;内陆型集装箱中心站运输组织方案。最后,提出内陆型集装箱中心站中欧班列发展的对策建议。

　　本书可作为铁路运输规划与管理从业人员、高等院校交通运输专业师生从事科研及教学的参考书。

图书在版编目(CIP)数据

　　内陆型集装箱中心站中欧班列运输组织与优化/武中凯,尹传忠著. —上海:上海交通大学出版社,2019
　　ISBN 978 - 7 - 313 - 21651 - 9

　　Ⅰ.①内…　Ⅱ.①武…②尹…　Ⅲ.①铁路运输—国际联合运输—集装箱运输—研究—中国、欧洲　Ⅳ.①U294.3

　　中国版本图书馆 CIP 数据核字(2019)第 153498 号

内陆型集装箱中心站中欧班列运输组织与优化

著　　者:武中凯　尹传忠
出版发行:上海交通大学出版社　　　　　　　　　　　地　　址:上海市番禺路 951 号
邮政编码:200030　　　　　　　　　　　　　　　　　电　　话:021 - 64071208
印　　制:当纳利(上海)信息技术有限公司　　　　　经　　销:全国新华书店
开　　本:710mm×1000mm　1/16　　　　　　　　　印　　张:13.75
字　　数:259 千字
版　　次:2019 年 9 月第 1 版　　　　　　　　　　　印　　次:2019 年 9 月第 1 次印刷
书　　号:ISBN 978 - 7 - 313 - 21651 - 9/U
定　　价:49.00 元

前　　言

十九大报告中提出要以"一带一路"建设为重点，坚持引进来和走出去并重，形成陆海内外联动、东西双向互济的开放格局。在"一带一路"建设的背景下，中欧班列扮演着"先行官"的重要角色。将中欧班列打造成为具有国际竞争力和良好商誉度的世界知名物流品牌，既是"一带一路"建设的重要平台，也是中国铁路国际化的宣传名片。对内陆地区而言，中欧班列已经成为内陆贸易商品对外流通的重要通道，不仅加强了内陆贸易运输的市场竞争力，也为内陆对外开放开辟了新兴业态，有利于内陆地区直接通过铁路与世界相连，将内陆城市推向开放合作的前沿。作为内陆铁路运输的重要节点，内陆型集装箱中心站在中欧班列运行过程中发挥重要作用。

本书是中国铁路总公司科技研究开发计划重点课题——内陆型集装箱中心站中欧班列运输组织与优化研究(NO. 2017X009 - J)研究成果的总结。本书首先对内陆型集装箱中心站进行了界定，并在分析中欧班列运行现状基础之上，提出了中欧班列运营过程中存在的相关问题。针对这些问题，首先分析了内陆型集装箱中心站技术特征及货流形成机理。接着针对内陆型铁路集装箱中心站特点，以哈尔滨铁路集装箱中心站为例，提出了内陆型集装箱中心站功能区布局优化方法，从直接吸引区货流及诱发货流两个方面提出中欧班列货流预测方法，为中欧班列运输组织优化提供基础。随后采用基于空间相互作用的方法，包括引力模型、加权泰森多边形与断裂点模型，对内陆型集装箱中心站吸引区进行划分，并对中欧班列货流组织进行优化。从运输组织协同角度，建立了优化中欧班列始发站布局优化的多目标优化模型，以选择中欧班列的枢纽节点，并从各种运输方式合理分工角度，建立了基于最下运输成本的网络化模型及运输方式协同优化模型，以确定腹地至中欧班列起始站的运输组织方式。为了解决中欧班列无序开行问题，建立了优化内陆型集装箱中心站中欧班列开行方案模型，以确定中欧班列合理的开行数量。最后，结合研究成果以及内陆型集装箱中心站中欧班列存在的问题，提出了有针对性的对策建议。本书可为中国国家铁路集团有限公司及相关部门科学规划内陆型集装箱中心站功能区布局,优化中欧班列运输组织,保证中欧班列常态化运营提供决策依据。

在本书写作过程中,上海海事大学研究生高文慧、李文锦、颜阳、唐雁、沈亦宽、李哲等在资料收集与整理方面做了大量工作。此外,中国铁路哈尔滨局集团有限公司货运处吴志方、丁厚明、王鹏,经营开发部刘嘉、邢云启,哈尔滨火车东站董延春等为本书提供了案例、数据支持及一些可供借鉴的研究思路,在此表示感谢。

由于作者水平有限,书中存在的不足,希望相关领域专家和广大读者不吝指正。

目　　录

第1章 绪 论

1.1 内陆型集装箱中心站概述

1.1.1 内陆型集装箱中心站的概念

根据在路网中的作用、办理规模、作业性质的不同,铁路集装箱办理站一般分为集装箱中心站、集装箱专业办理站和集装箱一般办理站。

铁路集装箱中心站一般指位于我国主要经济中心城市、大型港口和铁路枢纽,具有先进的技术设备和仓储设施,具有物流配套服务和洗箱、修箱条件以及进出口报关、报验等口岸综合功能,专业办理集装箱列车及枢纽内集装箱小运转列车到发和整列集装箱列车装卸的路网性集装箱货运站。

铁路集装箱专业办理站大部分位于省会城市、内陆城市、港口城市,在路网中的地位低于铁路集装箱中心站,属于地区性或区域性集装箱作业站。

铁路集装箱一般办理站大部分位于铁路干支线或中小型港口、内陆城市,是集装箱货源的产生地或消失地,多为综合性货运站,属于小型集装箱作业站。2004年2月17日,铁道部转发了国务院审议通过的《中长期铁路网规划》,规划中指出要加快铁路枢纽及集装箱中心站的建设,建设北京、上海、广州、深圳、天津、哈尔滨、沈阳、青岛、成都、重庆、西安、郑州、武汉、大连、宁波、昆明、乌鲁木齐、兰州18个铁路集装箱中心站。铁路"十一五"规划中,明确提出我国将建成以18个铁路集装箱中心站、40个专办站、100个一般办理站为节点,以班列线为通道,辐射全国的铁路集装箱运输支撑体系。铁路集装箱运输网络体系的整体规划为集装箱运输的发展打下了坚实的基础。

作为集装箱运输体系的枢纽,根据地理位置和服务对象的不同,铁路集装箱中心站可以分为内陆型集装箱中心站和港口型集装箱中心站。内陆型集装箱中心站指建在距离海运港口距离较远的内陆地区,主要办理本地及周边内陆地区集装箱始发终到作业,并服务于枢纽所在城市的工业区、开发区及物流基地的集装箱中心站,如已建成的西安、兰州、郑州集装箱中心站。港口型集装箱中心站位于我国海港城市,主要办理城市集装箱集散作业和集装箱多式联运业务,方便港口大宗集装箱运量直接进入铁路系统,并服务于港口、保税区及物流中心的集装箱中心站,如大连、青岛、宁波集装箱中心站。将 18 个铁路集装箱中心站按照内陆型集装箱和港口型集装箱中心站进行分类,结果如表 1-1 所示。

表 1-1 集装箱中心站分类

内陆型集装箱中心站	北京、哈尔滨、沈阳、成都、重庆、西安、郑州、武汉、昆明、乌鲁木齐、兰州
港口型集装箱中心站	上海、青岛、大连、宁波、天津、广州、深圳

1.1.2 内陆型集装箱中心站发展现状

集装箱运输作为一种现代化运输方式,具有快速简便、安全节约、准确可靠等特点,是国内外货物运输实现科学化、合理化的必然途径。20 世纪 50 年代中期原铁道部成立了集装箱运输营业所,并在地方铁路局分别设立了分部;60 年代中期,铁路等相关单位对集装箱运输的重视程度不断增加,从投资建设基础设施到制定相关政策法规,不断提高铁路集装箱运输的软硬件水平。在"十一五"规划中,原铁道部提出要在我国主要经济中心和主要交通枢纽建设运营 18 个铁路集装箱中心站;国家发展和改革委员会于 2008 年印发的《中长期铁路网规划(2008 年调整)》提出建设集装箱中心站,以集装箱中心站作为铁路货运路网的节点,充分发挥铁路集装化运输衔接功能。

随着我国经济的快速发展、商品结构的改变以及市场需求的增大,铁路集装箱运输在我国铁路货运发展过程中发挥着越来越重要的作用,是国家构建综合运输体系的重要环节,成为推进国家发展战略部署的重要工具。自 2004 年以来,我国相继出台多部文件以推动铁路向现代物流发展,支持集装箱中心站建设,目前国内已建成 11 个铁路集装箱中心站,并投入运营,初步形成了覆盖全国的铁路集装箱运营网络。我国铁路中心站具体情况如表 1-2 所示。

表 1-2 国内已建成的 11 个铁路集装箱中心站

中心站		开通时间	占地面积/亩	近/远期设计运力/(10^4 TEU)	主要特点
港口型	上海	2005 年	1 080	100/186	依托洋山深水港,国际物流园区深水港配套,地理条件限制港铁分离
	青岛	2010 年	1 811	65/128	服务青岛港和山东沿海各港,建设胶州湾国际物流中心

（续表）

中心站		开通时间	占地面积/亩*	近/远期设计运力/(10^4 TEU)	主要特点
	大连	2010 年	1 743	157/261	服务于大窑湾港区,采用港前站模式,实现了海铁联运无缝衔接
	天津	2016 年	1 207	40/200	天津港区的集装箱枢纽,促进京津冀一体化发展
内陆型	哈尔滨	2015 年	2 579.7	92/146	属于东北地区国际集装箱物流集散中心
	昆明	2006 年	1 223	35/56	结合东盟商贸港物流园区,泛亚铁路在中国货物集散中心
	重庆	2009 年	2 200	58/111	中国西部铁路集装箱运输枢纽之一,含保税物流园区
	成都	2010 年	2 140	72/138	联系亚欧铁路桥,西南地区集装箱物流中枢
	武汉	2010 年	2 019	53/105	中部地区的物流枢纽,主要为铁水联运
	西安	2010 年	2 058	57/121	位于全国中心,具有联东进西、承南启北的功能,区位优势突出
	郑州	2010 年	2 046	49/103	郑州经济技术开发区内,郑欧国际铁路货运班列起点

＊1 亩＝666.66 m^2。

　　我国大部分铁路集装箱中心站现已投入运营超过五年,在规划与建设、运营与管理等方面积累了较为丰富的经验,整体发展势头良好。在设施设备配备方面,我国铁路集装箱中心站的设计与运营充分借鉴了国际先进技术标准和成熟经验,基本实现了集装箱按功能分区码放,具备海关监管、检验检疫等条件;广泛采用国际先进的设备设施,龙门吊、正面吊等设备性能已达国际一流水平。在功能服务方面,铁路集装箱中心站围绕铁路物流服务与集装箱班列到发等作业,开展集装箱到发办理、掏装箱服务,集装箱班列运输、多式联运服务,海关监管集装箱堆存、堆场服务,集装箱修理、集装箱清洗、海关商检场内服务等项目,并逐步拓展完善冷藏箱运输及仓储服务等项目。在集装箱班列开行方面,铁路集装箱中心站积极开拓市场,开创了众多国际、国内集装箱品牌班列。同时,铁路集装箱中心站是集装箱多式联运的聚集地和结合点,依托铁路集装箱中心站形成的核心功能区,可以使港口和物流在规划布局、配套服务、功能互补等方面实现更好的资源整合。

1.1.3 内陆型集装箱中心站存在的问题

我国铁路集装箱运输仍处于起步阶段,且发展较为缓慢。2012—2017年铁路集装箱运量如表1-3所示,在我国铁路货运中,铁路集装箱运量整体逐渐增加,但占铁路货运总量的比重依旧很低,远低于全球30%～40%的水平,与发达国家铁路集装箱运输比例差异更是显著(美国占49%,法国占40%,英国占30%,德国占20%,而日本更是达到100%)。集装箱中心站作为我国铁路集装箱运输的重要基础设施,未能充分发挥其对我国铁路集装箱多式联运发展的促进作用。由2015年和2016年我国已建成的几个铁路集装箱中心站的集装箱运量对比结果可知(见图1-1),中心站集装箱运量虽然有所上升,但大多仍未达到近期设计能力,且两者差距较大。

表1-3 2012—2017年铁路集装箱运量

年 份	2012	2013	2014	2015	2016	2017
铁路货运总量/亿 t	39.04	39.67	38.13	33.58	33.32	36.89
铁路集装箱发送量/亿 t	0.93	0.89	0.91	1.09	1.52	2.25
铁路集装箱运输比例/%	2.38	2.24	2.39	3.25	4.56	6.10

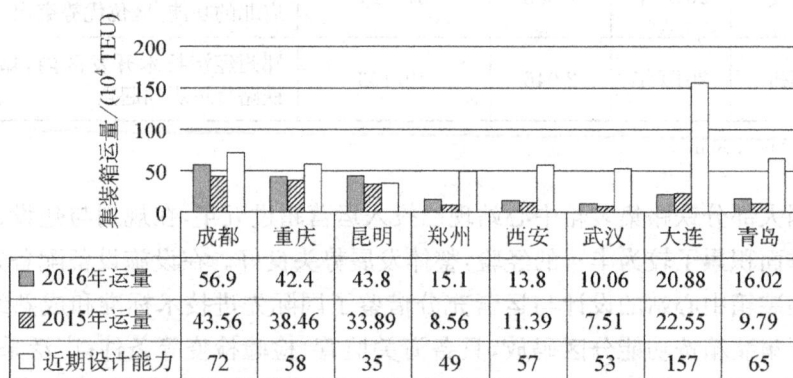

	成都	重庆	昆明	郑州	西安	武汉	大连	青岛
2016年运量	56.9	42.4	43.8	15.1	13.8	10.06	20.88	16.02
2015年运量	43.56	38.46	33.89	8.56	11.39	7.51	22.55	9.79
近期设计能力	72	58	35	49	57	53	157	65

图1-1 我国几个已建成的集装箱中心站运量

总的来说,我国铁路集装箱中心站占地规模大、基础设施好、设备现代化,但目前业务规模较小,增长速度较慢,未达到近期设计能力,集装箱运量仍有较大增长空间。产生这一现象的原因主要是集装箱中心站在规划建设、运营管理上存在不少问题,制约了中心站运量的增长,使中心站的优势未能得到充分发挥。我国铁路集装箱中心站存在的问题主要有四个方面。

(1)管理体制不顺,存在多头管理。中心站的建设、管理和运营由中铁联合国际集装箱有限公司承担。中铁联合国际集装箱有限公司是由中铁集装箱运输有限责任公司、香港新创建集团、香港明福国际有限公司、中国国际海运集装箱(集团)股份有限公司、德国铁路运输物流有限公司、以色列以星航运公司、法国达飞航运公司等七家中外公司组建的合资公司。作为中外合资建设的集装箱中心站,其在安全管理、运营模式等方面还处在逐步探索过程中,管理体制还没有理顺,存在多头管理现象,导致中心站在管理上存在一定难度。

(2) 运输组织方式相对落后。与传统铁路办理站相比,中心站具有得天独厚的先进场站基础和一流的设施设备优势,但我国中心站的运营管理仍然沿用传统铁路办理站的管理方式,没有形成对设备运用效率、效益的分析、优化、控制机制,导致先进设施设备的运用效率较低。一方面,货运组织仍以被动接收订单为主,导致中心站运量不均衡,受市场影响波动较大。且各运输方式衔接质量不高,直装直卸比例较低,集装箱中心站的设备能力未能得到充分运用。另一方面,中心站的运输组织对铁路局依赖性较大,运输产品创新不够,未完全形成大列进、大列出的运输组织方式。到达中心站的车辆仍以零散车流为主,造成取送车作业不均衡,加剧了铁路局调车机的紧张程度。当集装箱卡车提箱、落箱及装卸车作业产生交叉时,中心站设备能力更加紧张。

(3) 集散方式较为单一。目前国内集装箱中心站的集散方式以公路运输为主,公铁联运比例可达到 60% 左右,水铁联运占比较低。在我国规划建设的 18 个铁路集装箱中心站中,有 9 个与港口存在衔接关系,从北到南依次为大连、天津、青岛、上海、武汉、重庆、宁波、广州和深圳,基本覆盖我国主要集装箱港口。然而,无论是港口还是铁路部门,在规划上都未充分考虑为水路与铁路运输方式的衔接预留发展空间,也未设立适合海铁联运的海关监管区。

集散方式的单一化对我国内陆型集装箱中心站来说更为常见,造成的结果也更为严重。内陆型集装箱中心站的地理位置使其成为连接内陆和港口的调运中心,集散方式的单一会限制中心站吸收货源尤其是港口货源的能力,影响中心站的货运量和服务质量。

(4) 信息系统不完善,信息资源共享不足。信息系统是现代化场站运营的重要组成部分,是优化作业流程、提高场站运营效率的重要手段。一方面,中心站运营管理尚处于摸索阶段,信息系统还不成熟,有效运用中心站先进设施设备和信息系统的作业流程尚未形成,大部分岗位作业仍然采取人工决策和人工操作,作业效率不高。另一方面,铁路、港口和船公司等未建立共享的信息化系统,对一体化的物流服务发展有所影响。

多式联运作为沟通中外贸易的重要桥梁,自 2013 年"一带一路"倡议提出后,国家相继出台多项政策大力推进多式联运发展。2017 年,国家发改委、交通运输部、铁路总公司联合印发《"十三五"铁路集装箱多式联运发展规划》,该规划指出我国铁路多式联运发展滞后,铁路能力大、成本低、能耗小、组织强的比较优势还没有得到充分发挥,应着重推进铁路多式联运。2018 年 8 月 13 日,交通部运输厅印发《关于深入推进长江经济带多式联运发展三年行动计划的通知》,该通知提出应加快构建长江经济带有机衔接、具备竞争力的铁水联运系统,基本形成长江干线、长三角地区至宁波—舟山港、上海洋山江海直达运输系统,推动形成以南京、武汉、重庆等长江干线主要港口为核心的铁水联运枢纽,进一步完善干支直达、通江达海、区域成网的水运基础设施体系,初步形成布局合理、结构优化、功能完善、互联互通的长江经济带多式联运服务体系。2018 年 9 月 17 号,国务院办公厅印发《推进运输结构调整三年行动计划(2018—2020 年)》,该计划指出未来三年将着重进行运输结构调整,以大宗货物运输"公转铁""公转水"为主要方向,提高既有铁路综合利用效率,加快铁路专用线建设,降低物流成本,实现全国多式联运货运量年均增长20%,重点港口集装箱铁水联运量年均增长 10% 以上。

在我国大力发展多式联运的背景下,集装箱中心站是多式联运的重要场所,尤其是内陆型集装箱中心站对连接内陆地区和港口起着重要作用,对内陆城市的外向型经济发展起着重要作用。因此,内陆型集装箱中心站在我国具有广阔的发展空间。

1.2　中欧班列发展现状分析

2016 年度欧盟与中国的贸易和投资统计数据显示,在货物贸易上,中国居美国之后,成为欧盟的第二大贸易伙伴,中欧货物贸易额占欧盟对外货物贸易额的15%。10 年间,欧盟从中国进口额占其从区外进口额的比重从 2006 年的 14% 增至 2016 年的 20%;向中国出口比重也从 6% 增至 10%。在服务贸易上,中国居美国和瑞士之后,成为欧盟第三大服务贸易伙伴,中欧服务贸易额占欧盟与欧盟区外的国家服务贸易总额的 4% 稍多。2016 年,欧盟对中国服务出口达到 380 亿欧元;进口增长相对温和,从 170 多亿欧元增加到 270 亿欧元。欧盟对中国的服务贸易顺差从 20 亿欧元增加到 110 亿欧元。在双向投资上,虽然各年度间有些波动,但欧盟和中国间投资总体上保持积极。2013 年和 2014 年,欧盟在中国投资分别为210 亿欧元和 90 亿欧元,2015 年降至 60 亿欧元,同年中国对欧盟投资为 63 亿欧元,中国首次成为欧盟的直接投资国,但是欧盟对中国投资存量仍然远大于中国对欧盟投资存量,截至 2015 年年底,欧盟和中国对对方的投资存量分别为 1 680 亿欧元和 350 亿欧元。

中欧班列(英文名称 China Railway Express)是由中国铁路总公司组织,按照固定车次、线路、班期和全程运行时刻开行,运行于中国与欧洲以及"一带一路"沿线国家间的集装箱等铁路国际联运列车,是我国深化和沿线国家经贸合作的重要载体和推动"一带一路"建设的关键。

中国与欧盟互为重要的贸易战略合作伙伴,2011 年以来,我国多个地区开通了多条直达欧洲的集装箱编组快速货运班列。2015 年,国家发改委、外交部、商务部联合发布的《推动共建丝绸之路经济带和 21 世纪海上丝绸之路愿景和行动》中提出,"建立中欧通道铁路运输、口岸通关调节机制,打造'中欧班列'品牌,建设沟通境内外、连接东中西的运输通道",这更是为中欧班列赋予新的时代任务,提供发展新契机,部分省市相继开通了中欧铁路国际班列,如中欧班列(义乌—马德里)、中欧班列(成都—罗兹)、中欧班列(郑州—汉堡)等。

中欧班列作为运行于中国与欧洲以及"一带一路"沿线国家间的集装箱铁路国际联运列车,具有直通、定班、定时特征,运距短、速度快、安全性高以及安全快捷、绿色环保、受自然环境影响小的优势突出,有望成为欧亚大陆上国际运输的主要方式,助力中国及"一带一路"沿线地区实现共赢。此外,中欧班列和国际陆港的组合使内陆城市在国际物流上有了与沿海地区相类似的条件,有机会站在自由贸易和全球产业分工协作的前沿,极大激发内陆城市经济活力。总之,中欧班列在联通东亚经济圈和发达的欧洲经济圈中发挥了重要作用,成为"一带一路"建设的新引擎。

1.2.1 中欧班列主要通道

《中欧班列建设发展规划(2016—2020 年)》中指出,依托西伯利亚大陆桥和新亚欧大陆桥,已初步形成东、中、西三条中欧班列运输通道。

1. 东通道

东通道是从内蒙古满洲里(黑龙江绥芬河)口岸出境,接入俄罗斯西伯利亚铁路,通达欧洲各国。中欧班列通道不仅连通欧洲及沿线国家,也连通东亚、东南亚及其他地区;不仅是铁路通道,也是多式联运走廊。

2. 中通道

中通道是从内蒙古二连浩特口岸出境,途经蒙古国与俄罗斯西伯利亚铁路相连,通达欧洲各国。

3. 西通道

西通道一是从新疆阿拉山口口岸出境,经哈萨克斯坦与俄罗斯西伯利亚铁路相连,途经白俄罗斯、波兰、德国等,通达欧洲其他各国。二是从霍尔果斯口岸出境,经哈萨克斯坦、土库曼斯坦、伊朗、土耳其等国,通达欧洲各国;或经哈萨克斯坦跨里海,进入阿塞拜疆、格鲁吉亚、保加利亚等国,通达欧洲各国。三是由吐尔尕特与规划中的中吉乌铁路等连接,通向吉尔吉斯斯坦、土库曼斯坦、伊朗、乌兹别克斯坦、土耳其等国,通达欧洲各国。

同时《规划》划分了三个通道的货源吸引区情况,如表 1-4 所示。

表 1-4　中欧班列各通道的货源吸引区

中欧班列通道	货源吸引区情况
东通道	东北、华东、华中等地区,经哈大、京沪等铁路干线运输
中通道	华北、华中、华南等地区,经集二、京广等铁路干线运输
西通道	西北、西南、华中、华南等地区,经兰新、陇海等铁路干线运输

目前中欧班列枢纽节点未完全按照《规划》中的货源吸引区进行货源组织,同时大约 90% 的中欧班列开行城市会选择从阿拉山口(霍尔果斯)或满洲里出境。在规划中武汉、合肥、广州、深圳等地区为中部通道货源吸引区,但是实际运营中均选择从阿拉山口或满洲里出境;规划中为东部货源吸引区的义乌、南京、南昌等城市,运营的班列未完全选择从满洲里出境。

1.2.2　中欧班列开行现状分析

1. 中欧班列运营现状

随着中欧贸易关系稳步加强,以及"一带一路"倡议的落地,中欧班列成为破除铁路货运困局、发展对外贸易、对接国家战略的最佳载体。在《中欧班列建设发展规划(2016—2020 年)》和《"十三五"铁路集装箱多式联运发展规划》两大政策力推下,中欧班列近年来增长迅速。

据中国铁路总公司数据统计,2016 年,中欧班列开行了 1 702 列,同比增长109%,超过 2013 年、2014 年和 2015 年的总和;在 2017 年,中欧班列发展势头更加迅猛,开行了 3 673 列,同比增长 116%,超过此前五年的总和,2013 年至 2017 年的中欧班列开行情况如图 1-2 所示。

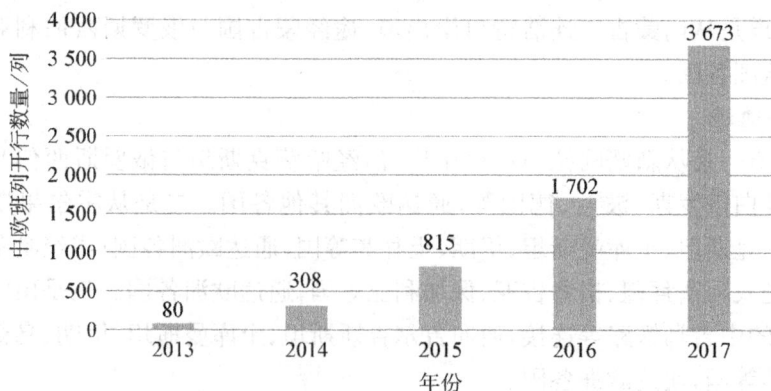

图 1-2　2013 年至 2017 年中欧班列开行情况

2. 主要中欧班列

主要中欧班列的基本信息如表 1-5 所示。

表 1-5　主要中欧班列基本信息

国际班列	出境口岸	目的地国	运行时间/天	运输里程/km	重要货物种类	运营主体
义乌—马德里	阿拉山口	西班牙	20	13 052	箱包、文具、工艺品、日用品等	天盟实业投资有限公司
厦门—罗兹	阿拉山口	波兰	15	12 000	配件	厦蓉欧（厦门）快铁班列有限公司
武汉—梅林克帕尔杜比采	阿拉山口	捷克	14	10 100	电子产品、汽车、石材	武汉汉欧国际物流有限公司
武汉—里昂	阿拉山口	法国	16	11 300	机械、电子产品、化工产品	武汉汉欧国际物流有限公司
郑州—汉堡	阿拉山口	德国	11~15	10 214	纺织品、汽车配件、工程机械、医疗器械、电子产品等	郑州国际陆港开发建设有限公司
长沙—杜伊斯堡	阿拉山口	德国	16	11 905	纺织品、陶瓷、茶叶、工程机械、医疗器械、电子产品等	湖南湘欧快线物流公司
重庆—杜伊斯堡	阿拉山口	德国	12~14	11 179	电子产品、汽车配件等	渝新欧（重庆）物流有限公司
成都—罗兹	阿拉山口	波兰	12~14	9 826	电子产品、食品、日用品、汽车配件等	成都蓉欧快线班列有限公司
兰州—汉堡	阿拉山口	德国	13	8 961	数控机床、轮胎、电暖气、焦宝石等	中外运长航集团所属中国外运甘肃分公司
乌鲁木齐—莫斯科	阿拉山口	俄罗斯	7	4 570	PVC、番茄酱、烧碱等	新疆中欧联合物流有限公司
乌鲁木齐—车里雅宾斯克	阿拉山口	俄罗斯	6	2 635	PVC、番茄酱、烧碱等	新疆中欧联合物流有限公司
乌鲁木齐—杜伊斯堡	阿拉山口	德国	8~10	8 000	PVC 等化学材料、番茄酱、食品添加剂	新疆中欧联合物流有限公司

（续表）

国际班列	出境口岸	目的地国	运行时间/天	运输里程/km	重要货物种类	运营主体
伊宁—库帕夫纳	阿拉山口	俄罗斯	8	5 300	PVC、烧碱、瓷砖、装饰材料、服装、工业硅、水果及蔬菜等	新疆中欧联合物流有限公司
石河子—车里雅宾斯克	阿拉山口	俄罗斯	4		PVC	新疆中欧联合物流有限公司
库尔勒—杜伊斯堡	阿拉山口	德国	14	6 990	BDO（1.4 丁二醇液态化工品）	新疆中欧联合物流有限公司
广州—莫斯科	满洲里	俄罗斯	16	11 000	装饰材料、日用品、瓷砖等	广州铁路（集团)公司
东莞—杜伊斯堡	满洲里	德国	19	13 488	家电、家具、机械配件、通信器材	广铁集团、中铁集装箱运输有限公司、中国外运广东有限公司
苏州—华沙	满洲里	波兰	14	11 200	机电产品、电子配件及日用品等	苏州综保运通国际货运代理公司
昆明—鹿特丹	阿拉山口	荷兰	15	17 000	咖啡及速溶粉	中铁多式联运昆明分公司
哈尔滨—叶卡捷琳堡	满洲里	俄罗斯	12	5 889	自行车零件、锅具等日常轻工制品	哈欧国际物流股份有限公司
哈尔滨—汉堡	满洲里	德国	15	9 820	电子产品、装饰材料、日用品、汽车配件等	哈欧国际物流股份有限公司
长春—施瓦茨海德	满洲里	德国	14	9 800	汽车配件、木制品、日用品等	长春国际陆港发展有限公司
沈阳—汉堡	满洲里	德国	12—14	11 000	机械设备、汽车零件、日用品、纺织品及过境货物	中国铁路沈阳局集团公司
营口—华沙	满洲里	波兰	14	10 500	电子产品、装饰材料、日用品、汽车配件	辽宁沈哈红运物流有限公司

（续表）

国际班列	出境口岸	目的地国	运行时间/天	运输里程/km	重要货物种类	运营主体
营口—多布拉	满洲里	斯洛伐克	15	11 000	电子产品、装饰材料、日用品、汽车配件	辽宁沈哈红运物流有限公司
营口—岑特罗利特	满洲里	白俄罗斯	10	10 050	机械设备（烘缸装置、矫正器）等	辽宁沈哈红运物流有限公司
营口—莫斯科	满洲里	俄罗斯	12	9 860	电子产品、装饰材料、日用品、汽车配件	辽宁沈哈红运物流有限公司
营口—卡卢加	满洲里	俄罗斯	13	8 400	汽车	辽宁沈哈红运物流有限公司
营口—霍夫利诺	满洲里	俄罗斯	10	6 500	—	辽宁沈哈红运物流有限公司

目前国内开行较早，运行较为稳定的中欧班列主要有五个。

1) 中欧班列（重庆—杜伊斯堡）

首列于 2011 年 3 月开始运行，该班列从重庆团结村站始发，经达州、安康、西安、兰州、乌鲁木齐，向西过北疆铁路到达我国边境阿拉山口，途经哈萨克、俄罗斯、白俄罗斯、波兰、德国杜伊斯堡，至比利时安特卫普，全程 11 179 km，运行时间约 14天。2017 年 3 月 23 日，中欧班列（重庆—杜伊斯堡）在运行 6 年后，迎来重要的里程碑，成为首个突破 1 000 列的中欧班列，其货值更是一度占从阿拉山口出境的中欧班列的 80%。2017 年重庆开行中欧班列数量达 700 列，截至 2017 年年底，中欧班列（重庆—杜伊斯堡）已累计开行超过 1 500 列，约占中欧班列开行总量的 1/4。该班列是运行最稳定、运量最高的中欧班列。

2) 中欧班列（武汉—里昂）

首列于 2012 年 10 月开始运行，去程班列于 2014 年 4 月开始常态化运营，2015 年 3 月首次开行返程班列。该班列始发于湖北武汉吴家山铁路中心站，通过阿拉山口出境到哈萨克斯坦、俄罗斯、白俄罗斯、波兰、捷克、德国（汉堡、杜伊斯堡）以及法国（里昂）（于 2016 年 4 月 3 日开通），全程 11 300 km，运行时间约 16 天。去程物资主要是当地生产的电子产品、乘用车、光缆、铸件等及周边地区的货物；返程物资主要是汽车零部件、工艺品、食品等。2017年,中欧班列(武汉—汉堡)累计开行375列,同比增长了68.9%,排名全国第四。其中,返程214列超过了去程班列,位居全国中欧班列返程第一。

3) 中欧班列(成都—罗兹)

首列于2013年4月开始运行,现基本实现常态化运营。该班列从成都城厢站始发,由阿拉山口出境,途经哈萨克斯坦、俄罗斯、白俄罗斯,至波兰罗兹站,全程9 826 km,运行时间约13天。去程物资主要是当地生产的笔记本电脑、女鞋、汽车零部件、运动品等。2016年,中欧班列(成都—罗兹)运力获得快速提高,当年共开行453次班列,已从最初的每周1列单向运行,发展到每周去15、回13的双向对开。2017年,中欧班列(成都—波兰罗兹)开行777次班列,并初步形成涵盖捷克布拉格、荷兰蒂尔堡等欧洲11个主要节点城市的核心布局。

4) 中欧班列(郑州—汉堡)

首列于2013年7月开始运行,2014年9月首次开行返航班列。该班列从郑州圃田站始发,由阿拉山口出境,途经哈萨克斯坦、俄罗斯、白俄罗斯、波兰至德国汉堡站,全程10 214 km,运行时间约15天。进入2017年后,中欧班列(郑州—汉堡)发展步入快车道,郑新欧班列增开至慕尼黑班列,实现每周"去八、回八"常态化均衡开行,境外覆盖24个国家、121个城市。全年累计开行500班,累计货值27.36亿美元,货重26.20万吨。同时,中欧班列(郑州—汉堡)是国内唯一实现满载去回的班列。

5) 中欧班列(义乌—马德里)

首列于2014年11月开始运行,2015年2月首次开行返程班列。该班列从义乌铁路西站始发,从新疆阿拉山口口岸出境,途经哈萨克斯坦、俄罗斯、白俄罗斯、波兰、德国、法国,最后达到西班牙马德里,全程13 052 km,运行时间约20天。中欧班列(义乌—马德里)目前已实现了初步的双向常态化运营,去程每月4次,回程每月2次,去程物资主要是工艺品、饮品、玩具等义乌小商品,返程物资主要是红酒、橄榄油、气泡水。"义新欧"贯穿了新丝绸之路经济带,目前已开通9条运输线路,沿线建立5个物流分拨点、8个海外仓,辐射34个国家。2017年全年共往返运行168列,发送14 910个集装箱,同比增长84.3%。

3. 中欧班列发展面临的主要问题

1) 常态化运营依赖政府补贴

虽然中欧班列具有运输时间快、安全性能高等特点,但是与海运相比,中欧班列的运营成本偏高。为了维持线路运营,各中欧班列运营城市政府部门打响价格战,以高额补贴来吸引班列货源。不同城市补贴标准不一,按照不同箱型、是否为整车运输等多种因素,每两个20 ft(1 ft= $3.048×10^{-1}$ m)的集装箱或每个 40 ft 集装箱的补贴从 2 000 元到 40 000 元人民币不等。同时,部分中欧班列不止享受来自一方政府的补贴,以湘欧国际为例,湖南省与长沙市按照 4∶6 承担补贴资金,每年补贴金额近 1 亿元人民币。郑州政府除参照海运价格对班列公司进行财政补贴外,还对 1 500 km 以内货源地的货物实行免费集结。义乌市每个 40 ft 集装箱到俄罗斯的运费补贴为 2 500 美元,到欧洲的运费补贴为 4 000 美元。这样的补贴机制如果不加以完善,将会影响市场的资源配置作用,引起激烈的恶性竞争,从而出现为了补贴而争抢货物的现象。在利益的驱动下,货主也有可能会为了补贴而舍近求远选择搭载中欧班列,这与市场的正常发展规律相违背。

2) 地方城市无序开行中欧班列,造成对货源的恶性争夺

班列运营城市密集分布导致部分相邻中欧班列运营城市存在腹地重叠现象,相邻城市会对重叠腹地内的货源进行争夺。据中国物资储运协会统计,目前中欧班列始发地对货源的争夺已拓展至 1 500 km 范围内。"一带一路"倡议的逐步推进将会带动中欧班列货源需求量的增加,中欧班列开行城市对货源的争夺也会越来越激烈。如义乌、合肥、南京、苏州、上海 5 个中欧班列开行城市在半径 250 km 包围圈内,且货源吸引范围均覆盖浙江、安徽、上海、江苏等地。同时 5 个城市运营的中欧班列的到达国家集中在俄罗斯与德国,线路趋于同质化。在此背景下,部分铁路港出现拥堵,影响了班列的时效性。目前中欧班列主要的拥堵点位于北俄罗斯的布列斯特和波兰的马拉舍维奇,主要原因是上述站场设计能力较低,在中欧班列数量逐年增长的情况下,已经满负荷运行。

3) 沿线配套服务不足,通关效率较低

不同国家海关的检验检疫规章不同,我国与有些国家尚未达成过境协定,加上信息平台不健全无法达到全面信息共享,故出现重复关检、手续烦琐等问题。另外,中欧班列沿线各国的铁路部门没有就运行时刻表和运价协商达到统一标准,而中欧班列在境外的运输均由物流承运商负责,所以运输过程难以达到严格计划和监控。

4) 返程货物相对不足,运输成本仍有压缩空间

从运输组织来看,双向同频率的班列对开有利于车厢和集装箱的有效利用,减少空置率,能够有效降低运输成本。但是,目前由于中欧贸易的不平衡,加之欧洲货源分散、欧洲公路短驳费用高的影响,从欧洲经铁路进口至中国的产品和货物相对较少。2017 年 1~3 季度,中欧班列共开行 2 489 列,其中去程 1 671 列,回程 818 列,较开行之初有大幅提高,但仍存在空车返回等空置问题。要使中欧班列达到正常的市场化,解决这个问题是关键。现实的状况是很多装运货物的集装箱在欧洲因为没有足够的返程货物而被直接在国外就地卖掉。

5）运输路径仍需拓展优化

从 2017 年统计情况看，国内比照客车等级组织开行中欧班列，日均运行 1 300 km，比开行之初增加 500 km。但是，受开行城市数量和货源多少的限制，开行班列的数量相对有限，这也造成了路径相对单一。中欧班列与开行城市贸易实际需求量相比差距较大，需要拓展更多线路，不断增加运输站点。从运行周期看，通过协调沿线国家铁路共同铺画中欧班列全程运行图，可大幅压缩全程运行时间，最快 12 天抵达欧洲，运行时间约为海运的 1/3。但从运行图分析来看，运行速度、站停时间等因素的制约较大，优化班列运行路径、压缩运行时间仍有较大潜力。

6）国境站通行能力不一

统计数据显示，2017 年，阿拉山口口岸进出境中欧、中亚班列突破 4 500 列；霍尔果斯海关监管中欧班列 103 列；满洲里口岸累计开行中欧班列 1 302 列、共计运输 110 798 TEU，截至 2017 年年底，经满洲里铁路口岸出境班列线路已达 31 条，进境线路达到 11 条；二连浩特口岸进出境中欧班列 575 列，同比增长 246.4%，其中出境 343 列，进境 232 列，共计 48 700 TEU，截至 2017 年年底，内蒙古二连浩特口岸运行中欧班列线路 15 条。2017 年从新疆出境的中欧班列占到全国中欧班列总量的 70%。2017 年中欧班列乌鲁木齐集结中心共开行 700 列，超额完成年初计划开行 500 列的目标任务。可见，西部通道是中欧班列主要出境通道，而二连浩特作为中部通道，其中欧班列通行能力较弱，有待进一步提高。

1.2.3 中欧班列发展趋势

截至 2017 年年底，中欧班列已开辟 61 条运行线，国内开行城市达 38 个，到达欧洲 13 个国家 36 个城市，累计开行数量 6 000 余列。在已开行的 6 000 列中欧班列中，第 1 个千列历时 4 年 7 个月才完成；第 2 个千列用时 8.5 个月、第 3 个千列用时 5.5 个月、第 4 个千列用时 4.5 个月、第 5 个千列用时 3.5 个月、第 6 个千列仅用时 2 个月完成。按照这个发展速度，预计 2020 年班列开行数量将达到 7 500 列，提前实现《中欧班列建设发展规划（2016—2020 年）》中 5 000 列的发展目标。

根据中欧班列运营状况不难看出，中欧班列发展取得了不俗的成绩，呈现良好的发展态势。

1）开行频次增加，逐步实现双向常态化运营

在"一带一路"背景下，中国不断加快铁路设施建设、增加铁路网密度，中欧班列运营线路和开行城市不断增加。各个地方政府与班列运营公司也积极进行市场培育，班列开行数量在 2017 年出现爆发式增长。例如，2017 年武汉中欧班列全年共往返开行 375 列，比 2017 年初计划的 300 列增长 25%，比 2016 年全年开行的 222 列增长近七成。蓉欧快铁从最初每周 1 列单向运行发展至可实现每周"去 13、

回 10"的双向运营;2017 年起,中欧班列(郑州—汉堡)发展步入快车道,从年初的"四去、四回"增加到目前的"八去、八回"。

2) 运送货物种类增加,服务更加多元化

中欧班列货源由开行初期的手机、电脑等 IT 产品,逐步扩大到服装鞋帽、汽车及配件、粮食、葡萄酒、咖啡豆、木材、家具、化工品、机械设备等品类。货物种类增加的原因,除了部分海运货源转移外,也与各个城市外向型经济发展程度加快有关。同时,物流服务越来越精细,附加值不断提升,如郑欧班列的保温箱、冷藏箱、开顶箱、挂衣箱和各种特色的拼箱服务,已占到每趟班列的一半以上。针对我国与中亚各国贸易的特点,由西安开往中亚的"长安号"还专门开行了发运石油钻井、能源化工、冶金等大型机械设备的敞开式整车班列。

3) 补贴合理退出机制逐渐形成,逐步实现市场化运营

班列实现市场化运营。政府财政补贴逐渐退出中欧班列运营,以市场为导向建立统一运价标准,完善监管机制,提高班列运输效率和效益。加强同沿线国家合作机制,建立稳定合作关系,扩大对欧贸易范围。

4) 从追求开行数量转向高质量发展

随着"一带一路"倡议的深入推进,沿线国家间经贸交流发展迅速,对中欧班列的需求也更加旺盛,这对中欧班列的服务和建设提出了新的要求,各方应清楚地认识到,中欧班列的发展趋势正步入新阶段。2017 年年底,中欧班列运输协调委员会第二次全体会议提出,2018 年的重点任务之一是加快中欧班列更加有"质量"的发展。以往简单追求班列开行数量的做法已逐渐过时,中欧班列也将转向高质量发展。管理部门对各地开行的中欧班列的考核目标不再单纯以开行数量作为判断标准,其载货率、货值等能反映一条班列实际运营情况的数据将是重点的考核方向。

2018 年我国 GDP 增长 6.6%,中欧班列依然呈现快速发展的态势。

1.2.4　集装箱中心站中欧班列开行现状

1. 中欧班列枢纽节点现状

《中欧班列建设发展规划(2016—2020 年)》全面部署了这 5 年中欧班列建设发展任务。这是中欧班列建设发展的首个顶层设计。《规划》明确了中欧铁路运输通道、枢纽节点和运输线路的空间布局,统筹利用中欧铁路东中西三条国际联运通道,按照铁路"干支结合、枢纽集散"的班列组织方式,在内陆主要货源地、主要铁路枢纽、沿海重要港口、沿边陆路口岸等地规划设立 43 个枢纽节点。中欧班列枢纽节点规划如表 1-6 所示。

表1-6 中欧班列枢纽节点

枢纽节点类别	中欧班列的枢纽节点
内陆主要货源地节点	重庆、武汉、苏州、义乌、成都、东莞、合肥、沈阳、郑州、西安、兰州、长沙
主要铁路枢纽节点	北京、天津、济南、杭州、沈阳、长沙、哈尔滨、郑州、合肥、武汉、南京、重庆、成都、西安、兰州、乌鲁木齐、乌兰察布
沿海重要港口节点	大连、青岛、连云港、营口、天津、宁波、厦门、广州、深圳、钦州
沿边陆路口岸节点	满洲里、阿拉山口、霍尔果斯、二连浩特

1）内陆主要货源节点

内陆主要货源节点具备稳定货源,每周开行2列以上点对点直达班列,具有回程班列组织能力,承担中欧班列货源集结直达功能。

2）主要铁路枢纽节点

主要铁路枢纽节点在国家综合交通网络中具有重要地位,具备较强的集结编组能力,承担中欧班列集零成整、中转集散的功能。

3）沿海重要港口节点

沿海重要港口节点在过境运输中具有重要地位,具备完善的铁水联运条件,每周开行3列以上点对点直达班列,承担中欧班列国际海铁联运功能。

4）沿边陆路口岸节点

沿边陆路口岸节点是中欧班列通道上的重要铁路国境口岸,承担出入境检验检疫、通关便利化、货物换装等功能。

43个枢纽节点中,除北京外均运营有中欧班列。中华人民共和国铁道部在《中长期铁路网规划》中提出在北京、上海、广州、深圳、天津、哈尔滨、沈阳、青岛、成都、重庆、西安、郑州、武汉、大连、宁波、昆明、乌鲁木齐、兰州等18个城市兴建铁路集装箱中心站。其中除了上海、昆明,均属于中欧班列枢纽节点。

2. 集装箱中心站中欧班列发展现状

在规划的中欧班列枢纽节点中,已建成的集装箱中心站中欧班列开行现状如下。

1）大连铁路集装箱中心站

大连铁路集装箱中心站位于大连市保税区丛家屯,金窑线金港站与大连国际集装箱码头之间,是东北地区唯一的港口型中心站。通过大连中心站可与大窑湾港区各集装箱码头实现海铁联运无缝连接。大连中心站是连接东北地区沈阳、长春、哈尔滨3个省会城市以及延吉、通辽、满洲里等城市和口岸的全新集装箱海铁联运通道。该中心站现已开通至沈阳、长春、延吉、哈尔滨、吉林西、五棵树、满洲里七条集装箱班列。大连港开往欧洲的过境班列是从大连集装箱中心站集结、启程，中心站还特意开辟出一个过境班列作业区。2016 年，大连港借助"一带一路"的机遇，与俄铁签订战略合作协议，完成了大连港中欧班列关键的"顶层设计"。在全国众多的中欧班列中，大连港中欧班列是唯一没有政府补贴的，却是竞争力最强的中欧线路，也是唯一的以港口为中心，带有国际中转特色的国际物流通道。

2）青岛铁路集装箱中心站

青岛铁路集装箱中心站位于山东省重点物流园区——山东国际物流港内，是山东省唯一的国际化货运铁路"陆港"，对接济南铁路局、青岛港集团等单位，联合中外运、中远海运等"多式联运经营人"，创建"站港一体"的海公铁联运模式，积极拓展班列通道。青岛中心站已相继开通"胶黄小运转"省内循环班列，胶州至乌鲁木齐、西安、郑州、洛阳等 7 条国内班列，中亚、中韩、中蒙、中欧、青凭越 5 条国际班列，初步搭建起北达俄蒙、南连东盟、东至日韩、西到欧洲、连通四大经济走廊的国际物流大通道。2017 年 6 月，首列中欧（青岛）国际班列从青岛中心站发出。

3）成都铁路集装箱中心站

成都铁路集装箱中心站位于四川成都青白江区，由专用箱区、国际箱区、综合服务区等区域组成，是西南地区的铁路集装箱物流中枢，从成都始发的中欧班列也从这里开往欧洲。2013 年 4 月，响应"一带一路"倡议，中欧班列（成都）从成都青白江铁路集装箱中心站始发，架起快捷畅通的亚欧大陆桥，从根本上打破了西部地区发展外向型经济必须依赖港口的历史。经过五年运行，中欧班列（成都）已织线成网，连接境外 16 个城市、境内 14 个城市，每天从成都至欧洲往返的班列不少于三列，已构建以成都为枢纽、联系太平洋和大西洋的新亚欧大陆桥。

4）重庆铁路集装箱中心站

重庆铁路集装箱中心站位于该市沙坪坝区团结村。2011 年 3 月，一趟满载 IT 产品的班列从这里出发，经阿拉山口出境，最终抵达德国杜伊斯堡，拉开了中欧班列的序幕。2018 年 6 月，第 2000 班中欧班列（重庆），也是从沙坪坝团结村中心站驶出。重庆中心站继续在全国数十条中欧班列线路中保持了开行数量最多、运输货值最大、辐射范围最广的领先地位。

5）武汉铁路集装箱中心站

武汉铁路集装箱中心站位于武汉市东西湖区吴家山慈惠农场，毗邻湖北武汉保税物流中心，北靠郑州集装箱中心站，南接广州集装箱中心站，东连上海芦潮港集装箱中心站，西邻西安、成都、重庆集装箱中心站，直接担负着活跃湖南、湖北、江西等中部诸多省份集装箱运输重大任务。中欧班列（武汉）从该中心站发出，辐射 28 个国家、60 多个城市，全年共开行 377 列，运输 3.4 万 TEU，增速超过 60％，实载率达 97.7％，居全国首位。

6）西安铁路集装箱中心站

西安铁路集装箱中心站位于西安市东北郊的国际港务区内，是西安市规划的仓储物流核心区，与现铁路枢纽北环线上的新筑车站接轨，是新亚欧大陆桥在中国西部的重要节点，其东联郑州中心站，西接兰州中心站，南靠重庆、成都中心站，北邻包头、呼和浩特专办站，具有联西进东、承南进北的功能，区位优势显著。西安中心站的建立大大增加了西安、陕西乃至西部地区的集装箱用量，促进货物运输，由散货和零散运输向现代化、标准化的集装箱运输过渡。陕西省首趟国际货运班列"长安号"从该中心站发出，更是进一步加深了陕西外向型经济发展，促进欧亚各国之间经济合作和交流，推动陕西加快构建开放型经济和西安国际化大都市建设。

7）郑州铁路集装箱中心站

郑州铁路集装箱中心站位于郑州市郊陇海线圃田站附近，包括新建联检办公大楼、新建海关和检验检疫现场查验平台和新建海关和检验检疫信息平台三大部分。2013 年首列中欧（郑州）班列首列从该中心站发出，2018 年，中欧班列（郑州）增开汉堡、慕尼黑之外的欧洲第三站点，进一步提高开行频次和开行质量，力争全年开行 650 班，郑州铁路集装箱中心站充分发挥铁路一类口岸功能，做大做强郑欧班列。

8）天津铁路集装箱中心站

天津铁路集装箱中心站地处北方国际航运核心区，位于东疆港区出入"咽喉"，紧依北疆港区。2016 年 6 月中铁天津集装箱中心站的开通运营，使天津港这个"一带一路"的重要节点，通过铁路网连接二连、阿拉山口、霍尔果斯、满洲里四个过境口岸，进而联通亚、欧，实现了天津港集装箱海铁联运功能布局的全面升级，形成了新的国际集装箱运输快速通道，提升了国内集装箱发运和接卸能力。2016 年，天津自贸区首发中欧班列，该班列从天津自贸区东疆片区海铁中心站发车，开往白俄罗斯明斯克。这条班列是天津自贸区首条直通欧洲的货运班列，为连接中国北方和欧洲腹地增添了新的、安全、快捷的陆上货运通道，对服务国家"一带一路"倡议具有十分重要的意义。

第 2 章　中欧班列货流形成机理分析

2.1　内陆型集装箱中心站技术特征

2.1.1　内陆型集装箱中心站功能定位

根据地理位置、服务范围、作业内容、作业方式等方面的不同，可以将集装箱中心站大致分为内陆型和港口型两种类型。两种不同类型的中心站在选址和运输组织上存在较大的差异，内陆型集装箱中心站和港口型集装箱中心站的区别如表 2-1 所示。

表 2-1　内陆型集装箱中心站和港口型集装箱中心站的区别

	内陆型集装箱中心站	港口型集装箱中心站
地理位置	内陆城市	海港城市
主要服务范围	所在城市的工业区、开发区及物流基地	所在城市的港口、保税区及物流中心
主要作业内容	办理本地及周边内陆地区集装箱集散作业、集装箱的始发终到作业、集装箱中转作业	办理集装箱集散作业、港口大宗集装箱运量直接进入铁路系统、集装箱多式联运业务
主要多式联运模式	公铁联运	海铁联运、公海铁联运

内陆型集装箱中心站位于距离海运港口距离较远的内陆地区，主要服务于枢纽所在城市的工业区、开发区及物流基地，同时兼顾零散客户，服务客户群分布点相对较分散。该类型中心站选址宜靠近物流基地或主要工业区并位于铁路主要干线或考虑与铁路主要干线间有便捷的通路。内陆型集装箱中心站是具有集装箱列车整列编解、装卸、处理能力，具有物流配套服务和洗箱、修箱条件及进出口、报关、报验等口岸综合功能的集装箱铁路集散地，主要办理本地及周边内陆地区集装箱

的始发终到作业,当内陆型中心站不是位于路网终端时,一般也办理铁路集装箱中转作业。

港口型集装箱中心站位于我国主要的海港城市,除了承担城市集装箱集散作业之外,还承担了大量的集装箱多式联运海铁换装作业。对于港口城市集装箱码头是大量集装箱的转运地,它的运输特点是要在短时间内实现大量集装箱的装船或卸船,实现换装;而市区(开发区、保税区、加工区、物流中心)则是城市集装箱的集散地。市区与港区距离往往长达几十甚至上百千米。

随着"一带一路"倡议的逐步推进,中欧班列的迅速发展带动内陆型集装箱中心站"沿海化"。对内陆地区而言,中欧班列的开行不但有利于其开辟通往国际贸易的新通道,也提高了内陆型集装箱中心站的区域辐射能力,中欧班列已经成为内陆贸易商品对外流通的重要通道,给内陆地区的集装箱、快货和特货运输的飞速发展带来巨大机遇。中欧班列的开通不仅加强了内陆贸易运输的市场竞争力,也开辟了内陆对外开放的新兴业态,有利于内陆地区直接通过铁路与世界相连,将内陆城市推向开放合作的前沿。

内陆型集装箱中心站作为内陆城市的枢纽站,其功能定位有四个方面。

(1) 满足区域内集装箱运输需求。内陆型集装箱中心站既要满足当前区域内集装箱运输需求,又要适应未来集装箱运量增长的趋势。集装箱中心站根据区域内集装箱运输需求,及时调整运输组织方案,并根据区域内集装箱运量趋势做出合理规划。

(2) 便于集装箱中转、分拨作业。内陆型集装箱中心站是集装箱运输的中转枢纽,负责为到达本中心站的集装箱班列或小运转列车上需要中转的集装箱办理中转作业,同时办理拼箱作业,为拼箱货物提供装拆箱作业的场所、库房与相应的机械设备。

(3) 开展集装箱多式联运,形成多式联运集疏运网络。内陆型集装箱中心站作为内陆铁路枢纽站,公路是中心站的主要集散方式,主要发展公铁联运,以公路和铁路的密切合作完成内陆货源调配。同时内陆型集装箱中心站可以通过港口型集装箱中心站发展公铁海多式联运,形成内陆城市与海港城市的战略联盟。

(4) 提供综合物流服务。内陆型集装箱中心站都配备高效的龙门吊、正面吊、大型安检仪、智能大门、IT 等先进设备,并有仓储等配套服务设施,可提供多样化的物流服务,实现了大宗集装箱货源高效快速运输。在此基础上,中心站打造成集铁路、公路、海运、仓储、门到门掏装箱、堆存、报关报检等服务于一体的区域物流集散中心,从单一的铁路集装箱运输场站向综合物流服务场站发展。

2.1.2　内陆型集装箱中心站的技术特征

1. 内陆型集装箱中心站与多式联运

随着市场经济的发展,高效的运输系统必须在各种运输方式中进行协调和整合,多式联运将成为运输行业的一个典型特征。集装箱多式联运是航空、港口、公路和铁路联运的综合运输方式,是综合运输系统的重要组成部分,具有成本低、安全、高效的特点。集装箱多式联运的出现大大加快了经济全球化的进程,在此基础上,在全球范围内实现资源的优化配置已成为可能,商品生产和区域差异化销售大大降低了企业的生产成本。集装箱多式联运作为当今社会先进的运输方式,代表着现代国际运输的发展水平,同时也为现代交通运输业的发展奠定了基础。

集装箱多式联运网络由运输方式、运输路径、运输节点构成,是一个流动的有向图结构(见图 2-1)。以一个货源地一个目的地和多个枢纽点为例,其集装箱多式联运网的运筹学表示方式如下。

集装箱运输网络可以抽象定义:设定一个有向图 $D = (V, A)$,其中 V 表示图中所有的节点集合,A 表示图中或所有节点间路线的集合。在集合 V 中分别设定 v_0、v_1 为起点和终点,其余中间点为中转点,用 v_i 表示,其中 $i = \{1, 2, 3, 4, \cdots, n\}$。$A = \{a_{ij}\}$ 表示相邻节点间的线路集合,相邻节点间可以选择不同的运输方式,用 $S = \{1, 2, 3, 4\}$ 表示相邻节点之间的运输方式的选择集合,用数字代表不同网络。由于节点间的距离不同,用集合 L 来表示不同的线路属性,该属性包括容量、货流量和运输费用等。其中可以用 f_{ij} 表示节点 i 与 j 之间的货运量,用 C_{ij} 表示节点 i 与 j 之间的运输费用,u_{ij} 表示节点 i 与 j 之间的最大流量,$(f_{ij}, C_{ij}, u_{ij}) \in L$。

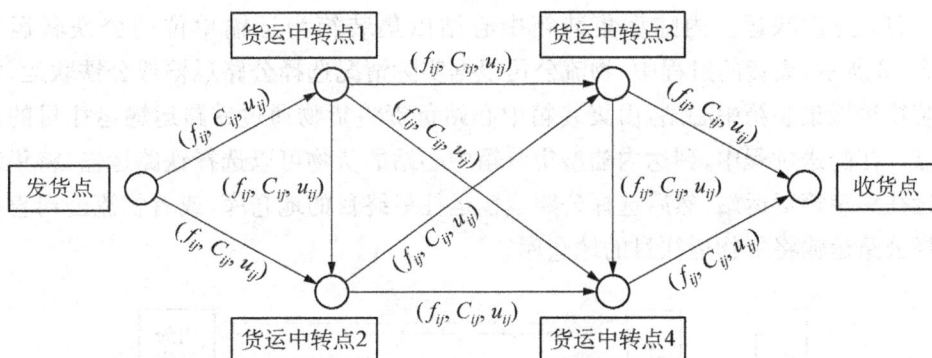

图 2-1　集装箱多式联运网络

内陆型集装箱中心站是集装箱运输多层次网络的重要组成部分,其作用具体体现在以下几个方面。

1) 集装箱货物集散和中转节点

内陆型集装箱中心站将各种运输方式与运输通道连接起来,由点到面,聚集了区域内的各种集装箱运输与相关服务作业活动,集约化配置各种运输资源,在吸引大量货流的同时使集装箱在不同运输方式间的转换更加方便快捷,促进了集装箱多式联运的发展,降低集装箱运输的总成本,节约经济成本和社会成本。

2) 内陆集装箱运输服务体系枢纽节点

构建多层次结构完善的集装箱运输服务网络与内陆集疏运系统是集装箱运输发展的目标,内陆型集装箱中心站的有效配置可以促进网络内各种运输资源的高效利用,实现集装箱在各种运输方式之间的转换与衔接,提高一体化集装箱运输系统的服务水平。内陆集装箱运输枢纽节点不仅是集装箱运输网络与服务系统中的重要环节,也是构建高效合理的多层次集装箱运输网络的必要和关键的要素。

3) 衔接港口与腹地

内陆型集装箱中心站是将港口与其经济腹地紧密联系的桥梁和纽带,提高了整个内陆运输网络的集装箱化水平。通过内陆型集装箱中心站的作业活动,港口和内陆腹地的联系更加紧密,一方面加快了腹地集装箱货源的集结和疏运,另一方面将集装箱港口码头的功能延伸到内陆区域,改善了内陆区域的交通网络和运输基础设施条件,从而为促进区域经济的发展奠定基础。

目前,内陆型铁路集装箱中心站的主要集散方式为公路,公铁联运比例可达到60%左右。影响集疏运方式选择的主要因素包括运输费用、运输时间、运输灵活程度、安全程度等。而多式联运运输方式选择的影响因素还包括运输方式衔接程度。内陆型集装箱中心站集疏运有两种模式。

(1) 公铁联运。内陆型集装箱中心站以集装箱为运输单位的公铁联运如图2-2所示,集货的过程中,物流公司根据实际情况选择公路运输或公铁联运,将集装箱运抵集装箱中心站,由集装箱中心站负责将货物通过铁路运输运往目的地站点。在配送过程中,到达内陆型集装箱中心站的货物可以选择铁路运输,将集装箱运往集装箱货运站,然后选择公路运输运往最终目的地仓库,或者物流公司直接选择公路运输将货物运往目的地仓库。

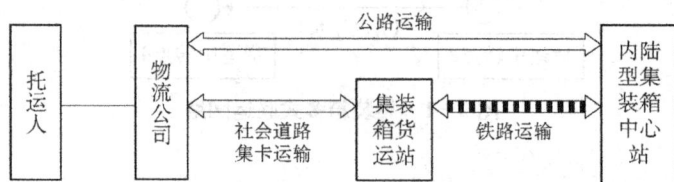

图2-2 内陆型集装箱中心站公铁联运

（2）公铁水联运。内陆型集装箱中心站多式联运如图 2-3 所示,集装箱货物通过海运从起运港集装箱码头运往目的港集装箱码头,并选择公路或铁路运输将集装箱货物运往港口型集装箱中心站,港口型集装箱中心站通过铁路运输将集装箱货物运往内陆型集装箱中心站,内陆型集装箱中心站作为内陆集散地负责集装箱货物的配送运输。

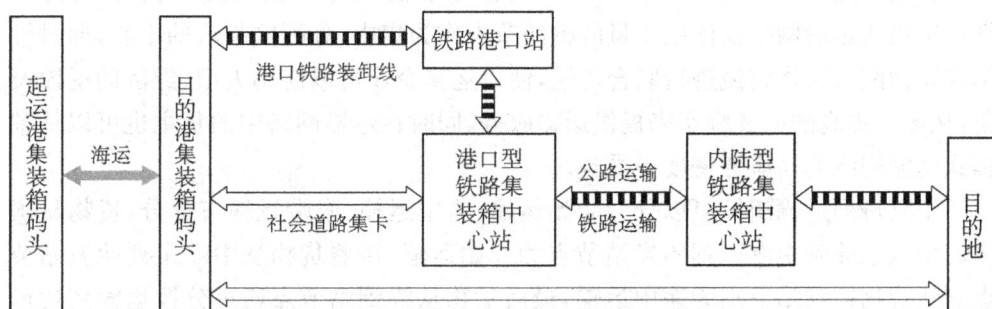

图 2-3　内陆型集装箱中心站多式联运

2. 中欧班列与多式联运

国际多式联运（international multimodal transport）通常以集装箱为运输单元,将不同的运输方式有机地组合起来,构成连续的综合性一体化货物运输。由于集装箱运输与多式联运是密切相关的,集装箱运输的完成依赖于多式联运系统,而多式联运的开展也往往需借助集装箱运输为载体,因此国际多式联运通常也称为国际集装箱多式联运。与单种运输方式相比,国际多式联运有四个主要特点。

（1）使用两种或两种以上的运输方式进行运输。

（2）必然发生于三个及三个以上的节点连线或网络中。

（3）必须是国际间的货物运输。

（4）必须要有一个多式联运合同,一份全程多式联运单据,由一个多式联营经营人对全程运输负总的责任。

现有的中欧班列基本是以始发站城市为集货中心,辐射周边地区进行集货。各中欧班列将货物集结到始发站城市,然后从始发站城市直接运至目的站城市进行配货,也就是说中欧班列整个运输过程是从货源地—始发站—目的站—货物最终目的地,这一过程通常涉及公、铁、水多种运输方式,满足国际多式联运特点,故认为中欧班列是属于国际多式联运的。

中欧班列运输结构类似于轴辐式网络。轴辐式运输网络模型是提高物流资源利用效率、整合物流资源、降低物流成本的有效网络结构。轴辐式物流网络将物流中一个或多个节点设立成枢纽中心站,非中心站的节点与枢纽中心站进行连接,货物先由初始节点运送至枢纽中心站,再根据各个货物的目的站选择运输线路进行集中运输。轴辐式运输网络系统凭借品种经济和规模经济的优势,一方面能满足客户的多样性需求,另一方面还能提高多式联运的竞争力和多式联运在运输市场上的占有率。采用轴辐式进行运输不仅能降低单位运输成本,还能在运输网络上形成规模效应,带动区域范围城市的经济发展。

轴辐式运输网络的产生和发展,主要依托于轴辐式运输网络结构自身的经济性。轴辐式运输网络仅使用少量的枢纽节点作为集中、分配网络流的中心,通过轴辐式运输网络将货物流进行联合运输,使得运输企业可以使用大型、经济的运输设备,从而以更高的服务频率来提供运输服务,同时在运输网络中的货主也可以从轴辐式运输网络的高服务密度中受益。

中欧班列运输组织可以分为起始运输、途中运输、末端运输三部分,货物从国内起始点运输到中欧班列始发站节点为起始运输,接着货物从中欧班列始发站节点到达货物终到站节点为途中运输,最后货物从终到站节点通过分拨运输到达最终目的地站点为末端运输,中欧班列的轴辐运输组织模式如图 2-4 所示。

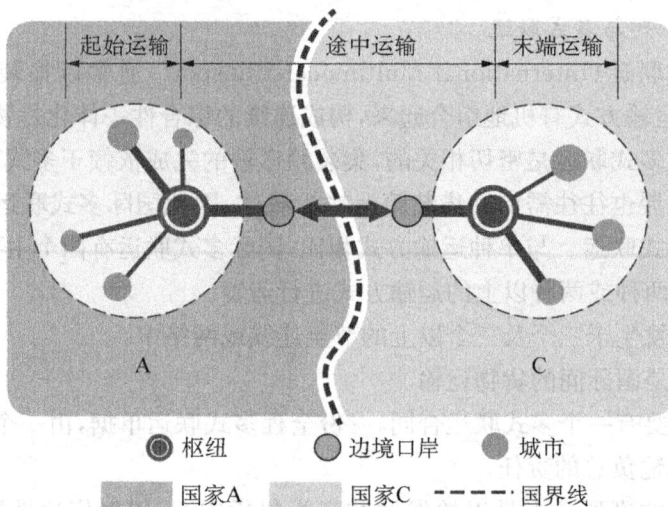

图 2-4 中欧班列轴辐式运输组织模式

1) 起始运输

起始运输是中欧班列的集货运输环节,指集装箱货物经一种甚至多种运输方式,从国内起始点运到中欧班列始发站点。起始运输过程属于内陆型集装箱中心站的激活过程。

起始运输的主要模式有以下几种。

（1）从国内起始点（货源点）开始，集装箱货物只采取一种运输方式运抵中欧班列始发站点（见图 2－5）。

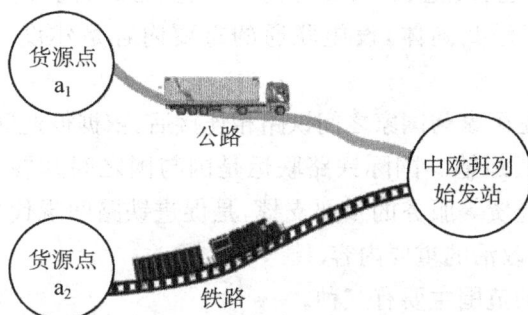

图 2－5　中欧班列起始运输主要模式(1)

（2）从国内起始点（货源点）开始，集装箱货物采取两种及以上的交通工具运往始发站点（见图 2－6）。

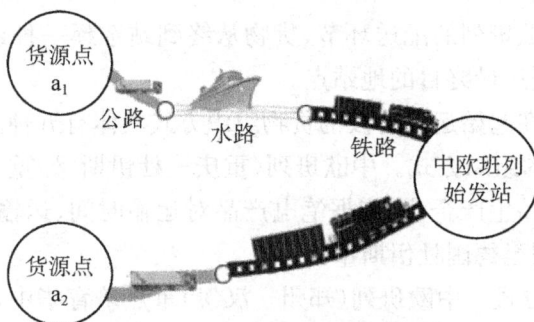

图 2－6　中欧班列起始运输主要模式(2)

（3）从国内起始点（货源点）开始，集装箱货物首先运往集装箱中转站，然后由集装箱中转站运往中欧班列始发站（见图 2－7）。

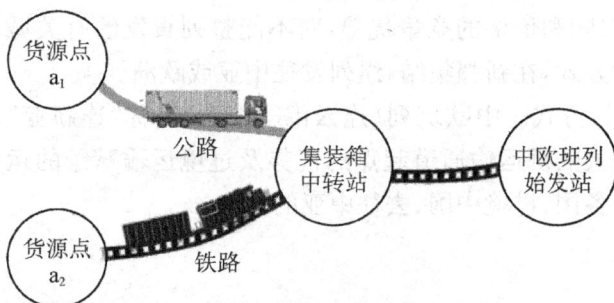

图 2－7　中欧班列起始运输主要模式(3)

2）途中运输

中欧班列途中运输属于国际铁路联运，是目前"一带一路"国家战略的核心。"五通三同"（政策沟通、设施联通、贸易畅通、资金融通、民心相通，建立利益共同体、命运共同体和责任共同体）设施联通的重要内容是建设"一带一路"的重要抓手。

国际铁路联运是国家与国家之间铁路相连接后，依据彼此间签署的协议，并以连带责任开展的客货运输。国际铁路联运是国与国之间开展人文、科技、军事交流，促进国际旅游、经贸等服务的重要支撑，是促进铁路间现代化建设和发展的重要路径，是贯彻地缘政治的重要内容。

国际铁路联运的范围主要有三种。

（1）相邻两国间。我国绝大多数国际铁路客货联运是在相邻国铁路间开展。

（2）区域相互间。国际铁路联运其次是在东北亚、中俄蒙三国间以及中国西部地区和中亚之间开展。

（3）跨洲际间。主要指亚欧大陆桥运送和中欧班列。

3）末端运输

末端运输是中欧班列的配送环节，货物从终到站选择一种或多种组合运输方式，通过分拨运输到达最终目的地站点。

目前中欧班列在起始运输阶段的货物组织方式具体有五种。

（1）产地直发的组织方式。中欧班列（重庆—杜伊斯堡）重点服务于落户重庆的世界六大笔电产品生产企业，依据笔电产品对运输时间、运输质量、安全可靠的需求，组织直达班列至德国杜伊斯堡。

（2）货源集聚方式。中欧班列（郑州—汉堡）重点培育华中地区物流集结分拨中心——郑州国际内陆港，吸引腹地货源，组织开行班列至德国汉堡。

（3）海铁衔接方式。"营满欧"铁海联运班列重点开发东南沿海及日韩等周边地区的货物，利用国际海运费用偏低和俄铁西伯利亚大铁路运价优势开行营口港至莫斯科、斯洛伐克、白俄罗斯、波兰等地的直达班列。

（4）新疆区域合作与集结方式。新疆班列最大的优势在于新疆距中亚和欧洲距离最近，具有时间和价格的竞争优势，对不能整列直发的有关城市或地区，可以通过区域合作的方式，在新疆集结，组列发往中亚或欧洲。

（5）过境中转方式。中欧班列（连云港—中亚）简称"连新亚"班列，利用其国家定位为新亚欧大陆桥运输通道起点的优势及过境运输赋予的运价政策，组织转运日韩及东南亚各国、过境中国、去往中亚的货物。

2.2　中欧班列货流形成机理

2.2.1　中欧班列货运量组成

内陆型集装箱中心站的中欧班列货运量主要分为吸引区货运量和诱发货运量。吸引区货运量指在集装箱中心站吸引范围内采用中欧班列运输的货运量；诱发货运量指由于影响因素的变化，如铁路货物运输业发展、经济发展、集装箱中心站货源组织能力、班列开行频率的变化而诱发中欧班列运量增加或减少的货运量。

由于产生诱发货运量的影响因素有很多，且诱发强度的不确定性导致诱发货运量难以预测。与吸引区货运量相比，诱发货运量有四个特点。

（1）条件性。诱发货运量一般在一定条件发生后产生。如内陆型集装箱中心站开辟新的中欧班列线路、中心站的物流服务水平有所提高，将诱发吸引区货源采用中欧班列运输，产生诱发货运量。

（2）潜在性。引发诱发货运量的影响因素包括区域经济、政策、产业结构及集装箱中心站运输组织能力等，影响因素变化的不确定性导致诱发货运量的潜在性。

（3）区域性。由于经济、交通、产业布局的差异，内陆型集装箱中心站对不同区域的诱发运量强度不同。中心站对经济发达、物流需求强度高的地区运量诱发强度较大。

（4）有限性。诱发货运量并不是一直增加，当诱发货运量达到一定临界值后将不再增加，而使整个运输系统达到动态平衡状态。

2.2.2　货运量的影响因素

中欧班列货运量影响因素有很多，可以分为外部因素和内部因素。货运量外部影响因素主要包括经济、政策、位置条件等，内部影响因素主要包括运价、班列开行频率、中心站物流服务水平等。

1. 外部影响因素

1）经济因素

经济影响因素包括国内生产总值、第一产业生产总值、第二产业生产总值、第三产业生产总值、工业生产总值等。国内生产总值的增加可以带动货运量的提高，而第一、第二、第三产业生产总值代表了产业结构，不同产业对物流需求强度不同，所以产业结构对货运量具有较大影响。

同时，由于中欧班列属于国际集装箱班列，中欧贸易发展是中欧班列货运量的重要影响因素。欧盟是世界上最大的经济体，也是我国重要的贸易伙伴。截至

2017 年年底,欧盟已连续 13 年来成为中国的第一大贸易伙伴,我国也连续 14 年来是欧盟的第二大贸易伙伴。从中欧间的贸易来看,近年来,中国一直是欧盟的第二大出口市场和第一大进口来源国。中国和欧盟分别处于丝绸之路经济带的两端,欧盟是中国推进"一带一路"建设和国际产能合作的重要合作伙伴。近年来,中欧贸易关系日益紧密,欧洲市场的重要性也日益突出,这为中欧班列提供了良好发展平台。

2) 政策因素

国家政策引领行业动态,政策是影响中欧班列货运量的主要因素。2004 年《中长期铁路网规划》印发,在该规划指导下,铁路运输网络体系逐步完善,为中欧班列迅速发展做了铺垫。随后 2013 年 9 月和 10 月由中国国家主席习近平分别提出建设"新丝绸之路经济带"和"21 世纪海上丝绸之路"的合作倡议,积极推动我国与沿线国家的经济合作伙伴关系,共同打造政治互信、经济融合、文化包容的利益共同体、命运共同体和责任共同体,中欧班列顺应发展趋势,以其运距短、速度快、安全性高的特征,以及安全快捷、绿色环保、受自然环境影响小的优势,已经成为国际物流中陆路运输的骨干方式。中国改革开放 40 周年,习近平总书记在博鳌论坛上提出我国要进一步推进改革开放,扩大进口,减小贸易顺差。中欧班列作为中国与"一带一路"沿线国家贸易互通的重要桥梁,对促进对外贸易繁荣、促进产业调整、拉动地方经济增长有重要意义。

3) 位置条件

内陆型集装箱中心站的区域位置影响中心站的货运量大小。《中欧班列建设发展规划(2016—2020 年)》中提出班列按照"干支结合、枢纽集散"的组织方式运行,干线为主,支线为辅。支线是指围绕干线,扩大服务范围的辅助线路。一般干线上的集装箱中心站货运量大于支线上集装箱中心站货运量。

靠近城市主要工业区和集装箱集散地的集装箱中心站对中欧班列的货源组织能力较强,有利于满足中欧班列的运输需求。同时具备完善的集疏运系统是提高货运量的重要因素。

2. 内部影响因素

1) 运到时间

运到时间是货主选择运输方式的主要影响因素。在理想运价范围内,货主更倾向于选择运输时间较短、运输准时性高的运输方式。影响中欧班列运到时限的因素主要包括班列运行速度和口岸通关效率。由于中欧班列在各国间的运行图未有效衔接,导致班列在各国的运行速度不同,影响中欧班列运到时间。同时不同国家海关、检验检疫要求不一致,存在通关手续多、时间长、成本高、重复查验等问题,导致通关效率低。

2）运价因素

运价水平的变动影响运输需求。总体来说，运价水平下降时运输需求上升，而运价水平上涨时运输需求会受到一定抑制。中欧班列的运输成本远高于海运运输成本，为了维持中欧班列运营，各地方政府对中欧班列进行补贴来降低班列运价。由于补贴标准不同，货主更倾向于选择补贴较高的中欧班列线路。

3）综合服务水平

综合服务水平包括班列开行频率、中心站作业时间、运输网络质量等。中欧班列开行频率越高、集装箱在站平均储存时间越短，更有利于满足货主弹性运输需求，有利于提高货源吸引强度。同时中欧班列开行频率的增加是建立在货源充足的基础上，只有不断加强货源组织，提高货源吸引力才能逐步实现中欧班列常态化运营。

中心站作业时间受中心站作业流程、作业速度等方面的影响，有必要优化内陆型集装箱中心站作业流程、提高作业效率、加强班列组织能力，以高效的服务水平打造中欧班列国际运输品牌。

铁路网列车运行图规划是影响运输网络质量的影响因素。目前境内多条既有线铁路的线路运输能力已接近饱和，货物运输质量难以提高，而高铁的快速发展为缓解既有线货物运输压力提供了新思路。2018 年 4 月 10 日零时起，全国铁路实施新的列车运行图。运行图调整后，对部分既有线旅客列车进行停运、变更运行区段调整，"复兴号"动车组开行数量增加，意味着既有线运力得到释放，货运能力进一步提升，为中欧班列发展提供契机。

2.2.3　货运量预测方法

货运量预测是根据货运量及其相关变量过去发展变化的客观过程和规律性，参照当前已经出现和正在出现的各种可能性，运用现代管理、数学和统计的方法，对货运量及其相关变量未来可能出现的趋势和可能达到的水平的一种科学推测。

铁路货运量的预测方法可以分为定性预测和定量预测。定性预测方法指利用直观的材料，依靠个人的经验判断和分析能力，对事物未来的发展趋势进行预测，然后再通过一定的形式综合各方面的判断，得出统一的预测结论。定量预测是利用和根据历史数据和资料，应用数理统计方法来预测事物的未来，或者利用事物发展的因果关系来预测事物的未来发展变化情况的一类预测方法。

定性预测主要考虑事物发展在性质方面的预测，具有较大的灵活性，可以充分发挥人的主观能动作用，且简单、迅速、省时省费用，但是易受人的经验和主观判断能力等因素的影响，尤其是缺乏对事物发展做数量上的精确描述。定量预测注重事物发展在数量方面的分析,重视对事物发展变化的程度做数量上的描述,更多地依据历史统计资料,较少受主观因素的影响。为了更科学地确定中欧班列货流形成机理,对内陆型集装箱中心站货运量预测应以定量预测为主。

1. 货运量定量预测方法

1) 德尔菲法

德尔菲法是美国兰德公司于1964年首先提出和运用的。这种方法是以专家为索取信息对象,采用匿名的方式,通过几轮征询征求专家的意见和看法,然后将他们的意见和看法进行综合整理和归纳,再反馈给各个专家,供他们分析判断、提出新的意见和看法。

这样通过多次反复,意见逐步趋于一致。德尔菲法是一种应用范围十分广泛的预测方法。德尔菲法的具体操作过程有五个步骤。

第一步:确定课题。

第二步:选择专家。专家是人数一般不超过20人,且对预测问题了解深入并充分掌握资料。

第三步:设计调查表。调查表要求提供背景资料,设计简明合理。

第四步:逐轮咨询和信息反馈。一般需要进行3~4次咨询,对每次咨询结果进行归纳整理后以匿名的方式反馈给各位专家,再次征求意见。反复几轮咨询后,得出较为集中的意见。

第五步:采用统计分析法对专家预测结果进行定量评价,得出最终预测结果。

德尔菲法预测流程如图2-8所示。

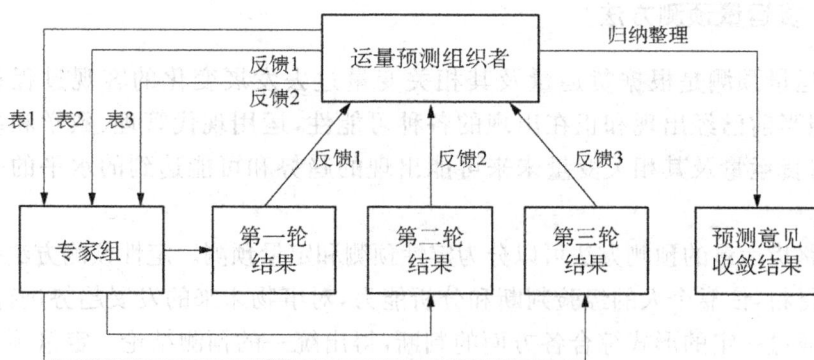

图 2-8 德尔菲法预测流程

德尔菲法的优点:①预测的匿名性,避免权威影响而随大流,能真正表达每一个专家的意见;②预测的反复性,能够有控制地反复多次征询意见;③预测的收敛性,使意见逐渐趋于一致,能做出统计评估,使定性分析同定量分析结合起来。

2) 对比类推法

对比类推法是应用类推性原理,把预测目标同其他类似事物加以对比分析来推断其未来发展趋势的一种推断方法。对比类推法的预测精度较差,当类比对象间共有的属性越多,则类比结论的可靠性越大。对比类推法仅适用于一些特殊情况,如在紧急预测或其他方法无法解决的情况下采用。当研究对象历史数据有限而无法做出较为精确的预测时,采用对比类推法。

2. 货运量定量预测方法

1) 弹性系数法

弹性系数是指某个变量(因变量)相对于另一个变量(自变量)变化的敏感程度,一般用比例的增长比值来求得。货运量增长弹性系数是货运量增长率与 GDP 增长率的比值,即

$$E = \frac{R_Q}{R_E} \tag{2-1}$$

式中,E 为货运量增长弹性系数;R_Q 为货运量增长率;R_E 为 GDP 增长率。

利用弹性系数来预测货运量的公式为

$$\hat{Q}_{t+T} = Q_t (1 + \hat{R}_Q)^T \tag{2-2}$$

$$\hat{R}_Q = E\hat{R}_E \tag{2-3}$$

式中,Q_t 为基期货运量;$\hat{Q}_{t+T}$ 为预测期的预测货运量;$\hat{R}_Q$ 为货运量增长率预测值;$\hat{R}_E$ 为 GDP 增长率预测值。

弹性系数法的使用前提是有未来 GDP 的预测值,并且认为未来 GDP 的预测值相对准确。GDP 的预测值可以参考国民经济规划中的预测值。

2) 时间序列法

时间序列指将货运量统计数据按照其发生时间进行排序而形成的序列,时间序列法就是将货运量数据序列引申外推并预测其未来发展趋势,常用的时间序列法包括移动平均法和指数平滑法。

(1) 移动平均法。移动平均法是根据货运量数据的时间序列逐项推移,依次计算包含一定项数的货运量平均数,并将该平均数作为下一项的预测值。

① 一次移动平均法。设货运量的时间序列为 Q_1,Q_2,$\cdots$,Q_t,一次移动平均法的计算公式为

$$M_t^1 = \frac{Q_t + Q_{t-1} + Q_{t-2} + \cdots + Q_{t-n-1}}{n} \qquad (t \geqslant n) \tag{2-4}$$

$$\hat{Q}_{t+1} = M_t^1 \tag{2-5}$$

式中，t 为当前期数；n 移动平均期数；M_t^1 为第 t 期货运量的一次移动平均值；Q_t 为第 t 期货运量的实际发生值；$\hat{Q}_{t+1}$ 为第 $t+1$ 期货运量预测值。

② 二次移动平均法。二次移动平均法是在一次平均移动法的基础上再进行一次移动平均，计算公式为

$$M_t^2 = \frac{M_t^1 + M_{t-1}^1 + M_{t-2}^1 + \cdots + M_{t-n+1}^1}{n} \qquad (t \geqslant n) \qquad (2-6)$$

$$\hat{Q}_{t+T} = a_t + b_t T \qquad (2-7)$$

$$a_t = 2M_t^1 - M_t^2 \qquad (2-8)$$

$$b_t = \frac{2}{n-1}(M_t^1 - M_t^2) \qquad (2-9)$$

式中，M_t^2 为第 t 期货运量的二次移动平均值；T 表示距离 t 期的期数；a_t、b_t 为预测模型系数；$\hat{Q}_{t+T}$ 为第 $t+T$ 期的货运量预测值。

利用移动平均法进行货运量预测时，一般要求时间序列具有较好的线性趋势，且可以预测近期货运量和远期货运量，但是一般情况下利用移动平均法预测的远期货源量的误差较大。

(2) 指数平滑法。指数平滑法是为了消除时间序列的偶然性变动，在移动平均法基础上发展起来的时间序列预测方法，它是通过计算指数平滑值，配合一定的时间序列预测模型对现象的未来进行预测。其原理是任一期的指数平滑值都是本期实际观察值与前一期指数平滑值的加权平均。

① 一次指数平滑法。一次指数平滑法的公式为

$$S_t^1 = \alpha Q_t + (1-\alpha)S_{t-1}^1 \qquad (2-10)$$

预测模型为

$$\hat{Q}_{t+1} = S_t^1 \qquad (2-11)$$

式中，t 为当前时期数；S_t^1 为 t 年的一次指数平滑值；α 为平滑系数，$0 < \alpha < 1$；Q_t 为第 t 年货运量实际值；S_{t-1}^1 为第 $t-1$ 年的一次指数平滑值；$\hat{Q}_{t+1}$ 为第 $t+1$ 年的货运量预测值，用第 t 年的一次指数平滑值表示。

在一次指数平滑预测中，需要确定平滑系数 α 和初始值 S_0^1。平滑系数 α 越大，近期数据对预测结果的影响越大，因而表现出"重近轻远"。所以 α 的选择与原序列的趋势有关，α 的选择应遵循以下标准：①当原数据序列波动不大，呈现水平趋势时，为了减小修正幅度，α 应取较小，一般在 0.1~0.3 之间；②当时间序列呈不规则变动，但长期趋势接近于某一稳定常数时，α 可取 0.05~0.20；③当原数据

序列有明显上升或下降趋势时,α 一般应在 $0.3 \sim 0.5$ 之间,选择大小适宜的数值; ④当数据序列呈现不规则波动时,平滑系数不宜选择太大;⑤当原数列波动很大, 并且趋势也较为明显时,为了增加模型的灵敏度,使预测结果能迅速跟上历史数据 的变动,α 应选择大一点的数值,一般在 $0.6 \sim 0.8$ 之间。

同时,应该选取偏差平方均值 MSE 最小时的 α 值,MSE 的计算公式为

$$MSE = \sqrt{\frac{1}{n} \sum_1^n (Q_t - \hat{Q}_t)^2}$$

式中,MSE 为偏差平方均值;n 为预测年数;$\hat{Q}_t$ 为第 t 期预测值。

平滑序列初始值 S_0^1 需要根据样本情况确定。当时间序列的原始数据样本较 多时(20 个以上),初始值对以后的预测值影响很小,可以选择第一年的数据值作 为初始值。当时间序列的原始数据样本较少时(20 个以下),可以取最开始几期实 际值的加权平均值作为初始值 S_0^1。

② 二次指数平滑法。一次指数平滑预测法的预测结果存在较为明显的滞后偏 差,为了修正偏差,在一指数次平滑的基础上再做二次指数平滑,利用之后偏差的规 律找出曲线发展趋势,然后建立直线趋势预测模型。二次指数平滑法的公式为

$$S_t^1 = \alpha Q_t + (1-\alpha)S_{t-1}^1 \tag{2-12}$$

$$S_t^2 = \alpha S_t^1 + (1-\alpha)S_{t-1}^2 \tag{2-13}$$

预测模型为

$$\hat{Q}_{t+T} = a_t + b_t T \qquad T = 1, 2, 3, \cdots \tag{2-14}$$

$$a_t = 2S_t^1 + S_t^2 \tag{2-15}$$

$$b_t = \frac{\alpha}{1-\alpha}(S_t^1 + S_t^2) \tag{2-16}$$

式中,T 为由当前时期数 t 到预测期的时期数;S_t^2 为二次指数平滑值;$\hat{Q}_{t+T}$ 为第 $t+T$ 期的货运量预测值;a_t、b_t 均为平滑系数。

③ 三次指数平滑法。三次指数平滑法是在二次指数平滑的基础上再进行一 次平滑,当时间序列的变动表现为二次曲线时,需要用三次指数平滑法。三次指数 平滑法的计算公式为

$$S_t^1 = \alpha Q_t + (1-\alpha)S_{t-1}^1 \tag{2-17}$$

$$S_t^2 = \alpha S_t^1 + (1-\alpha)S_{t-1}^2 \tag{2-18}$$

$$S_t^3 = \alpha S_t^2 + (1 - \alpha) S_{t-1}^3 \qquad (2-19)$$

三次指数平滑法的预测模型为

$$\hat{Q}_{t+T} = a_t + b_t T + c_t T^2 \qquad (2-20)$$

$$a_t = 3S_t^1 - 3S_t^2 + S_t^3 \qquad (2-21)$$

$$b_t = \frac{\alpha}{2(1-\alpha)^2} [(6-5\alpha)S_t^1 - 2(5-4\alpha)S_t^2 + (4-3\alpha)S_t^3] \qquad (2-22)$$

$$c_t = \frac{\alpha^2}{2(1-\alpha)^2} [S_t^1 - 2S_t^2 + S_t^3] \qquad (2-23)$$

式中，S_t^3 为三次指数平滑值；a_t、b_t、c_t 均为平滑系数。

3) 灰色预测模型

灰色预测模型（grey model，GM）是通过少量的、不完全的信息，建立数学模型并做出预测的一种预测方法，$GM(1,1)$ 表示一阶方程，一个变量预测模型。

设原始数列为 $x^0 = \{x^0(1), x^0(2), \cdots, x^0(n)\}$，根据 $x^1(t) = \sum_1^t x^0(t)$ 累加得到新的数列：$x^1 = \{x^1(1), x^1(2), \cdots, x^1(n)\}$，则 $GM(1,1)$ 模型的微分方程为

$$\frac{\mathrm{d}x^1}{\mathrm{d}t} + ax^1 = u \qquad (2-24)$$

式中，a、u 分别是发展系数和灰色作用量，设 $\hat{a}$ 为待估计参数向量，则 $\hat{a} = [a, u]^\mathrm{T}$，按照最小二乘法对 $\hat{a}$ 进行估计，则

$$\hat{a} = [\boldsymbol{B}^\mathrm{T} \boldsymbol{B}]^{-1} \boldsymbol{B}^\mathrm{T} \boldsymbol{Y}_n \qquad (2-25)$$

$$\boldsymbol{B} = \begin{bmatrix} -\dfrac{1}{2}(x^1(1) + x^1(2)) & 1 \\ -\dfrac{1}{2}(x^1(2) + x^1(3)) & 1 \\ \vdots & \vdots \\ -\dfrac{1}{2}(x^1(n-1) + x^1(n)) & 1 \end{bmatrix} \qquad (2-26)$$

$$\boldsymbol{Y}_n = [x^0(2), x^0(3), \cdots, x^0(n)]^\mathrm{T} \qquad (2-27)$$

求解微分方程可得预测模型为

$$x^1(t+1) = \left(x^0(1) - \frac{u}{a}\right) \mathrm{e}^{-at} + \frac{u}{a} \qquad (2-28)$$

根据预测模型可以预测第 $t+1$ 年货运量。求出预测后,需要对灰色预测模型精度进行检验,模型误差由后验差比值 c 和概率误差 p 控制:

$$c = \frac{S_2}{S_1} \tag{2-29}$$

$$p = p\{|E_t - E| < 0.674\,5S_1\} \tag{2-30}$$

$$S_1 = \sqrt{\frac{\sum_i (x^0(t) - \bar{x}_0)^2}{n-1}} \tag{2-31}$$

$$S_2 = \sqrt{\frac{\sum_{t=2} (E_t - \bar{E})^2}{n-1}} \tag{2-32}$$

$$\bar{x}_1 = \frac{\sum_t x^0(t)}{n} \tag{2-33}$$

$$E_t = x^0(t) - \hat{x}^0(t) \tag{2-34}$$

$$\bar{E} = \frac{\sum_k E_k}{n} \tag{2-35}$$

式中,c 为后验差比值;p 为小概率误差;S_1 为原始数列方差;S_2 为残差方差;$\bar{x}_1$ 为原始数列均值;E_t 为残差;$\bar{E}$ 为残差均值;计算得出 c、p 的值,按照表 2-2 进行评价。

表 2-2　精度等级对照表

预测精度等级	p	c
好	>0.95	<0.35
合格	>0.80	<0.45
勉强	>0.70	<0.65
不合格	≤0.70	≥0.65

2.3　哈尔滨铁路集装箱中心站中欧班列货运量预测

2.3.1　背景分析

哈尔滨铁路集装箱中心站作为内陆型集装箱中心站位于黑龙江省南部的哈尔

滨市,哈尔滨市位于我国东北平原东北部地区,与牡丹江市、长春市、吉林市、伊春市、绥化市等城市接壤,处于东北亚中心区域位置。哈尔滨是第一条欧亚大陆桥和空中走廊的重要枢纽,具有连接欧亚两洲国际经贸大通道的地理优势,对丝绸之路经济带的发展将带来较强的辐射作用。

目前哈尔滨市已成为我国中欧班列主要铁路枢纽节点之一,有哈长、绥滨、拉滨、滨洲、滨北五大铁路干线在此交汇,北达古莲,南连兰陵,东起绥芬河,西至满洲里,对外与俄罗斯接轨,对内和沈阳铁路局相通。哈尔滨作为一个国际物流集散中心,可以组织班列直达、整车集结、散货拼箱、电商快运等多种方式运输。在2015年6月"哈欧"国际铁路班列以哈尔滨铁路集装箱中心站为集结点组列运行,实现双向贯通。然后在2017年中欧班列(哈尔滨—汉堡)还将根据客户需求,适时推出项目班列、品牌班列、普货班列、直达班列等。哈尔滨枢纽发送货物品类为石油、钢铁、水泥、粮食、化工品、工业机械、集装箱、其他;到达货物是煤、石油、钢铁、非金、粮食、化工品、集装箱、其他。

本书根据哈尔滨集装箱中心站为内陆型集装箱中心站的案例,分别采用三次指数平滑法和弹性系数法对中欧班列(哈尔滨—汉堡)吸引区货运量和诱发货运量进行预测,预测结果可以为中欧班列(哈尔滨—汉堡)的运输组织规划提供参考依据。

2.3.2 吸引区货运量预测

吸引区货运量的预测是在已有货运量数据的基础上,采用三次指数平滑法对货运量进行预测,2015年7月至2017年11月中欧班列(哈尔滨—汉堡)的货运量数据如表2-3所示,货运量趋势如图2-9所示。

表 2-3 2015 年 7 月—2017 年 11 月中欧班列(哈尔滨—汉堡)货运量原始数据

2015 年	箱数/TEU	2016 年	箱数/TEU	2017 年	箱数/TEU
1 月	—	1 月	140	1 月	112
2 月	—	2 月	62	2 月	234
3 月	—	3 月	90	3 月	284
4 月	—	4 月	132	4 月	378
5 月	—	5 月	104	5 月	296
6 月	—	6 月	76	6 月	322
7 月	160	7 月	132	7 月	512

（续表）

2015 年	箱数/TEU	2016 年	箱数/TEU	2017 年	箱数/TEU
8 月	198	8 月	220	8 月	200
9 月	144	9 月	204	9 月	320
10 月	164	10 月	240	10 月	136
11 月	122	11 月	50	11 月	322
12 月	100	12 月	38	12 月	—

图 2 - 9　中欧班列(哈尔滨—汉堡)货运量趋势

由于中欧班列(哈尔滨—汉堡)仅开行两年半的时间,可获得的历史数据有限,根据中欧班列(哈尔滨—汉堡)货运量趋势图可知班列的月货运量波动较大,且缺少 2017 年 12 月的货运量数据,为了减小误差,更科学地对货源量进行预测,本书利用三次指数平滑预测法。首先预测出 2017 年 12 月中欧班列(哈尔滨—汉堡)货运量,然后预测 2018—2019 年中欧班列(哈尔滨—汉堡)的货运量,并利用弹性系数法分析中欧班列(哈尔滨—汉堡)诱发货流量情况。

1. 中欧班列(哈尔滨—汉堡)2017 年 12 月货运量预测

由于原始货运量数据呈现不规则波动,且波动幅度较大,从 2015 年 7 月到 2017 年 10 月,按时间顺序以每两个月的总运量为一期数据,形成 14 期货运量数据序列,利用三次指数平滑法预测中欧班列(哈尔滨—汉堡)2017 年 11—12 月的货运量。

取前三期货运量的平均值作为初始值,$s_0^1 = s_0^2 = s_0^3 = (Q_1 + Q_2 + Q_3)/3 = 296$,分别计算不同 α 下的 MSE,测算结果如表 2 - 4 所示。

表 2-4　平滑系数 α 相应的均方差值(1)

α	0.10	0.20	0.30	0.35	0.40	0.50	0.60	0.70	0.80
MSE	120.35	84.33	70.56	68.00	70.58	95.26	139.23	193.60	255.57

　　测算得当 $\alpha = 0.35$ 时,均方差最小,所以计算 $\alpha = 0.35$ 时中欧班列(哈尔滨—汉堡)集装箱运量第 $1 \sim 14$ 期指数平滑值,如表 2-5 所示。

表 2-5　中欧班列(哈尔滨—汉堡)集装箱运量的三次指数平滑计算表(1)($\alpha = 0.35$)

t	Q_t	S_t^1	S_t^2	S_t^3	a_t	b_t	c_t	$\hat{Q}_t$
0		296	296	296				
1	358	317.70	303.60	298.66	340.97	18.80	1.33	361.10
2	308	314.31	307.34	301.70	322.58	5.36	0.19	328.13
3	222	282.00	298.47	300.57	251.15	−26.44	−2.08	222.62
4	202	254.00	282.91	294.39	207.66	−36.86	−2.53	168.28
5	222	242.80	268.87	285.46	207.25	−25.62	−1.37	180.25
6	180	220.82	252.05	273.76	180.07	−28.45	−1.38	150.24
7	352	266.73	257.19	267.96	296.59	29.96	2.95	329.50
8	444	328.78	282.25	272.96	412.56	70.57	5.40	488.52
9	88	244.50	269.04	271.59	197.99	−40.07	−3.19	154.74
10	346	280.03	272.88	272.04	293.48	11.55	0.91	305.94
11	662	413.72	322.18	289.59	564.22	121.33	8.55	694.09
12	618	485.22	379.24	320.97	638.90	115.35	6.92	761.17
13	712	564.59	444.11	364.07	725.50	114.28	5.86	845.64
14	456	526.58	472.98	402.19	563.01	7.87	−2.49	568.38

　　由表 2-5 可知,预测值 $S_{14}^1 = 526.58$,$S_{14}^2 = 472.98$,$S_{14}^3 = 402.19$。经计算得 $a_{14} = 563.01$,$b_{14} = 7.87$,$c_{14} = -2.49$。因此,中欧班列(哈尔滨—汉堡)集装箱货运量三次指数平滑的模型计算式为

$$\hat{Q}_{t+T} = 563.01 - 7.87T - 2.49T^2 \tag{2-36}$$

利用式(2-36)计算第 15 期货运量预测值,同时为 2017 年 11 月—12 月货运量预测值,即 $\hat{Q}_{15} = 568$。由于 2017 年 11 月的货运量为 322 TEU,所以可以认为 2017 年 12 月货运量为 246 TEU。

2. 中欧班列(哈尔滨—汉堡)2018 年—2019 年货运量预测

由于数据较少,中欧班列(哈尔滨—汉堡)2018 年—2019 年吸引区货运量的预测以每半年的货运量为一期,形成五期数据序列,利用三次指数平滑法对货运量预测。

取前三期货运量的平均值作为初始值,$S_0^1 = S_0^2 = S_0^3 = (Q_1 + Q_2 + Q_3)/3 = 792$,分别计算不同 α 下的 MSE,测算结果如表 2 - 6 所示。

表 2 - 6　平滑系数 α 相应的均方差值(2)

α	0.10	0.20	0.28	0.30	0.40	0.50	0.60	0.70	0.80
MSE	343.09	163.97	101.51	107.55	197.77	295.43	380.60	460.34	545.90

测算得当 $\alpha = 0.28$ 时,均方差最小,计算 $\alpha = 0.28$ 时中欧班列(哈尔滨—汉堡)集装箱运量第 1 ~ 14 期指数平滑值,如表 2 - 7 所示。

表 2 - 7　中欧班列(哈尔滨—汉堡)集装箱运量的三次指数平滑计算(2)($\alpha = 0.28$)

t	Q_t	S_t^1	S_t^2	S_t^3	a_t	b_t	c_t	$\hat{Q}_t$
0		792	792	792				
1	888	818.88	799.53	794.11	852.17	19.42	1.05	872.64
2	604	758.71	788.10	792.42	704.27	−32.81	−1.89	669.56
3	884	793.79	789.69	791.66	803.96	6.77	0.46	811.19
4	1 626	1 026.81	856.09	809.70	1 321.87	172.50	9.40	1 503.78
5	1 736	1 225.38	959.49	851.64	1 649.32	238.28	11.95	1 899.55

由表 2 - 7 可知,预测值 $S_5^1 = 1\,125.38$,$S_5^2 = 959.49$,$S_5^3 = 851.64$。经计算得 $a_5 = 1\,649.32$,$b_5 = 238.28$,$c_5 = 11.95$。因此,货运量三次指数平滑的模型计算公式为

$$\hat{Q}_{t+T} = 1\,649.32 - 238.28T - 11.95T^2 \tag{2-37}$$

利用公式计算第 6、7、8、9 期货运量预测值,如表 2 - 8 所示。

表 2 - 8　2018 年—2019 年中欧班列(哈尔滨—汉堡)集装箱运量预测值

	$t + T$	$\hat{Q}_{t+T}$
2018 年 1 月—6 月	6	1 900
2018 年 7 月—12 月	7	2 174

（续表）

	$t+T$	$\hat{Q}_{t+T}$
2019 年 1 月—6 月	8	2 472
2019 年 7 月—12 月	9	2 794

根据预测结果，2018 年中欧班列（哈尔滨—汉堡）吸引区集装箱运量为 4 074 TEU，2019 年吸引区集装箱运量为 5 266 TEU。

2.3.3 诱发货运量预测

根据弹性系数法预测原理，集装箱货运量弹性预测值与经济增长幅度有关，诱发货运量指由于经济增长变化而诱发的集装箱货运变化量。所以诱发货运量的预测公式为

$$\xi_{t+T} = \hat{Q}_{t+T} - Q_t \tag{2-38}$$

其中

$$Q_{t+T} = Q_t(1+R_Q)^T \tag{2-39}$$

$$R_Q = ER_E \tag{2-40}$$

式中，ξ_{t+T} 为第 $t+T$ 期诱发货流量预测值；$\hat{Q}_{t+T}$ 为第 $t+T$ 期货运量预测值；Q_t 为第 t 期货运量实际值；E 为货运量增长弹性系数；R_Q 为货运量增长率；R_E 为 GDP 增长率。

1. 确定经济增长率

2013 年 12 月 10 日，习近平总书记在中央经济工作会议上的讲话中首次提出"新常态"，以"中高速、优结构"为特征的经济新常态使得经济增长进入了"换挡期"，经济由高速增长逐步变缓为中高速增长。在经济新常态的趋势影响下，根据 2008—2017 哈尔滨市 GDP 增长率统计表，如表 2-9 所示，哈尔滨市 GDP 增长率也逐步放缓并趋于稳定，所以本书预测未来两年哈尔滨 GDP 增长率在 6.5％～7.0％之间。

2. 确定弹性系数

由于数据的有限性，本书以中欧班列（哈尔滨—汉堡）2017 年的数据计算弹性系数，计算公式为

表 2-9　2008—2017 年哈尔滨市 GDP 增长率

2008 年	13.20％
2009 年	13.00％
2010 年	14.00％
2011 年	12.30％
2012 年	10.00％
2013 年	8.90％
2014 年	6.90％
2015 年	7.10％
2016 年	7.30％
2017 年	6.70％

$$E = R_Q/R_E \qquad\qquad (2-41)$$

式中,E 为货运量增长弹性系数;R_Q 为 2015—2017 年哈尔滨铁路货运量年均增长率;R_E 为哈尔滨市 2017 年 GDP 增长率。根据公式计算得弹性系数 $E =$ $-13.74\%/6.70\% = -2.05$。

3. 2018—2019 年中欧班列(哈尔滨—汉堡)集装箱诱发货运量预测

根据 2015—2017 年哈尔滨市铁路货运量的增长趋势,哈尔滨市铁路货运量年均增长率为负,导致中欧班列(哈尔滨—汉堡)货运量弹性系数为负。同时,由于未来两年哈尔滨 GDP 增长率在 6.5%~7.0% 之间,本书以 0.1% 为步长,根据诱发货流量的预测公式计算 2018—2019 年中欧班列(哈尔滨—汉堡)诱发集装箱货运量,计算结果如表 2-10 所示。

表 2-10　2018—2019 年中欧班列(哈尔滨—汉堡)集装箱诱发货运量

GDP 增长率/%	6.50	6.60	6.70	6.80	6.90	7.00
2018 年/TEU	−543	−551	−560	−568	−576	−585
2019 年/TEU	−702	−713	−724	−734	−745	−756

根据中欧班列(哈尔滨—汉堡)集装箱诱发货运量预测结果,计算不同 GDP 增长率下 2018 年和 2019 年中欧班列(哈尔滨—汉堡)集装箱货运量预测值,如表 2-11 所示。

表 2-11　不同 GDP 增长率下中欧班列(哈尔滨—汉堡)集装箱货运量预测

GDP 增长率/%	6.50	6.60	6.70	6.80	6.90	7.00
2018 年/TEU	3 531	3 523	3 514	3 506	3 498	3 489
2019 年/TEU	4 566	4 555	4 544	4 534	4 523	4 512

根据上述预测,由于近 5 年哈尔滨铁路运输业发展不太景气,导致班列诱发货运量为负值,为中欧班列(哈尔滨—汉堡)的常态化运营带来极大挑战。而为响应"一带一路"号召,中欧班列(哈尔滨—汉堡)仍具有一定发展潜力,未来两年中,在经济持续稳定发展、中心站综合服务水平提高、班列开行频率提高等因素的影响下,中欧班列(哈尔滨—汉堡)的集装箱货运量有持续增加的可能。哈尔滨集装箱中心站应根据中欧班列(哈尔滨—汉堡)的集装箱吸引区货运量和诱发货运量预测趋势,提前规划,实现班列的常态化有序运营。

第3章　内陆型集装箱中心站
功能区布局优化

3.1　集装箱功能区基本理论

集装箱中心站是港站生产活动的核心区域,需要完成集装箱的装卸搬运、仓储、运输、拆拼箱、报关、检验检疫及保税等业务。而功能区划分需要通过减少作业次数,节约装卸成本,增强管理沟通等使得中心站生产作业合理衔接,保证集装箱周转过程中的高效作业。

3.1.1　影响功能区划分的基本因素

关于中心站的功能区划分,系统布置理论(system layout planning,SLP)有5个基本因素:产品 P(product)、物流量 Q(quantity)、生产线路 R(rout)、辅助服务部门 S(service)和时间 T(time)。其中,产品和物流量为基本要素。

产品(物流对象)P:工业设计中,产品 P 是指规划设计中的对象,包括原材料及相关辅助材料、废料等,因而物流对象影响设施的组成及搬运设施、搬运方式等。在哈尔滨集装箱中心站内,物流对象是指铁路班列的集装箱,在各个功能区之间运输时,均为整箱装车卸车,故整箱货物作为物流对象。

物流量 Q:指生产、供应的产品工作量,主要影响设施规模、数量和建筑面积等,在一定程度上反映了生产服务的类型。内陆港集装箱中心站的物流量是不同功能区之间的集装量运输量,即标准集装箱的数量。

生产线路(物流作业线路)R:指产品在工业设计中的工艺流程、工序顺序、物流运输线路等,反映了物流对象在物流园区内的流动路线,受到相关业务手续及管理制度的约束。对于集装箱货物运输,特别是中欧班列的集装箱,属于进出口货物,设计作业线路过程中还应考虑海关及检验、检疫作业的便利性。

辅助服务部门 S:工业生产的辅助生产部门是指用于辅助生产的生活、消防、供电、控制等部门,是生产活动中的辅助支持系统,为物流产品运输提供支持和保障。内陆港集装箱中心站的辅助生产部门主要包括检查口、维修车间和物流服务区等,一定程度上影响集装箱在哈尔滨集装箱中心站内运输的效率。

时间(物流作业技术)T:在工厂作业中,时间 T 是指工作人员的作业时间安排;而物流活动中,物流技术是指采用的自然科学和社会科学理论、方法,以及设施、设备、装置与工艺的总称。哈尔滨集装箱中心站的物流作业技术水平通常体现在自动化装卸机械、AGV 车辆、箱体识别技术等,决定着物流成本、作业效率及工作人员数量等,在进行功能区布局划分时,应充分考虑物流作业技术水平。

3.1.2　功能区划分基本内容

目前,一般的集装箱功能区划分为三大类:基本功能区、辅助功能区和综合服务区。

1. 基本功能区

1)装卸功能区

装卸线功能区位于集装箱列车和集装箱场站的连接处,布置有装卸线,用于列车的停靠和装卸作业。

2)到达箱区

到达箱区指铁路班列到达后用于放置集装箱的区域,临时堆放,可以保证到达方向的集装箱装卸作业快速不间断进行。该箱区的集装箱主要流动方向是中转箱区和货运站仓库。

3)发送箱区

发送箱区主要堆放即将出港的集装箱,又称集装箱编排场,发送的设置可以保证列车和装卸集装箱快速不间断作业。一般来说,发送箱区占堆场面积比例较大,其大小的主要影响因素有到港列车集装箱量、装卸工艺系统、集装箱堆放方式等。

4)中转箱区

中转区可以看作是铁路货场传统意义上的仓库,也可以看作是集装箱码头的后方堆场区域,包括空箱、冷藏箱等,主要负责货物的中转保管以及货物到达卸车后至交付前的暂存,货物占用货位的周期比较短,搬运作业比较频繁。

5)货运站区

集装箱货运站是拼箱货进行拆箱和装箱,并对这些货物进行存放、整理和交接的作业场所。集装箱货运站的主要任务包括出口拼箱货的接收、拼箱和装箱作业,以及进口拼箱货的拆箱、分类、交货作业,并不是传统意义上的仓库。

6)辅助箱区

该功能区主要是负责辅助物流作业的,包括有为空置容器提供暂存服务的容器回收区,为进出物流中心的运输车辆提供停车服务的停车场区和为废品或次品进行处理的废料处理区等。

7）海关商检区

海关商检区负责检查集装箱外边状况、录入集装箱信息和查看铅封号,还要进行相关单证的交接和审核,安排集卡将集装箱运输到指定功能区或去指定箱区提箱。

2. 辅助功能区

1）检查口

集装箱检查口是集装箱车辆的唯一出入口,是集装箱和集装箱货物的交接点,也是区分集装箱码头与其他部门责任的分界点。集装箱的相关单据、箱号、铅封号和集装箱的外表状况等均需要在这里进行检查。

2）维修车间

维修车间又称修理车间,是对集装箱及其专用机械设备进行检查、修理和保养的场所。集装箱维修车间对于确保装卸机械的维修质量,使各种机械处于完好备用状况,提高集装箱作业效率等起到十分重要的作用。

3）物流服务区

物流服务区除了实现传统物流服务中的理货、仓储、分拨配送和流通加工等功能之外,还可以完成特殊商品的复杂物流供应链整合服务,充分发挥港口物流突出优势,为综合物流服务提供更好的市场空间。

3. 综合服务区

1）办公区

控制室是集装箱各项作业的指挥调度中心,是码头作业的中枢结构,主要作用是监督、调整和指挥集装箱装卸作业计划和堆场作业计划的执行。行政楼目前已经基本实现管理电子计算机化,对内关于日常集装箱机械协调管理,对外主要涉及行政业务和服务,主要有海关、商检、税务、工商、劳务、保险等。

2）生活服务区

生活服务区主要满足集装箱中心站工作人员的生活需要,为功能区提供水电、垃圾处理等后勤保障,提供电力、通信、食堂、油库、给/排水、照明等服务。

3）停车区

由于集装箱中心站内车辆种类繁多,为保障站内交通顺畅,不影响港口机械的操作,专门设置不同类型车辆的停车区,管控车辆使用情况。

3.2　功能区作业流程优化

内陆型集装箱中心站货物中转作业流程大致可以分为:铁路—铁路运输和公

路—铁路运输两大类。

3.2.1 铁路运输业务流程分析

铁路集装箱运输流程主要分为:集装箱发送、中转和到达三个部分。根据集装箱装箱与掏箱作业是否在站内进行,发送与到达作业又分为集装箱"站到站"运输作业到达与发送流程和集装箱"门到门"运输作业到达与发送流程。本节从托运人填写集装箱托运单开始到最后集装箱交付到人手中为止,将每一步所涉及的工作进行梳理与分析。图 3-1 显示某内陆型集装箱中心站,铁路—铁路集装箱作业的站内流转。

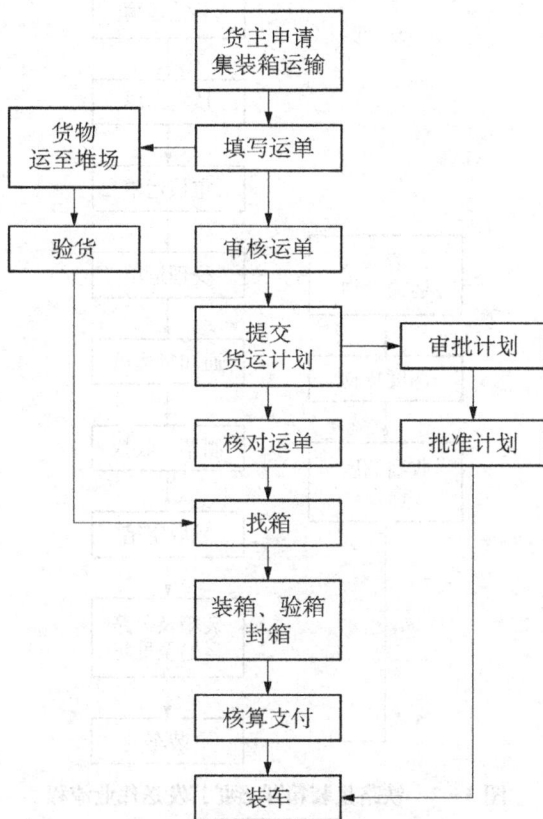

图 3-1　铁路集装箱"站到站"发送作业流程

1. 集装箱发送作业

一旦货主需要使用铁路集装箱进行运输货物时,货主可以直接向集装箱专门办理站提出申请,或者通过托运人间接向专门办理站提出申请,然后填写相应的货物运单,去专门办理站或者货运代理点承运并制货票。集装箱中心站会根据相应的计划进行空箱调度作业,在装箱、验货、封箱之后,办理交接手续,重箱进入承运状态并纳入中心站运输作业流程。铁路集装箱"站到站"发送作业流程如图 3-1 所示。

一般来说,只有对集装箱运输"门到门"发送作业,才会采取货物站外装箱的方式。"门到门"运输即从发货指定的地点开始装箱,通过公路运输到铁路集装箱中心站,然后再由铁路运输与公路运输联合的方式将货物送到收货人的基地、仓库或者工厂,并进行卸车、掏箱,具体流程如图 3-2 所示。

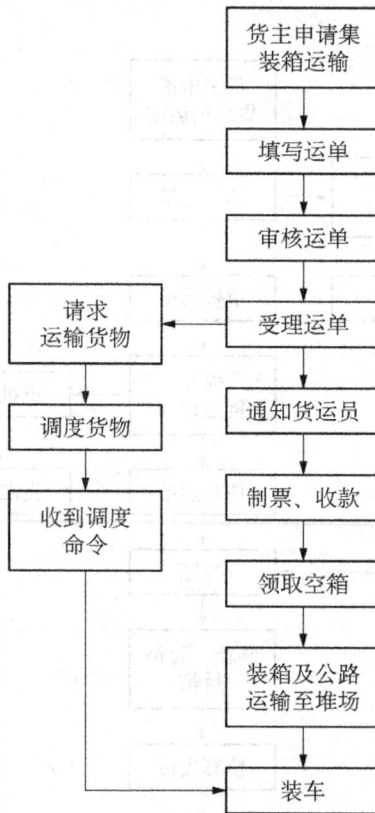

图 3-2 铁路集装箱"门到门"发送作业流程

2. 集装箱中转作业

需要注意的是,不论是"站到站"作业流程,还是"门到门"作业流程,它们的中转作业流程都是一样的。具体分为两种:非整车中转作业和整车中转作业。其中,非整车中转作业指当列车到达之后,首先要进行解编作业,然后甩车装卸集装箱,中转集装箱装车,列车集结、编组、发出;整车中转作业指当列车到达之后,进行相关技术作业后直接发出。铁路集装箱中转作业流程如图 3-3 所示。

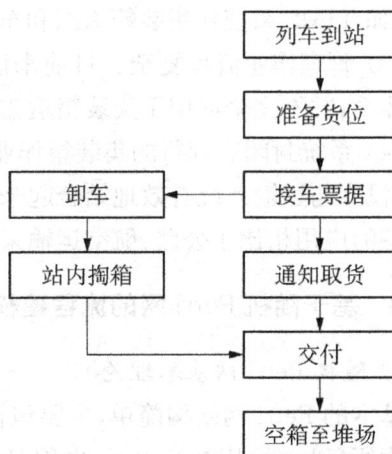

    3. 集装箱到达作业

    铁路集装箱"站到站"到达作业流程如图 3-4 所示,首先通过铁路预确报系统接收到达列车的相关信息,通知相应的集装箱办理站做好接车与卸车准备,然后编辑卸车计划与分配货位。场调先编制卸车计划,运转人员将到达集装箱的运单交给货调,货运员要先核对记录箱号,然后检查集装箱的装载以及密封情况。通知收货人后,进行掏箱作业并把空箱运送至堆场区域。

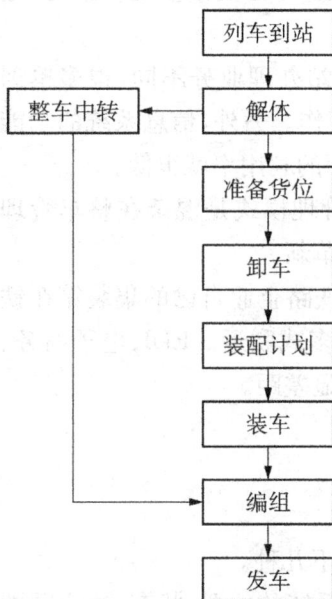

图 3-3　铁路集装箱中转作业流程　　**图 3-4　铁路集装箱"站到站"到达作业流程**

    "门到门"运输的铁路集装箱到达作业流程如图 3-5 所示,首先是列车到达预

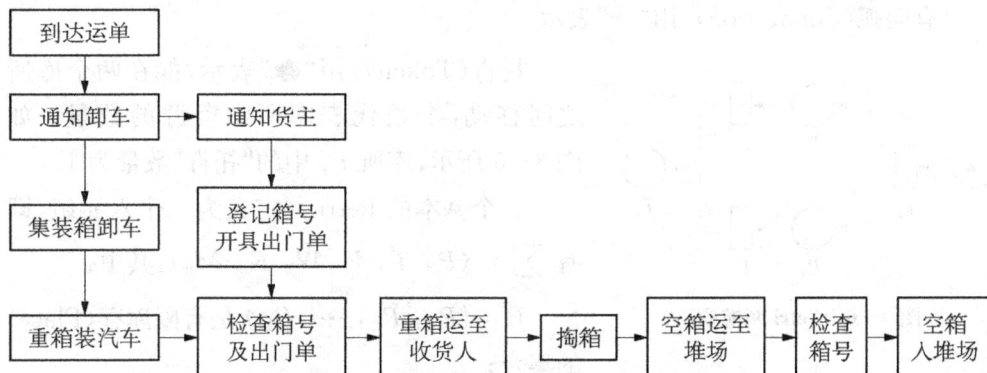

图 3-5　铁路集装箱"门到门"到达作业流程

报,车站人员准备好货位,装卸人员凭当日作业条核对箱号,将集装箱卸下列车。卸车作业完毕之后,车站向收货人发送准备收货通知,重箱出站,集装箱由卡车运送至收货人指定的地点进行掏箱作业,空箱送回堆场,统一管理。

3.2.2 目前铁路集装箱工作流程中的问题

铁路集装箱中心站内,集装箱工作流程较为复杂,经过分析,存在四个问题。

(1)操作手续烦琐。铁路货运的操作手续一般比较复杂,主要是因为各职能部门的分工明确。应当利用现有的技术手段,如减少不必要的重复性抄写、记录箱号等动作,通过现代化的识别技术完成。

(2)信息规范化程度不够。由于集装箱处理站办理业务不同,很多单据凭证等没有统一,无法进行及时的集装箱调度和调配工作。另外,信息系统的功能利用率低,如 TIMS 系统在集装箱追踪和车站报告方面的利用率就很低。

(3)管理作业流程复杂。目前来说,集装箱管理模式是混杂在整车管理模式下的体系,并不完全适用于集装箱运输本身,需要革新。

(4)系统封闭。现行的集装箱作业主要还是铁路企业自己的集装箱在铁路上运输,没有与运输系统有效地结合起来,很少进行多式联运。EDI、电子商务、物流技术等的应用相比于公路、航空运输来说,存在明显差距。

3.2.3 基于随机 Petri 网的流程建模方法

1. 随机 Petri 网基本理论

基本的 Petri 网结构简单,主要包含元素有以下几种。

库所(Place):用"○"表示,也称 P 元素,表示系统的位置、状态,每个圆圈中可以存放一定的资源。

变迁(Transition):用"□"表示,也称 T 元素,指系统中资源的消耗、使用和产生。

有向弧(Connection):用"→"表示。

托肯(Token):用"●"表示,能在两个库所之间移动,个数代表库所中资源的数量。如图 3-6 所示,库所 P_i 中的"托肯"数量为 1。

一个基本的 Petri 网定义为一个六元组,即有 $\sum = (P, T, F, W, K, M_0)$,其中:

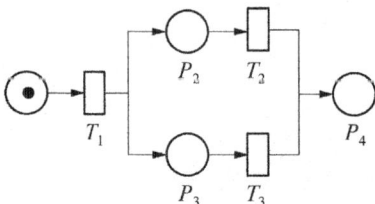

图 3-6 Petri 网模型

$P = \{P_1, P_2, \cdots, P_m\}$ 是有限库存(Place)的集合;

$T=\{T_1, T_2, \cdots, T_n\}$ 是有限变迁(Transition)的集合；

$P\cap T=\varnothing$，是指集合 P 和集合 T 相交；

$P\cup T\neq\varnothing$，是指集合 P 和集合 T 不同时为空集；

$F\subseteq(P\times T)\cup(T\times P)$($\times$ 为笛卡尔积)，意为关系 F 只存在于集合 P 和集合 T 之间，即有向弧集合；

$W:F\rightarrow\{1, 2, \cdots\}$(关系集合 F 是到正整数的映射)是有向弧的权函数，集节点流关系集合；

$K:P\rightarrow\{1, 2, \cdots\}$(集合 P 到正整数的映射)是库所的容量函数；

$M_0:P\rightarrow\{1, 2, \cdots\}$(集合 P 到自然数的映射)是初始标识。

图 3-6 中 Petri 网的状态标识 $\boldsymbol{M}=[1, 0, 0, 0]$。如果为起始状态，则 $\boldsymbol{M}_0=[1, 0, 0, 0]$。

2. 基于 Petri 网的工作流程模型基本结构

串行结构：只有一条没有任何分支的通路，可以用来描述一系列以不变的顺序依次执行的活动。如图 3-7 所示，在串行结构中，库所与变迁顺次执行，托肯由 P_1 经过 T_1 的激活传递给 P_2，然后又通过 T_2 的激活传递给 P_3，依次顺序进行。

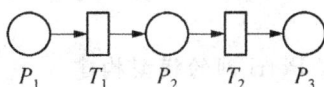

图 3-7　串行结构

并行结构：表示的是几个事件可以同时进行，并且这些事件之间是互不影响的，每个分支的变迁激活不会使其他分支的变迁被激活。在这些分支都完成之后，才会进行后续的事件。如图 3-8 所示，托肯由 P_1 经过变迁 T_1 的激活转移到 P_2 与 P_4 中去，然后 T_2 与 T_3 都被激活，T_4 才被激活，托肯从 P_3 与 P_5 转移到 P_6 中去。

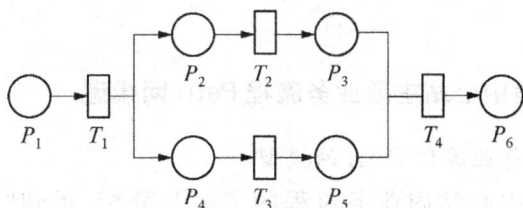

图 3-8　并行结构

循环结构：用来描述一些需重复执行的活动，如图 3-9 所示。

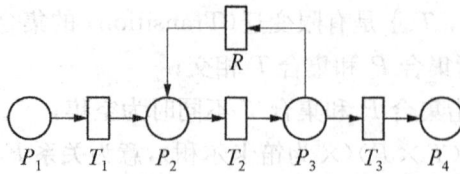

图 3-9 循环结构

选择结构：用来描述两个任务的执行必须是二选一的分支活动。如图 3-10 所示，T_1 被激活之后，托肯由 P_1 转移到了 P_2 中，接下来 T_2 和 T_3 只能二选一，无论哪个变迁激活之后，托肯又会转移到 P_3 中，接下来就是串行结构。

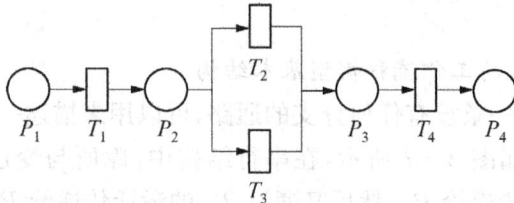

图 3-10 选择结构

3. 集装箱运输业务流程 Petri 网的模型构建

在对集装箱业务流程 Petri 网模型的构建上，需要先确定其对应基本 Petri 网的五大要素，定义的五元组如下：

$$\sum = (P, T, F, A, M_0)$$

式中，P 是元素集，代表库所，表示集装箱运输开始或结束的结点，以及信息、单证流转的结点、部门；T 是变迁集，代表变迁，表示集装箱运输过程中的信息传递或单证处理；F 是 P 和 T 之间的关系；A 是流程的属性，表示集装箱运输过程中活动时间及成本的变量；M_0 是初始标识，表示在初始条件下各个库所的托肯分布，即集装箱量。

3.2.4 铁路集装箱中心站主要业务流程 Petri 网模型

1. 集装箱发送作业流程 Petri 网模型

通过对集装箱中心站内业务流程的了解及分析，得到"站到站"运输的发送作业流程 Petri 网模型，如图 3-11 所示，其中库所和变迁变量的含义如表 3-1 所示。

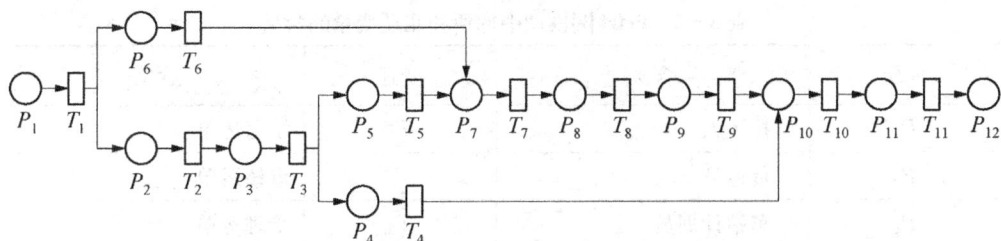

图 3-11　集装箱"站到站"运输发送作业流程 Petri 网模型

表 3-1　Petri 网模型中库所和变迁变量的含义

库所	含义	变迁	含义
P_1	托运人	T_1	填写运单
P_2	货运员	T_2	审核运单
P_3	车站计划员	T_3	提交货运计划
P_4	调配负责人	T_4	审核批准计划
P_5	货运调度	T_5	核对运单
P_6	货运人员及监管	T_6	运至堆场并验货
P_7	货运员	T_7	找箱
P_8	装卸及货运人员	T_8	装箱、验箱
P_9	货运管理人员	T_9	核算支付
P_{10}	车站人员	T_{10}	集装箱装车
P_{11}	列车出发调令	T_{11}	待发车辆
P_{12}	列车出发确报		

"门到门"运输的发送作业流程 Petri 网模型如图 3-12 所示,其中库所和变迁变量的含义如表 3-2 所示。

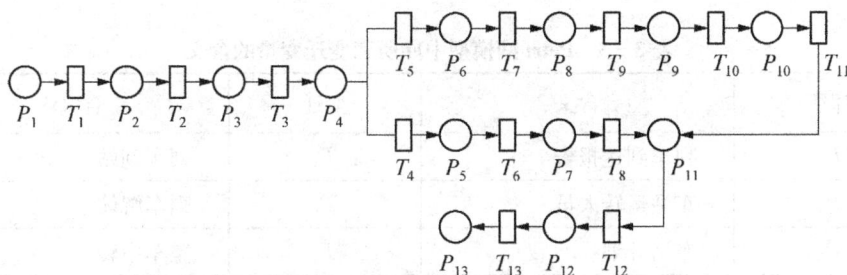

图 3-12　集装箱"门到门"运输发送作业流程 Petri 网模型

表3-2　Petri网模型中库所和变迁变量的含义

库所	含义	变迁	含义
P_1	托运人	T_1	填写运单
P_2	货运员	T_2	审核运单
P_3	车站计划员	T_3	受理运单
P_4	货物运单	T_4	请求运输货物
P_5	货运调度员	T_5	通知货运员
P_6	货运员	T_6	下达调度命令
P_7	货运调度	T_7	制票、收款
P_8	领货凭证	T_8	安排装车
P_9	物流公司	T_9	领取空箱
P_{10}	集装箱堆场	T_{10}	装箱及公路运输送入堆场
P_{11}	装卸及货运人员	T_{11}	通知装卸及货运人员
P_{12}	车站人员	T_{12}	集装箱装车
P_{13}	列车出发调令	T_{13}	待发车辆

2. 集装箱中转作业流程 Petri 网模型

铁路集装箱运输中转作业流程 Petri 网模型如图 3-13 所示,表 3-3 为其库所和变迁变量的含义。

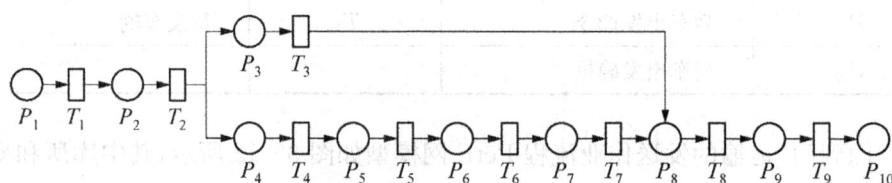

图3-13　集装箱中转作业流程 Petri 网模型

表3-3　Petri网模型中库所和变迁变量的含义

库所	含义	变迁	含义
P_1	列车到达报告	T_1	列车到站
P_2	车站运转人员	T_2	列车解体
P_3	车站计划	T_3	整车中转

库所	含义	变迁	含义
P_4	货运调度员	T_4	准备货位
P_5	装卸人员	T_5	卸车
P_6	装卸及货运人员	T_6	集装箱装载
P_7	集装箱配载计划	T_7	装车
P_8	车辆运转	T_8	车辆编组
P_9	列车出发调令	T_9	发车
P_{10}	列车出发确报		

3. 集装箱到达作业流程 Petri 网模型

铁路集装箱"站到站"运输的到达作业流程 Petri 网模型如图 3-14 所示，表 3-4 为其库所和变迁变量的含义。

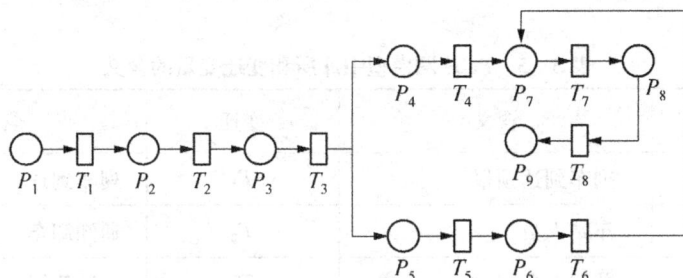

图 3-14　集装箱"站到站"运输到达作业流程 Petri 网模型

表 3-4　Petri 网模型中库所和变迁变量的含义

库所	含义	变迁	含义
P_1	列车到达报告	T_1	列车到站
P_2	货运调度员	T_2	准备货位
P_3	车站运转人员	T_3	接车票据
P_4	货运人员	T_4	通知取货
P_5	装卸人员	T_5	卸车
P_6	装卸及货运人员	T_6	站内掏箱
P_7	领货凭证	T_7	交付

库所	含义	变迁	含义
P_8	站内运转	T_8	空箱至堆场
P_9	堆场管理		

铁路集装箱"门到门"运输的到达作业流程 Petri 网模型如图 3-15 所示，表 3-5 为其库所和变迁变量的含义。

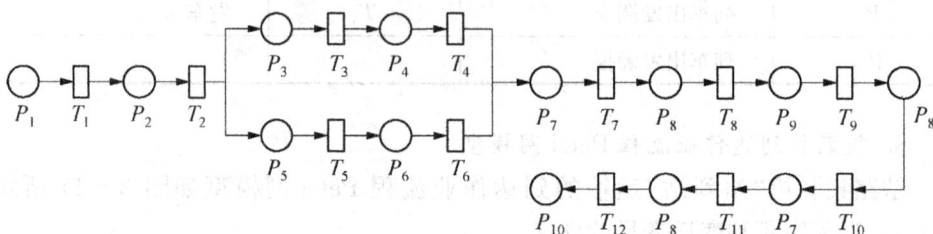

图 3-15　集装箱"门到门"运输到达作业流程 Petri 网模型

表 3-5　Petri 网模型中库所和变迁变量的含义

库所	含义	变迁	含义
P_1	列车到达预报	T_1	列车到达
P_2	车站人员	T_2	通知卸车
P_3	装卸人员	T_3	集装箱卸车
P_4	集装箱调配	T_4	重箱装汽车
P_5	货运调度员	T_5	通知货主
P_6	货运员	T_6	登记箱号,开具出门单
P_7	货运负责人	T_7	检查箱号及出门单
P_8	物流公司	T_8	重箱运至收货人
P_9	收货方装卸人员	T_9	掏箱
P_{10}	堆场管理	T_{10}	空箱运至堆场
		T_{11}	检查箱号
		T_{12}	空箱运至堆场

3.2.5　铁路集装箱中心站主要作业流程 Petri 网模型仿真及优化

对作业流程进行仿真运算的目的是分析和评价作业流程,寻找优化方案。因此要对作业流程进行分析和评价,必须确定具体的指标并进行量化。作为作业流程分析的手段,作业流程仿真过程中的仿真参数代表了作业流程的量化指标。

1. **仿真平台选择**

一般而言,作业流程的量化指标有成本、周期时间、效率、质量、有效性、适应性等。在这几个指标中,周期时间和效率有相关性,而作业流程的有效性和适应性度量起来比较困难。因此,一般选择流程的成本和周期时间 2 个指标作为参数进行仿真。选取基于时间 Petri 网的 ExSpect(Executable Specification Tool,可执行描述工具)软件包作为仿真工具,主要有两大优势。

(1) 可以方便建立可执行模型,检查并指出模型存在的问题,易于修改已建立的模型。

(2) 提供数据库和功能模块,快捷地建立工作流管理过程、物流管理过程和业务过程。

采用 Exspect 对铁路集装箱中心站 Petri 网模型进行模拟分析,Exspect 软件中的图形含义如表 3 - 6 所示。

表 3 - 6　**Exspect 软件中图形元素的含义**

图形元素	含义	图形元素	含义
System	子系统	OutputPin	输出库所
Channel	库所	Store	结果变量存储器
Processor	变迁		流关系
InputPin	输入库所	measure_end	结果分析器
generate	托肯发生器		

2. 仿真参数设置

基于时间 Petri 网模型,一般选取"业务流程周期"作为供应链流程的仿真参数。流程周期的计算是根据托肯流通传递来实现的。在一个活动中,每个变迁的输出时间等于输入时间加上变迁处理时间。

$$output.\ time = input.\ time + processor.\ time$$

其中,$output.\ time$ 表示变迁的输出时间,最后一个变迁的输出时间就是单个业务流程时间;$input.\ time$ 表示变迁输入时间,上一个变迁的输出时间等于下一个变迁的输入时间;$processor.\ time$ 表示变迁处理时间,根据实际业务情况,变迁处理时间不是固定值,而是一个随机数,本书将其设定为服从两个正数之间的随机分布。

并行变迁的输出时间计算:

$$output.\ time = \max(input.\ time + processor.\ time)$$

由此可以得到某一业务流程的周期时间公式为

$$Total.\ time = \max(input.\ time + processor.\ time)$$

其中,$input.\ time$ 表示变迁的输入时间,$processor.\ time$ 表示第 i 个变迁的处理时间。

一般情况下,最终流程周期时间取多次仿真的流程周期时间的均值。

$$\overline{total.\ time} = {}^{1}/m \max\nolimits_{j=1}^{m} \left[\sum\nolimits_{i=1}^{n} (input.\ time + processor.\ time_i) \right]$$

3. 仿真模型建立

使用 ExSpect 仿真软件定义系统,包括 generate 系统、流程处理系统 workflow 和 measure throughput_time 系统(见图 3-16)。

在第一层中,generate 表示的是仿真模型的开始,是用来产生样本的子系统,在该子系统中定义的相关函数可以控制 Petri 网模型运行时间以及样本的产生时间。Workflow 是具体的作业流程子系统;measure-throughputtime 表示的是模型的接收子系统。该系统用来统计 Petri 网模型在仿真运行过程中产生的数据以便进行后续分析。

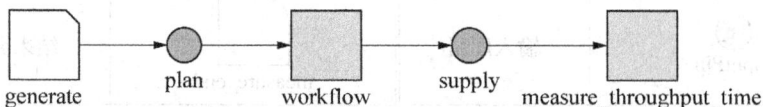

generate   plan   workflow   supply   measure_throughput_time

图 3-16 一般作业流程仿真模型

第二层中描述具体的作业流程。以集装箱"站到站"运输发送作业流程 Petri 网模型为例，仿真模型如图 3 - 17 所示。

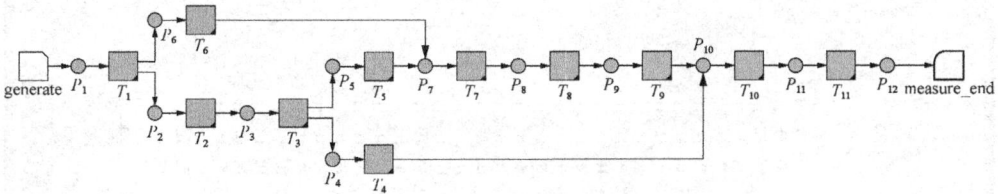

图 3 - 17　基于 ExSpect 的发送作业流程 Petri 网仿真模型

3.3　案例分析

哈尔滨集装箱中心站是中国铁路总公司与黑龙江省的重点合作项目之一，主要开办与哈大线(哈尔滨—大连)、滨绥线(哈尔滨—绥芬河)、滨洲线(哈尔滨—满洲里)间的集装箱、快运及特货班列，以及与哈尔滨南站(主要编组站)间集装箱小运转列车的到发装卸作业。作为"中俄东部铁路大通道"的核心节点站，开办经俄罗斯西伯利亚铁路直达欧亚多国的中欧中亚班列，属于内陆型集装箱中心站。哈尔滨集装箱中心站平面如图 3 - 18 所示；哈尔滨集装箱中心站布局平面如图 3 - 19 所示。

根据中国铁路哈尔滨局集团有限公司(以下简称"哈尔滨铁路局")的总体规划、货运统计等资料显示，哈尔滨集装箱中心站于 2016 年度发送集装箱12 314 TEU，到达集装箱 30 734 TEU；2017 年度发送集装箱 21 452 TEU，到达集装箱 25 184 TEU。哈尔滨集装箱中心站对提升哈尔滨铁路局集装箱的处理能力、形成以哈尔滨市为中心的东北核心货源集散区、深入践行"一带一路"倡议、拉动区域经济及物流业发展具有重要的战略意义。

3.3.1　哈尔滨集装箱中心站功能区现状及不足

内陆型集装箱中心站需要完成集装箱的装卸搬运、仓储、运输、拆拼箱及报关检验等业务。因此，作为港站生产活动的核心区域，哈尔滨集装箱中心站功能区划分需要通过减少作业次数、节约装卸成本、增强管理沟通等措施实现与生产作业更好衔接，保证集装箱周转过程中的高效作业。

哈尔滨集装箱中心站功能区(箱场及辅助设施)由铁路装卸区、主箱区、辅助箱

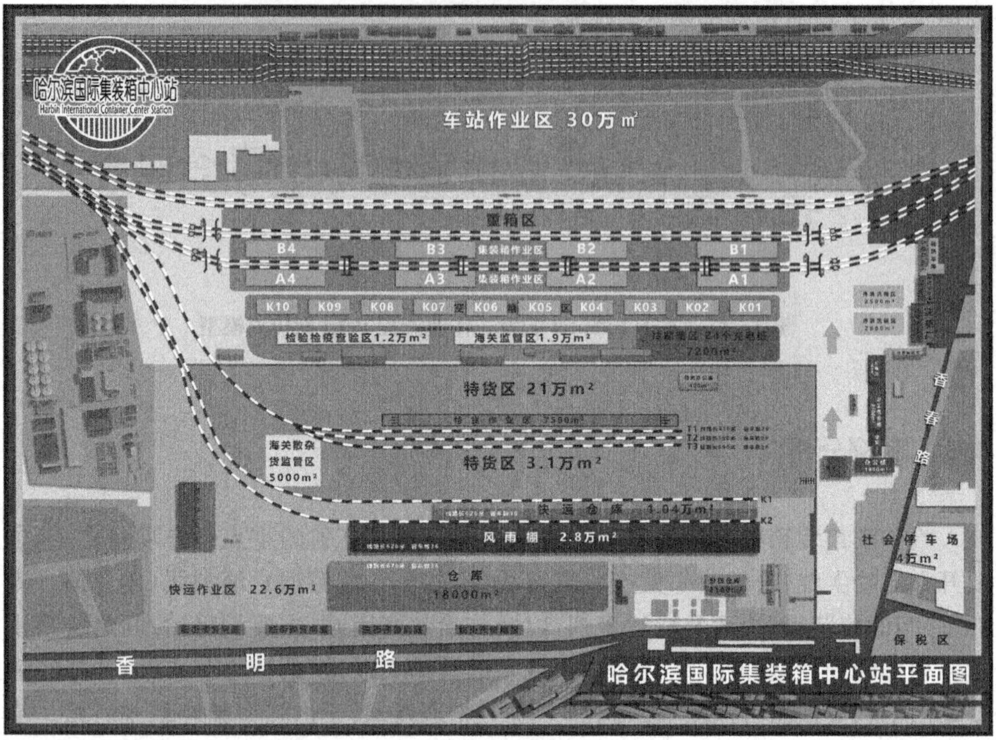

图 3 - 18　哈尔滨集装箱中心站平面

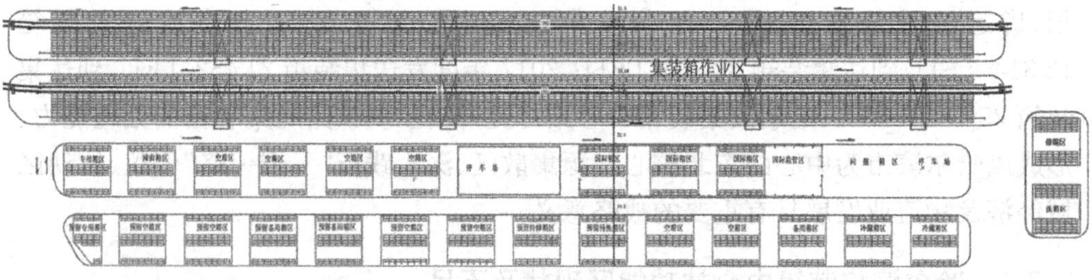

图 3 - 19　哈尔滨集装箱中心站布局平面

区、门区、停车场等组成。集装箱主箱场采用横列贯通式平面布置方案,主箱场装卸功能区按 4 个线束布置,每线束设装卸线 2 条,有效长 1 050 m,南侧设 2 个线束装线及相应的堆场铺面,布置辅助箱场。各作业单位面积需求如表 3 - 7 所示,哈尔滨集装箱中心站现有布局如图 3 - 20 所示。

表 3 - 7　各功能区面积

序号	功能区名称	功能区面积/m²	序号	功能区名称	功能区面积/m²
1	装卸功能区	36 750	7	问题箱区	4 800
2	专用箱区	2 400	8	预留箱区	18 375
3	滞留箱区	2 400	9	冷藏箱区	7 200
4	空箱区 * 2	17 500	10	备用箱区	2 400
5	停车场 * 2	5 200	11	修箱区	2 800
6	国际箱区	12 600	12	洗箱区	2 200

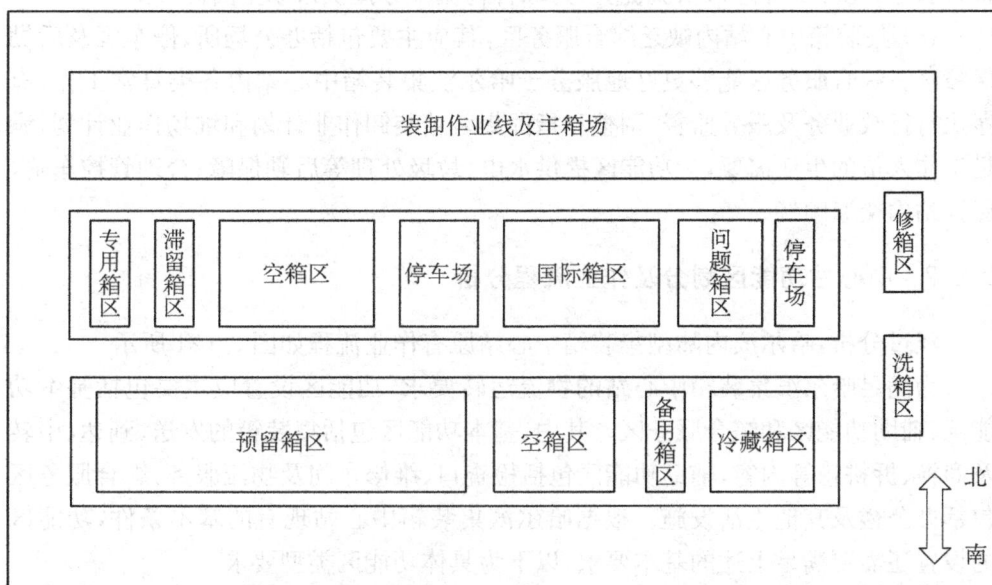

图 3 - 20　哈尔滨集装箱中心站现有布局

目前,哈尔滨集装箱中心站布局主要分为三大部分:装卸作业区、堆场区域及修洗箱区。考虑到哈尔滨集装箱中心站的布局主要是为了满足集装箱后方堆场功能的需求,摆放大量的进出口集装箱和大量空箱封存的任务,现有的堆场布局并不能较为完善地组织哈尔滨集装箱中心站生产活动,距离发展现代物流仍有一定差距。

(1)哈尔滨集装箱中心站对集装箱的发送、中转和到达箱区界定不清,主要从箱型本身的基本功能出发,笼统地将集装箱的功能区进行划分,容易导致不同集装箱装卸作业线协同作业同步性差,降低集装箱作业效率。

(2)集装箱功能区未设置拆拼箱区域,即货运站,导致集装箱的拆拼箱作业不能进行,而出口拼箱货的受理、拼箱和装箱作业,以及进口拼箱货的拆箱、分类交货等作业也应是哈尔滨集装箱中心站的主要任务之一。

(3) 集装箱中心站没有合理规划商检区,不利于进出口货物运输。商检区主要负责检查集装箱外部状况、录入集装箱信息和查看铅封号,以及进行相关单证的交接和审核,安排集卡将集装箱运输到指定功能区或去指定箱区提箱,但在哈尔滨集装箱中心站现有规划布局中并没有体现。

(4) 集装箱堆场区域内物流服务设施不完善,无法实现物流增值服务功能,不能很好地实现现代物流盈利模式。而物流服务区除了实现传统物流服务中的理货、仓储、分拨配送和流通加工等功能之外,还应完成特殊商品的复杂物流供应链整合服务,充分发挥港口物流优势,为综合物流服务提供市场空间。

(5) 集装箱中心站内缺乏综合服务区,其应主要包括办公场所、停车区及后勤保障区。综合服务区能够更好地服务于哈尔滨集装箱中心站内各类日常工作,有序执行行政业务及服务监督、调整和指挥集装箱装卸作业计划和堆场作业计划;满足工作人员的生活需要,为功能区提供水电、垃圾处理等后勤保障;合理管控车辆,保证站内交通顺畅。

3.3.2　中心站功能区划分及作业流程分析

经过分析,哈尔滨内陆型集装箱中心站原有作业流程如图 3 - 21 所示。

为满足哈尔滨集装箱中心站的物流运转要求,功能区设置应主要包括基本功能区、辅助功能区和综合服务区。其中,基本功能区包括集装箱的发送、到达、中转及商检、拆拼箱等内容,辅助功能区包括检查口、维修车间及物流服务,综合服务区包括办公楼及其他生活设施。根据哈尔滨集装箱中心站现有的基本条件,功能区的设置还需要满足上述的基本要求,以下为具体功能区类型要求。

装卸作业及主箱场区域内,4 条装卸作业线贯穿,负责到达、中转、发送箱的衔接工作。因为主箱场内集装箱数量较大,不易安排,所以应专门设计到达箱区、中转箱区和发送箱区,使得装卸线与主箱区对接顺畅。

堆场区域分为前方堆场和后方堆场,设置包括商检区、货运站区、辅助箱区、物流服务区、综合服务区。其中,辅助箱区包括空箱区、滞留箱区、问题箱区等区域。

对于其他特殊功能的箱区,修箱区和洗箱区一般不参与哈尔滨集装箱中心站内集装箱的运转流程,故设置在堆场边上的位置,满足集装箱的日常维护和修理。冷藏箱因工作环境的特殊性,与其他箱区之间物流量较少,需单独设置在靠近修洗箱区。

根据功能区划分要求,并选取基于时间 Petri 网的 ExSpect (Executable Specification Tool,可执行描述工具)软件包作为仿真工具,优化后得到该中心站

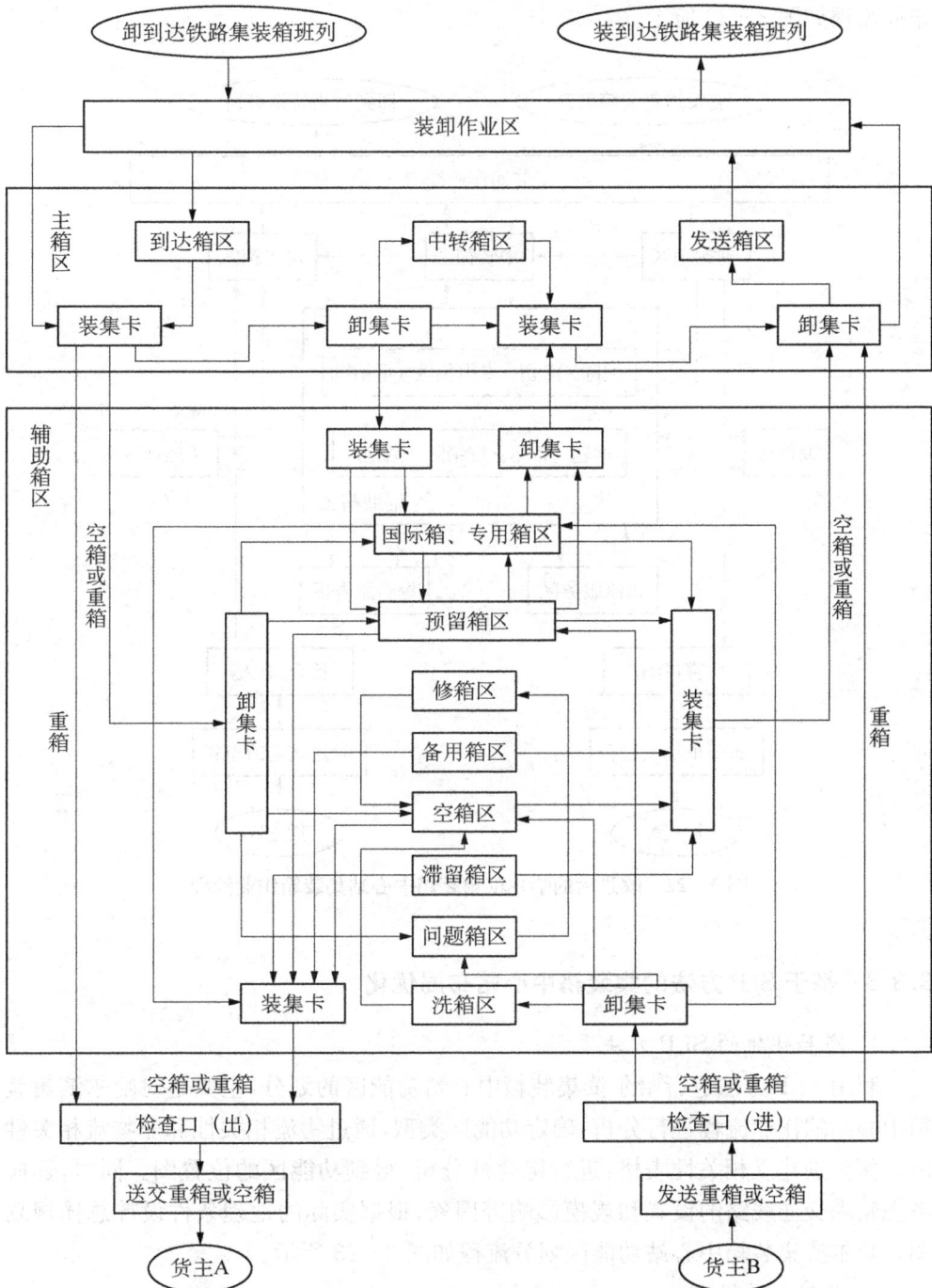

图 3 – 21　哈尔滨集装箱中心站集装箱原有作业流程

作业流程如图 3-22 所示。

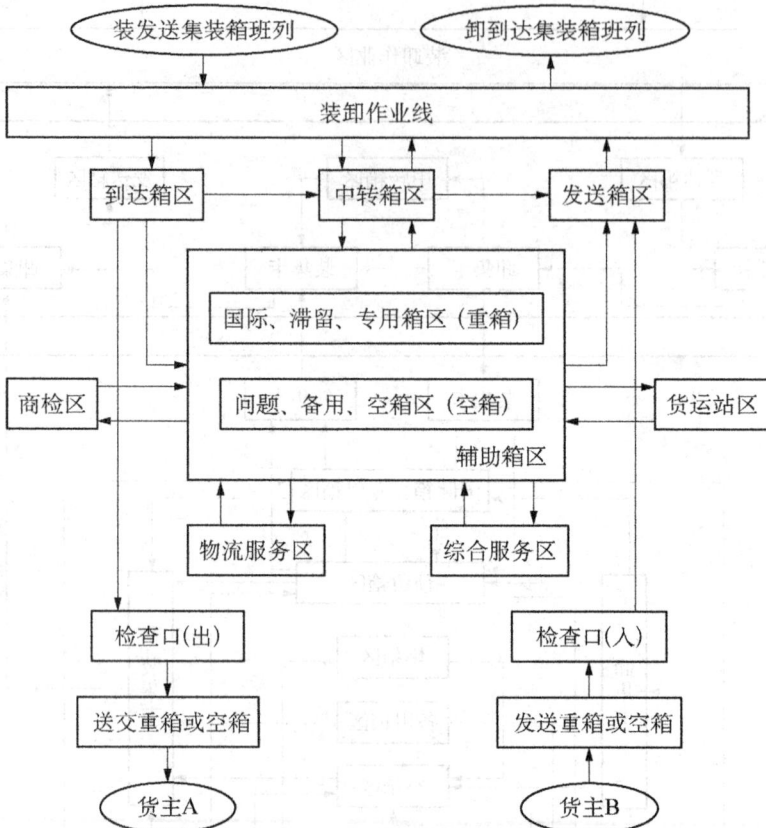

图 3-22 改进后的哈尔滨集装箱中心站集装箱作业流程

3.3.3 基于 SLP 方法的集装箱中心站布局优化

1. 布局优化的 SLP 方法

利用 SLP 方法进行哈尔滨集装箱中心站功能区的划分,主要是对哈尔滨集装箱中心站的作业流程进行分析,确定功能区类型,通过物流相关性和非物流相关性两方面分别建立相关性表格,进行综合性分析,得到功能区的位置图。同时,还应考虑站内交通线路的设置和规模影响等因素,根据实际的地理条件设计总体规划图。哈尔滨集装箱中心站功能区划分流程如图 3-23 所示。

2. 物流相关性

哈尔滨集装箱中心站主要负责集装箱的搬运装卸工作,装卸工艺较为复杂,各个功能区之间存在明显的相互影响,且物流作业频率不同。通过物流分析,既可以

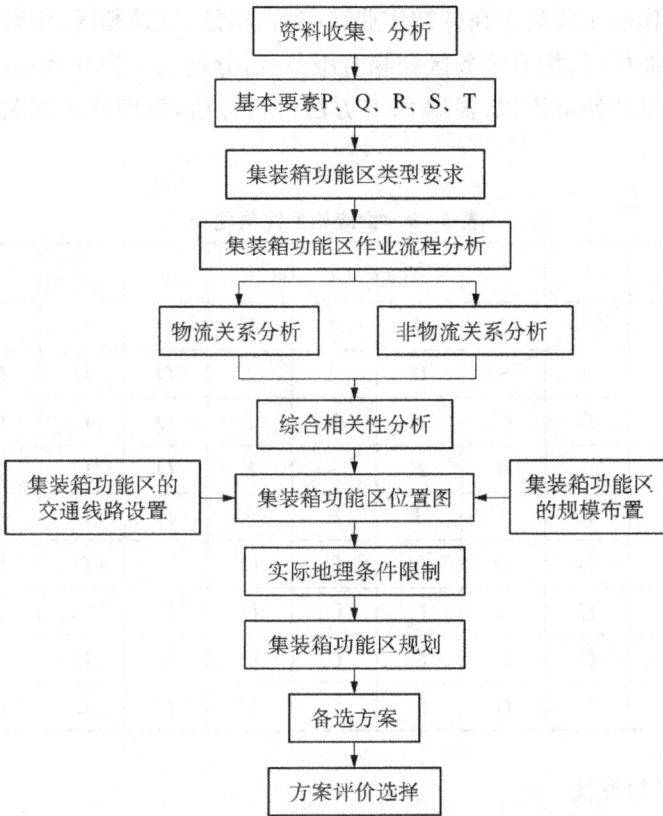

图 3 - 23　哈尔滨集装箱中心站功能区划分流程

确定不同功能区之间的相互关系,也可以通过不同线路上一定周期内的物流量即物流强度,反映两功能区之间的密切程度。由于直接分析大量的物流数据较为困难,因而把物流强度按照等级进行划分,集装箱功能区物流相关性等级比例划分如表 3 - 8 所示。非物流相关性的分析中也采用类似方法。

表 3 - 8　集装箱功能区物流相关性等级比例划分

符号	物流强度等级	集装箱装卸搬运量比例/%
A	超高物流量	40
E	特高物流量	30
I	较大物流量	20
O	一般物流量	10
U	可忽略物流量	0

集装箱的作业主要集中在装卸作业区、到达箱区、发送箱区、中转箱区、辅助箱区、货运站区、商检区、物流服务区和综合服务区,分别用1到9表示。结合集装箱作业区的物流量和作业流程,根据SLP方法进行分析,得到物流相关性量化表(见表3-9)。

表3-9 物流相关性量化表

集装箱功能区	1	2	3	4	5	6	7	8	9
1 装卸作业区		A	A	A	E	O	U	U	U
2 到达箱区	A		U	I	O	U	U	U	U
3 发送箱区	A	U		E	I	O	U	U	U
4 中转箱区	A	A	E		E	O	U	U	U
5 辅助箱区	E	I	I	E		O	U	U	U
6 货运站区	O	O	O	O	O		U	U	U
7 商检区	U	U	U	U	U	U		U	U
8 物流服务区	U	U	U	U	U	U	U		U
9 综合服务区	U	U	U	U	U	U	U	U	

3. 非物流相关性

集装箱中心站功能区的布局除了受装卸机械之间运箱量等物流因素的影响之外,还受到许多与物流无关的管理和辅助性设施因素的影响,这些因素能够直接影响集装箱周转过程中的成本和效率。因此,在功能区划分过程中,还需要对各个区域进行非物流关系分析,进一步确定各个功能区之间的紧密程度。非物流相关性定性分析级别如表3-10所示。

各功能区间的非物流相关性主要有四个方面。

(1)程序上的相关性:由于物流、信息源的传递建立的关系,如码头工人接触、文件往返等联系。

(2)组织和管理上的相关性:应当将归属同部门的各功能区整合到一起,便于管理。

(3)功能上的相关性:功能区之间的港口作业联系紧密或装卸工艺相同应当紧密布置。

(4)环境上的相关性:着重考虑作业环境对集装箱安全有序作业的影响,排除外界不利因素,坚决履行规范要求。

表3-10 非物流相关性定性分析级别

相关性级别	需要靠近的程度	编号	考虑理由
A	绝对要求靠近	1	高使用频率
E	关系特别密切,要求靠近	2	中使用频率
I	关系比较重要,需要靠近	3	低使用频率
O	关系一般,靠近	4	高咨询流量
U	关系不重要,不限定距离	5	中咨询流量
X	不需要靠近	6	低咨询流量

　　相关性程度高的功能区尽量紧邻或临近,而相关性程度低的功能区尽可能远离。在集装箱作业区的布局规划中,对集装箱的功能区划分时,要考虑到到达、中转、发送和辅助箱区是多式联运的核心区域,而几乎所有其他功能区都会与之产生联系,具有较高的非物流相关性。对于货运站、物流服务区等,由于功能单一,与其他功能区的联系较少,故非物流关联程度不会太高。各个功能区的非物流相关性量化如表3-11所示。

表3-11 非物流相关性量化

集装箱功能区	1	2	3	4	5	6	7	8	9
1 装卸作业区		A	E	I	O	I	U	U	I
2 到达箱区	A		I	I	I	O	O	U	I
3 发送箱区	E	I		I	I	I	I	O	I
4 中转箱区	I	I	I		U	I	O	U	I
5 辅助箱区	O	I	I	U		U	U	U	U
6 货运站区	I	O	I	I	U		U	U	U
7 商检区	U	O	O	O	U	U		U	U
8 物流服务区	U	U	U	U	U	U	U		O
9 综合服务区	I	I	I	I	U	U	I	O	

3.3.4 综合相关性量化分析

　　哈尔滨集装箱中心站的功能区布局主要通过物流相关性和非物流相关性两方面进行分析,集装箱在功能区的实际转运过程中,要进行相关性的合成分析。综合考虑这两种因素,物流相关性的作用更重要,因而在运用 SLP 法对集装箱功能区进行布局时,确定两者权重比例 $m:n$ 的比值为 $3:1$,利用加权后的情况分别计算出各功能区之间的综合相关性值,在这里取 $A=4$, $E=3$, $I=2$, $O=1$, $U=0$, $X=-1$。哈尔滨集装箱中心站功能区综合相关性量化如表 3-12 所示,综合相互相关性排序如表 3-13 所示。

表 3-12 综合相关性量化

作业单元对	关系密切程度				综合相互关系	
	物流关系加权		非物流关系加权		总分数	综合排名
	等级	分数	等级	分数		
1—2	A	12	A	4	16	1
1—3	A	12	E	3	15	2
1—4	A	12	I	2	14	3
1—5	E	9	O	1	10	6
1—6	O	3	I	2	5	10
1—7	U	0	U	0	0	
1—8	U	0	U	0	0	
1—9	U	0	I	2	2	15
2—3	U	0	I	2	2	15
2—4	A	12	I	2	14	3
2—5	I	6	I	2	8	8
2—6	O	3	O	1	4	12
2—7	U	0	O	1	1	20
2—8	U	0	U	0	0	
2—9	U	0	I	2	2	15
3—4	E	9	I	2	11	5
3—5	I	6	I	2	8	8
3—6	O	3	I	2	5	10
3—7	U	0	O	1	1	20
3—8	U	0	U	0	0	
3—9	U	0	I	2	2	
4—5	E	9	U	0	9	7

（续表）

作业单元对	关系密切程度				综合相互关系	
	物流关系加权		非物流关系加权		总分数	综合排名
	等级	分数	等级	分数		
4—6	O	1	I	2	4	12
4—7	U	0	O	1	1	20
4—8	U	0	U	0	0	
4—9	U	0	I	2	2	15
5—6	O	3	U	0	3	14
5—7	U	0	U	0	0	
5—8	U	0	U	0	0	
5—9	U	0	U	0	0	
6—7	U	0	U	0	0	
6—8	U	0	U	0	0	
6—9	U	0	I	2	2	15
7—8	U	0	U	0	0	
7—9	U	0	U	0	0	
8—9	U	0	O	1	1	20

表 3-13 综合相互关系排序

排序	1	2	3	5	6	7	8	10	12	14	15	20
作业单元对（总分数为 0，即综合相关性可以不考虑的单元对未列出）	1—2	1—3	1—4 2—4	3—4	1—5	4—5	2—5 3—5	1—6 3—6	2—6 4—6	5—6	1—9 2—3 2—9 4—9 6—9	2—7 3—7 4—7 8—9

3.3.5 功能区布局优化方案

根据集装箱功能区综合相关性量化表，计算出每个功能区与其他所有功能区间综合相关性等级量化值的综合值，即功能区综合接近程度，分析综合相关程度，得到哈尔滨集装箱中心站优化布局，如图 3-24 所示。

在图 3-24 中，装卸作业区域的功能区划分以一条铁路线路为例（哈尔滨集装

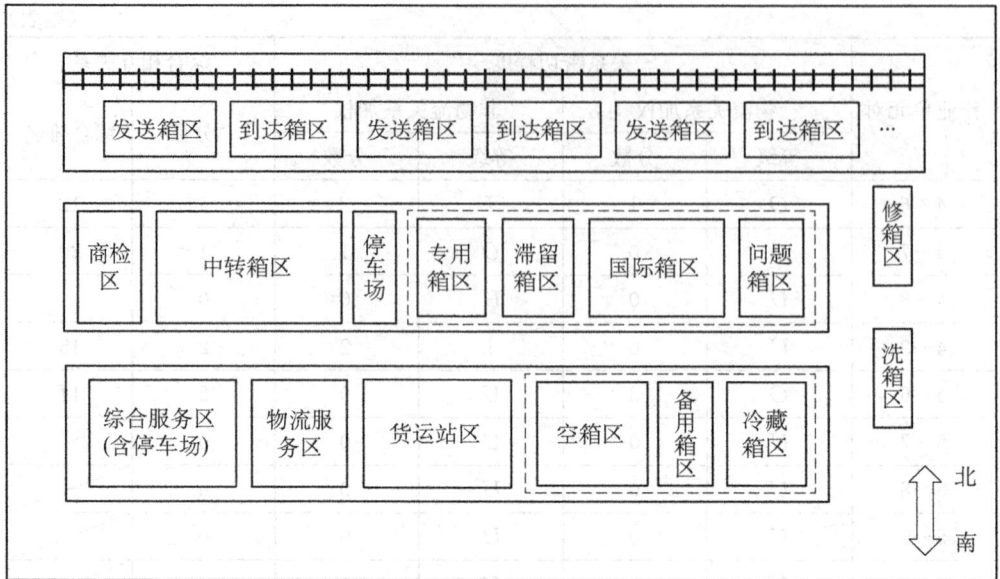

图3-24 哈尔滨集装箱中心站优化布局

箱中心站有两条装卸线）。根据装卸机械的现有条件,为了配合吊车的使用,单侧设置发送、到达箱区,并且交替安排,目的是保障集装箱的装车和发车作业高效进行。

堆场区域内,虚线区域表示辅助箱区,分为前方堆场和后方堆场两部分,为配合修箱区和洗箱区的工作,设置问题箱区和冷藏箱区靠近东侧。后方堆场安排空箱区和备用箱区,其他专用、滞留、国际箱区均设置在前方堆场,目的是使装卸作业过程中的一些特殊集装箱尽快落实到相关箱区。

中转箱区和商检区均设置在前方堆场,保证发送、到达箱区的衔接工作,以及完成后方堆场物流服务区和货运站区的集装箱转运。综合服务区和物流服务区因为在集装箱站内运输中作用不大,故在哈尔滨集装箱中心站后方堆场西侧,但考虑到货运站需要与物流服务区产生合作,故两者临近。

哈尔滨集装箱中心站设置两个停车场,分别设置在前方堆场和后方堆场,分别为了保证发送、到达区和前方堆场以及前方堆场和后方堆场之间的集装箱运输便利性,并且由于中转箱区和辅助箱区的集装箱转运频繁,故设置在两者之间。

第4章 中欧班列节点站吸引区
划分及货流分配研究

4.1 内陆型集装箱中心站吸引区划分

4.1.1 吸引区定义及分类

吸引区又称为吸引范围,一般指的是以交通线、站或者港口为中心的经济区,或指其沿线港口、线路吸引货物、旅客的服务区域。吸引区的界限常随着地区的发展,或是交通线路的延伸而变化。

目前吸引区的划分主要分为两种:一是依照运输联系性质来划分;二是依照时间次序来划分。

(1) 依照运输联系性质,吸引区可分为直接吸引区、联合吸引区以及间接吸引区。

直接吸引区指的是与该条交通线有直接运输关系的所有经济单位组成的地带。这些地区货物局部或全部的调出和调入必须经过该条交通线,并且与其他相连接的交通线不发生关系。如图 4-1 所示,a 点货物通过 AB 线运往 b 点,则 a、b

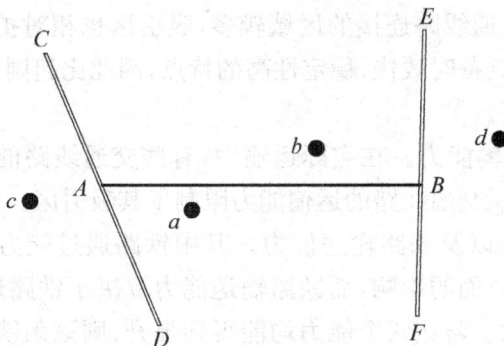

图 4-1 吸引区划分

两点均属于 AB 线的直接吸引区。

联合吸引区指的是与该条交通线相连接的其他同等级交通线的直接吸引区,货物利用该条交通线进行联运,并且在该条交通线的站(港)装货或卸货,则把其他交通线的直接吸引区称为该条交通线的联合吸引区。也就是说只有运输、装货或者卸货的其中之一由该条交通线完成,其余运输部分则由其他交通线完成。如图 4-1 所示,AB 线的直接吸引区 a 点要将货物运往 CD 线的直接吸引区 c 点,则把 CD 线的直接吸引区 c 点称为 AB 线的联合吸引区。

间接吸引区指的是另外两条同等级的交通线的直接吸引区之间存在运输联系,货物虽然经过该条交通线,但不在该条交通线上的站(港)装货或卸货,则把其他两条交通线的直接吸引区称为该条交通线的间接吸引区。即只有部分运输由该条交通线完成,货物的装货或者卸货与该条交通线无关。如图 4-1 所示,EF 线的直接吸引区 d 点需要将货物经过 AB 线运往 CD 线的直接吸引区 c 点,对于 AB 线来说,c 点和 d 点均为 AB 线的间接吸引区。

(2) 依照时间次序,吸引区可分为现状吸引区和远景吸引区。

现状吸引区是指现有的交通线、站以及港口形成的吸引区。对其进行研究是为了认识到交通线、站和港口同地区之间的经济联系,有助于发现吸引区存在的不合理运输,以及货源地(客源地)在布局上的缺陷,并在此基础上提出改善措施。

远景吸引区是指未来某个时期内由于运输网络和产销关系的变化,交通线、站和港口的吸引区。对其研究的主要目的是为了推算货流量(客流量)以及分布,为交通线网的建设和将来的货流组织(客流组织)提供参考依据。

4.1.2　吸引区划分的影响因素分析

影响货流吸引区划分的因素有很多,包括文化、交通、经济等多方面。

(1) 交通线路自身的特征。例如交通线路长度的不同,导致货流吸引区不同,这是因为比较长的交通线路连接的区域较多,吸引区也相对扩大。而中欧班列是国际铁路货运班列,具备时效快、稳定性高的特点,因此比起国内铁路货运班列,能够吸引到更多的地区。

(2) 交通线路运输能力。在实际运输中,有些交通线路的运输能力并不能满足运输需求,也就是说交通线路的运输能力限制了其吸引区。例如铁路运输能力,它包括铁路通过能力以及铁路输送能力。其中铁路通过能力受到线路的技术设备、行车组织方式等方面的影响,而铁路输送能力取决于铁路通过能力、列车牵引重量和平均载重系数。若这两个能力均能得到提升,则该条铁路线路的吸引区也会进一步扩大。

（3）所处区域的交通发展水平。交通线路、站或者港口所处区域的运输网络完善程度，以及运输能力充足性等方面对货流吸引区的影响很大。若该条交通线路、站或者港口所处区域的运输网络完善，运输能力充足，运输方式方便快捷，可达性高，则该条交通线路、站或者港口的吸引区将进一步扩大。反之，其吸引区会相对缩小。

4.1.3　吸引区划分的主要研究方法

1. 最短路径法

运用图论中最短路径法确定吸引区是交通运输勘察设计的基础性研究，也是经济地理学和交通运输地理学研究的重要课题之一。最短路径法指的是在一个带权图的两个顶点之间找出一条权值最小的路径，其中权值为路径长度。依照吸引区的定义，铁路车站的吸引区包含所有按最短路径经过该车站的站点以及所有站点的直接吸引区。目前最短路径法最常用的算法是 Dijkstra 算法。利用 Dijkstra 算法计算车站 A 吸引区的具体步骤如下：

Step 1：$\exists A$，B，a，其中 AB 为同一个区段，A 为目标车站，B 为区段上的终点，a 为靠近目标车站 A 的另一个区段站点；

Step 2：判断 $a \rightarrow B$ 是否经过 A，若经过 A 转 Step 3，否则转 Step 4；

Step 3：$a \rightarrow B$ 经过 A，继续判断 a 所在区段另一个站点到 B 的最短路径是否经过 A，若经过 A，则 a 所在的区段为 AB 线的吸引区，转 Step 6，否则转 Step 5；

Step 4：如果 $a \rightarrow B$ 不经过 A，那么搜索其他去向，转 Step 5；

Step 5：若 A 已经遍历所有区段的端点，则转 Step 6，否则更换 B 点，返回 Step 2；

Step 6：若确定吸引区周围再也没有区段的最短路径经过目标车站 A，则转 Step 7，否则返回 Step 1；

Step 7：利用上述方法确定的点为边界点。根据所有边界点确定的封闭区域，结合车站的直接吸引区所得到的完整区域作为车站 A 最终的吸引区。

2. 综合费用最小化法

在衡量货物运输效果时，将货物从集合开始直至卸车结束的整个过程中的总成本最小作为衡量货物直达运输效果的标准。

在确定运输方案过程中，需要通过车流流量流向等特征和所编入的列车形式确定车流的组织形式。不同的车流组织形式，会由于装卸站和途中技术站的技术设备条件不一，从而导致货物在装车地、运输过程中、卸车地所产生的成本不同。除此以外，铁路运输过程中涉及的成本费用类型繁多，所以难以用统一的计算公式来进行汇总统计。因此可以从不同的方面对运输成本费用进行分类，达到方便管理运输费用的目的。

1) 按支出与运量的关系进行分类

运输支出由与运量有关的变动支出和与运量无关的固定支出构成。其中与运量有关的变动支出指的是随着客货运量增减而变化的费用,该部分费用往往与机车车辆的使用以及燃料费有关;与运量无关的固定支出指的是在一定的运量范围内保持相对稳定的费用,该部分费用无论运量如何,都是需要支出的,用于维持铁路运营的正常运输工作。

2) 按支出与运输作业过程进行分类

运输支出可分成三类,分别是发到作业费、中转作业费、运行作业费。其中发到作业费包含铁路办理客货运输时在始发站和到达站办理发到作业时产生的费用,它与运输距离的长短无关;中转作业费指的是车辆和零担货物运输从到达中转站起至发出时进行车辆或者货物中转作业时产生的费用,这项费用与中转的次数有关;运行作业费指的是铁路办理客货运输时列车和单机运行费,它所占的比重最大,随着运输距离的增加而增加。

基于综合费用最小化法来计算吸引区可运用上述提到的 Dijkstra 算法,在计算时将权值换成成本费用即可。

3. 几何作图法

该方法是从纯地理的角度来粗略划分车站货流吸引区,最常用的是垂直平分法。具体做法如下:基于垂直平分线上任意一点到直线两端等距的原理将研究的车站与相邻的车站分别连成若干条直线,接着在各条直线上做垂直平分线,得出环绕所研究车站的闭合多边形,即车站货流吸引区。但是垂直平分法较理想化,并没有将车站中客流与货流的分布、车站与载体城市的联系以及地形和交通条件的限制纳入考虑范围内,所以只能作为一种辅助综合分析的方法,并不能够单独使用。

4. 基于空间相互作用的综合分析法

该方法以经济地理学为理论基础,认为交通线、站或者港口的发展离不开载体城市的支撑。交通线、站或者港口的吸引区就是载体城市对周围城市、区域的经济和社会发展起到辐射作用的范围,是载体城市吸引力影响的总和。为了反映载体城市与周围城市之间的相互作用,常用到的模型是引力模型和断裂点模型。其中引力模型中主要运用到了距离衰减函数,反映两个城市之间的引力随着距离增加而衰减的规律;而断裂点模型的核心内容是城市的吸引区是由城市规模和相邻城市的距离决定的,相邻两个城市之间达到平衡的点称为断裂点。

具体步骤如下:首先构建城市综合实力评价体系,其中城市综合实力指的是城市在经济、社会、科技等方面的综合体现,反映了城市的对外吸引力、科技实力等,根据构建的评价体系得出区域内每个城市的综合实力;然后分别运用引力模型和断裂点模型得到相应的吸引区;最后取两者吸引区的交集,即载体城市的最终吸引区。

4.2　基于空间相互作用的吸引区划分方法

本书的研究主体为铁路节点站,作为一个大型的货物集散中心,铁路节点站在市场定位、功能定位、战略定位等方面与所处载体城市的经济、社会以及交通运输市场的发展密切相关。节点站在运作时应以市场为基础,以运输需求为导向,并且需要符合当地的经济发展与物流规划。综上所述,本书采用基于空间相互作用的综合分析法对铁路节点站进行吸引区划分。

基于空间相互作用的综合分析法进行吸引区划分前,需要构建城市综合实力评价指标体系,对载体城市所处区域的各个城市进行综合实力评价,接着再分别从引力模型、断裂点模型与加权泰森多边形相结合的角度出发,得出由两种方式划分出的吸引区,最后取两者的交集为最终吸引区。吸引区划分流程如图 4-2 所示。

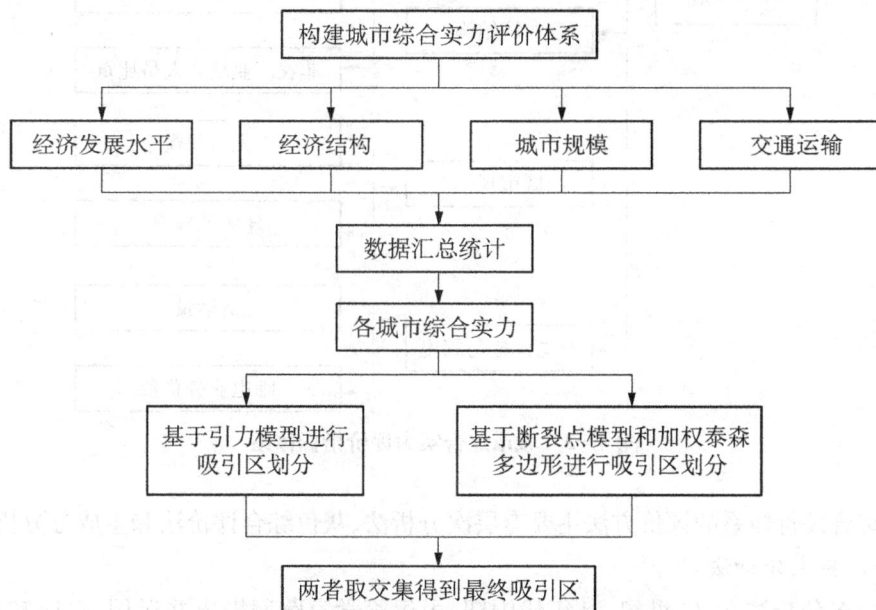

图 4-2　吸引区划分流程

4.2.1 构建城市综合实力评价体系

城市综合实力是城市经济、社会、科技等多方面的综合体现,充分反映了城市的影响力、科技创新等。因此对城市进行综合实力评价时,评价指标应遵循完备性、功能性、可获取性等基本原则。结合研究内容,本书从经济发展水平、经济结构、城市规模、交通运输 4 个方面选取了 11 个指标,构建了城市综合实力评价指标体系(见图 4 - 3)。

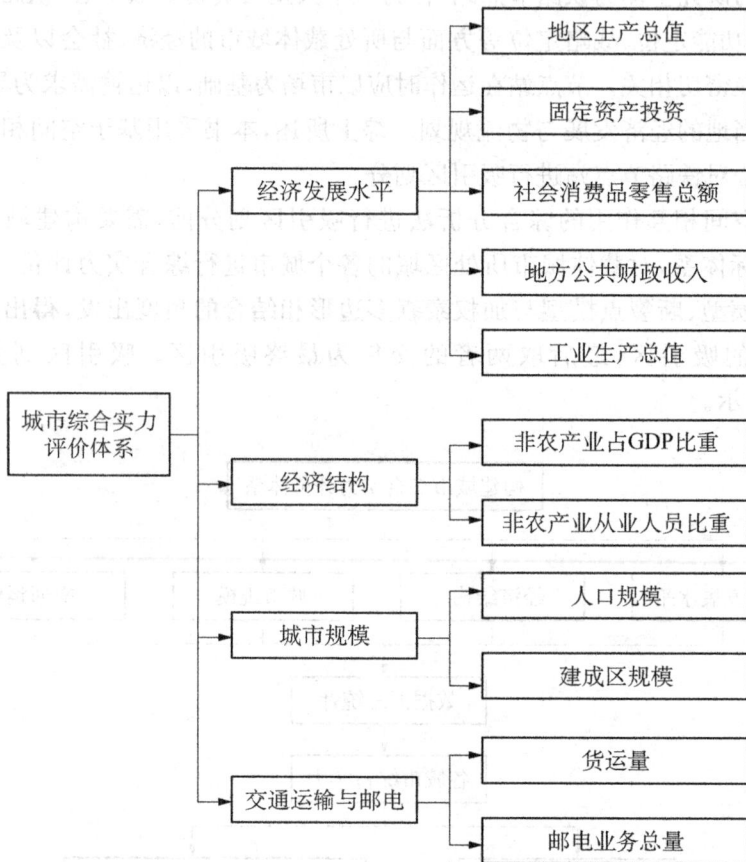

图 4 - 3 城市综合实力评价指标体系

综合评价体系的评价方法主要有层次分析法、灰色综合评价法和主成分分析法。

1. 层次分析法

层次分析法在 20 世纪 70 年代中期,由运筹学家萨蒂提出并运用,是以解决多目标复杂问题为基础的定性与定量相结合的决策方法。首先将决策问题依据问题性质、总目标等方面分解成多层次结构模型,接着运用求解正反比矩阵特征向量的方法,得出每一层次的每一个元素对上一层次某个元素的优先权重,最终运用加权和的办法,得到每一个备选方案对总目标的最终权重,结果中权重最大的方案即作为最优方案。具体步骤如图 4 - 4 所示。

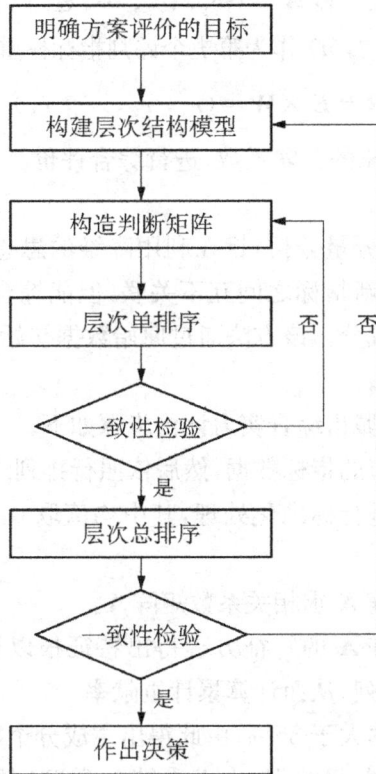

图 4 - 4　层次分析法计算步骤

2. 灰色综合评价法

灰色综合评价法指的是以专家评判为基础,灰色关联分析理论为指导的综合性评价方法。

具体计算步骤如下。

(1) 收集所需评价的数据后,设有 n 个评价对象,形成矩阵 $\boldsymbol{X}$:$\boldsymbol{X} = [X_{ij}]_{m \times n}$,其中 $i = 1, 2, \cdots, m$,$j = 1, 2, \cdots, n$。

(2) 确定最优指标集,以各指标的最优值或者最劣值构成参考数据列,记做 $X_j^* = (x_1^*, x_2^*, \cdots, x_m^*)$。

(3) 计算关联系数,将 X_{ij} 作为比较数据列,X_j^* 作为参考数据列,带入式(4-1):

$$\xi_i(j) = \frac{\min\limits_{i} \mid x_j^* - x_{ij} \mid + \rho \max\limits_{i} \mid x_j^* - x_{ij} \mid}{\mid x_j^* - x_{ij} \mid + \rho \max\limits_{i} \mid x_j^* - x_{ij} \mid} \quad i=1, 2, \cdots, n \quad j=1, 2, \cdots, m$$

$$(4-1)$$

式中，ρ 为分辨系数，在 $(0, 1)$ 中取值，得灰色评判矩阵 $\boldsymbol{E} = [\xi_i(j)]_{m \times n}$。

（4）计算综合评判结果。设 $\boldsymbol{W} = (w_1, w_2, \cdots, w_n)$ 为 n 个评判指标的权重分配矩阵，其中 $w_j(j = 1, 2, \cdots, n)$ 作为第 j 个评判指标权重，综合评判结果矩阵式为

$$\boldsymbol{R} = \boldsymbol{E} \times \boldsymbol{W} = (r_1, r_2, \cdots, r_n) \qquad (4-2)$$

（5）根据每个观察对象的关联系数，进行综合评价。

3. 主成分分析法

主成分分析法又称主分量分析，旨在利用降维的思想将多种指标转化为较少的几个新综合指标。这些新指标之间互不关联，但能综合反映原来多种指标的信息，被称为原来指标的主成分。该方法通过原始数据初始化后，依次得出相关系数矩阵、特征根、特征向量等。

基于主成分分析法的城市综合实力评价步骤如下。

第一步：收集所需城市的指标数据，然后依照行排列组成矩阵 $\boldsymbol{Z}$。

第二步：对原始数据进行标准化处理，其中均值取 0，方差取 1，从而得到标准化矩阵 $\boldsymbol{X}$。

第三步：由标准化矩阵 $\boldsymbol{X}$ 求相关系数矩阵 $\boldsymbol{A}$。

第四步：根据相关矩阵 $\boldsymbol{A}$ 的特征方程得出特征根以及所对应的特征向量，并按由大到小的顺序进行排列，从而计算累计贡献率。

第五步：若累计贡献率大于 85%，由此得出主成分个数 m 以及结果矩阵 $\boldsymbol{T}$。

为了更加迅速准确地获得数据，本书中结合 SPSS 软件依照主成分分析法的步骤进行计算。SPSS 软件集数据录入、整理以及分析功能于一身，客户能够根据实际需求选择模块求解。运用 SPSS 软件做主成分分析法的步骤如图 4-5 所示。

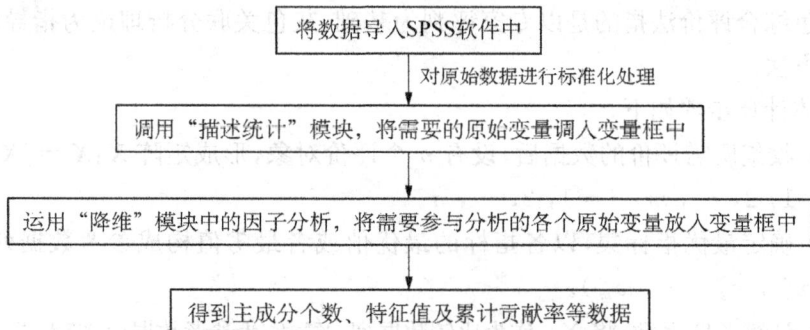

图 4-5 基于主成分分析法的 SPSS 软件运用

4.2.2　基于引力模型的吸引区划分

引力模型以牛顿经典力学万有引力模型公式为基础，主要运用到了距离衰减函数，反映两个城市之间的引力随着距离增加而衰减的规律。其中引力模型有个特点，即保持它的基本形式不变，合理定义参数就可以将其应用于研究不同的问题。通常将引力模型的公式定义如下：

$$T_{ik} = K\frac{Y_i \cdot Y_k}{d_{ik}^2} \tag{4-3}$$

式中，K 是常数（通常也称为引力系数）；Y_i 和 Y_j 为内生变量；d_{ij} 为空间距离。

从 18 世纪起，越来越多的社会学家将引力模型应用于社会范畴。之后随着经济地理学的迅速发展，引力模型被广泛应用在城市吸引区划分问题中，即通过分析地域邻近的城市之间经济联系强度是否紧密，从而确定这些城市是否在载体城市的吸引区内。本书采用城市综合实力对引力模型进行修正，将引力系数设为 1，内生变量为城市的综合实力。若根据引力模型定义，载体城市与周围距离为 d 的城市的经济联系强度，与该载体城市的综合实力成正比，而与距离的平方成反比，计算式为

$$F_{ik} = \frac{\sqrt{S_i S_k}}{D_{ik}^2} \tag{4-4}$$

$$F_i = \sum F_{ik} \tag{4-5}$$

式中，F_{ik} 为城市 i 与城市 k 之间的经济联系强度；S_i、S_k 为分别是城市 i、城市 k 的城市综合实力；D_{ik} 为城市 i 与城市 k 之间的最短交通里程；F_i 为城市 i 与区域内其他所有城市的经济联系强度之和，即城市 i 的对外经济联系总强度。

区域内其他城市与载体城市的经济联系强度越大，则说明该城市与载体城市之间的经济联系越紧密，受载体城市的吸引强度越大。本书基于引力模型计算得到了区域内各城市与载体城市的经济联系强度，然后按大小进行排序，把与载体城市经济联系强度累计达到载体城市对外经济联系总强度的 85% 的城市，即经济联系隶属度达到 85% 的城市划分为载体城市的吸引区。计算式为

$$\beta_{ik} = \frac{F_{ik}}{F_i} \tag{4-6}$$

式中，β_{ik} 为区域内其他城市的经济联系量占载体城市经济联系强度的比例，即经济联系隶属度；F_{ik} 为载体城市与城市 k 的经济联系强度；F_i 为城市 i 的对外经济联系总强度。

4.2.3 基于加权泰森多边形与断裂点模型相结合的吸引区划分

1. 断裂点模型

该模型的核心内容是：城市的吸引区是与该城市的规模成正比，与区域到该城市的距离成反比，相邻城市间的吸引力达到平衡时的点即为断裂点。该模型常被用于划分载体城市的吸引区。断裂点模型的计算式为

$$d_i = \frac{D_{ik}}{1 + \sqrt{P_k/P_i}} \tag{4-7}$$

或者

$$d_k = \frac{D_{ik}}{1 + \sqrt{P_i/P_k}} \tag{4-8}$$

式中，d_i、d_k 为断裂点到城市 i、k 的距离；D_{ik} 为城市 i 和城市 k 之间的最短交通距离；P_i、P_k 分别为城市 i 和城市 k 的人口规模。

在实际应用中，断裂点模型仍存在许多不足。

（1）公式中以城市人口作为城市的吸引力，这并不全面，因此本书中采用城市综合实力作为城市的吸引力。

（2）公式中计算得出的是两个城市之间的一个点，但是两个城市之间吸引区划分为一条线，在划分线时具有较大的任意性，不够严谨。

2. 泰森多边形

泰森多边形具有空间划分的功能，其特点是位于泰森多边形网格中的任意点到该网格中心的距离均小于到其他网格中心的距离。基于此特点，在城市吸引区划分研究中常用到泰森多边形（见图 4-6）。

1）常规泰森多边形

设平面上的空间目标集合为 $P = \{p_1, p_2, \cdots, p_n\}$，其中任意两点不共位，任意 4 点不共圆。将式（4-9）作为任意点 p_i 的泰森多边形区域。

$$p_i^V = \{x \mid d(x, p_i) \leqslant d(x, p_j), p_i, p_j \in P, i \neq j\} \tag{4-9}$$

式中，d 是欧氏距离函数。

虽然常规泰森多边形已经应用于许多实际问题中,但是因为没有考虑到空间目标规模因素对吸引区划分的影响,所以限制了其应用领域。

2) 加权泰森多边形

加权泰森多边形的定义如下:设 $X=(X_1, X_2, \cdots, X_n)$, $n(n \geqslant 3)$ 为二维欧式空间下的一个控制点集;$\lambda_i(i=1, 2, \cdots, n)$ 是给定的 n 个正实数,x 为区域内任意一点,则定义式为

$$V_n(X_i, \lambda_i) = \bigcap_{j \neq i} \left\{ x \, \middle| \, \frac{d(x, X_i)}{\lambda_i} \leqslant \frac{d(x, X_j)}{\lambda_j} \right\} (i=1, 2, 3, \cdots, n)$$

$$(4-10)$$

将平面分为 n 个部分,由 $V_n(x_i, \lambda_i)(i=1, 2, \cdots, n)$ 确定的对平面的分割称为点上加权的泰森多边形,其中,称 λ_i 为 X_i 的权重。与常规泰森多边形不同的是,加权泰森多边形打破了常规泰森多边形"等质"的概念,适用于各发生元权重有明显差别的情况下的空间分割。可以认为,在加权泰森多边形所划分出的各个区域内的所有点受该区域的发生元影响最大。

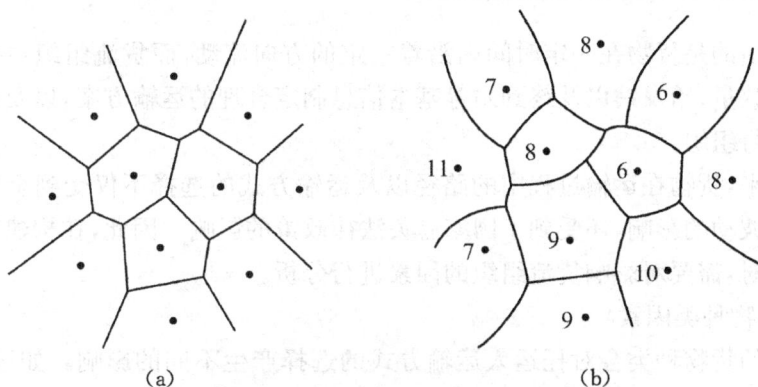

(a)　　　　　　　　　　　　(b)

图 4-6　常规泰森多边形与加权泰森多边形

(a) 常规泰森多边形　(b) 加权泰森多边形

3. 加权泰森多边形与断裂点模型相结合

对断裂点公式进行分析,可得出以下推论:区域中以各个城市点为发生元,其影响力扩张速度与两个城市的综合实力的平方根成正比。即

$$\frac{\lambda_i}{\lambda_k} = \sqrt{\frac{F_i}{F_k}}$$

$$(4-11)$$

基于该推论,可以生成以各个城市的综合实力平方根为权重的加权泰森多边形。根据加权泰森多边形的性质可知,两城市之间的吸引区界限为一条弧段,断裂点则是该弧段上的特殊点,断裂点扩展为断裂弧。由此,构建断裂点模型与加权泰森多边形相结合的定义式为

$$V(X_i, \sqrt{F_i}) = \left\{ x \in V(X_i, \sqrt{F_i}) \,\middle|\, \frac{d(x, X_i)}{\sqrt{F_i}} \leqslant \frac{d(x, X_j)}{\sqrt{F_j}} \right\}$$
$$(j = 1, 2, 3, \cdots, n), j \neq i \qquad (4-12)$$

本书运用 ArcGIS 软件进行求解。ArcGIS 是一种集数据采集、数据处理、数据管理和分布三大功能于一身的软件,应用领域十分广泛。其中由于 ArcGIS 软件能够提供比较直观的可视化效果,并且将所有信息以其地理位置为基础进行显示、查询和统计,所以在交通运输领域方面也有涉及。

4.3 中欧班列货流组织优化

4.3.1 货流组织的定义及影响因素

货流指的是货物在一定时间内沿着一定的方向流动,而货流组织主要是指根据货物的数量、始发站以及终到站等基本信息制定合理的运输方案,以及根据方案对货流进行组织。

近年来,货物在运输过程中的路径以及运输方式的选择不仅受到全球经济发展和市场波动的影响,还受到了国家有关法律政策的影响。因此,在构建货流组织优化模型时,需要对影响货流组织的因素进行分析。

1) 货物种类因素

不同的货物种类会对托运人运输方式的选择产生不同的影响。如运输生鲜、冷冻货物对运输时限的要求较高,需要更多地考虑时间问题。

2) 客户需求因素

随着客户需求越来越多样化,承运人需要根据托运人的要求提供高质量的服务,其中不仅要实现运输企业效益最大化,还需要达到客户提出的类似运输成本最小化、总运输时间最短等多重目标。

3) 政策因素

如今单一的运输方式难以满足货流组织的发展,需要多种运输方式的有效组合,即多式联运。由于我国多式联运起步较晚,相关的法律政策体系处于初步建设阶段,缺乏统一的管理机构,在运输过程中的责任划分还较模糊,一旦运输环节中

出现问题,很容易产生法律纠纷。近年来,我国也在积极地完善与多式联运相关的法律法规,鼓励企业大力发展多式联运业务。例如国家在《"十三五"现代综合交通运输体系规划》和《物流业发展中长期规划(2014—2020 年)》中,都提出要大力发展多式联运,加大对多式联运的政策扶持力度。另外,大部分中欧班列都有政府补贴现象,如"蓉欧快铁"获得政府补贴后的销售价格为 7 000~9 000 美金/TEU,郑新欧是参照海运价格给予运营中欧班列的公司补贴,这种补贴政策有利于开行初期的市场培育。

4) 环境因素

近年来随着全球经济的发展,煤炭、天然气等能源消耗量也在持续增加,从而导致大气中二氧化碳含量越来越高,温室效应也越来越严重。如果放任这种现象发生,不仅影响生态平衡,而且会威胁到人类的居住环境。因此"低碳化"成为各个国家关注的焦点。根据美国国家环保局统计数据可知,交通运输行业所产生温室气体占到气体总排放量的 28% 左右,其中公路运输所排放的温室气体占到交通运输行业中的 73%,远远高于铁路运输气体排放量。大力推动交通运输行业的节能减排,发展"低碳化"货物运输已经成为未来交通运输市场发展的必然趋势和要求。多项研究表明,多式联运是环境友好型的运输方式,通过结合多种运输方式的优势,不但降低了运输成本,而且减少了大量的碳排放,对实现国家节能减排战略具有重大意义。

4.3.2　货流组织的发展方向分析

现在随着客户需求多样化以及贸易全球化,货流组织急需向以下方面发展。

(1) 快速化。随着客户需求满意度提高和基础设施设备等技术方面的迅猛发展,货物运输的运输时限得到了一定的保障,需求趋向快速化。

(2) 准时化。由于客户对货物运到时间要求越来越严格,需要确保每个运输环节的准时性,保证货物准时送达。

(3) 集约化。为了最大化提高货流组织的效率和效益,运输企业集中人力、物力等方面的资源,以节约高效为目标来最小化运输成本,实现高效管理。并且如今区域性物流中心、货运中心站以及战略装车点等集中化货物运输点的数量大幅度增加,可以看出货物运输正逐渐往规模化方向深入发展。

(4) 规模化。规模化运输有利于提高运输工具效率、节约运力与能源,并有利于建立货运网络体系,便捷货物中转,降低单位固定成本,以实现规模经济效益。

(5) 多样化。一是运输方式多样化,随着我国积极推进综合运输网络的建设,以及客户需求满足度的提升,单一的运输方式在长途运输中已经远远不能满足现如今交通运输市场的发展需求。因此多式联运凭借低成本、准时性等优势成为最优的选择方案。多式联运有利于促进各种运输方式之间协调健康发展,使得各种运输方式能够充分发挥各自的优势,大力推进交通运输市场的可持续发展。二是客户需求多样化,客户对运输时效性、经济性、安全性和环保等多方面有不同的需求,同时,班列托运的流程是否复杂、物流信息追踪是否方便也影响客户的选择。

4.3.3 货流组织的运输方式发展现状分析

上面提到货流组织朝着运输方式多样化的方向发展,由于内陆型集装箱中货物从始发点到终点的运输通道有公路运输、铁路运输和公铁联运,因此本书仅对以上三种运输通道进行发展现状研究。

1. 公路运输

公路运输作为交通运输系统中的重要组成部分之一,在整个交通运输领域中占据举足轻重的地位。它不但可以作为一个单独的运输体系进行运输,也是铁路运输、水路运输、航空运输等运输方式不可或缺的补充、衔接手段。近年来随着高速公路的建设与发展,越来越多大批量货物长途运输开始选择公路运输,这表明公路运输在我国整个货物运输体系中所占比重逐步增加。

1) 公路货运量分析

公路运输网络密度大、分布广,其运输具有较强的灵活性和机动性,可以实现"门到门"服务,并且运输设备齐全。因此公路的货物运输量在全社会总体货物运输量所占的比例一直居高不下。2009 年至 2016 年公路货物运输量的情况如表 4-1 所示。

表 4-1 2009 年至 2016 年公路货运量情况

年份	公路货运量/万 t	占总货运量比例/%	增长率/%
2009	2 127 834	75.32	—
2010	2 448 052	75.52	15.05
2011	2 820 100	76.28	15.20
2012	3 188 475	77.76	13.06
2013	3 076 648	75.06	−3.51

（续表）

年份	公路货运量/万 t	占总货运量比例/%	增长率/%
2014	3 113 334	74.71	1.19
2015	3 150 019	75.43	1.18
2016	3 341 259	76.17	6.07

数据来源：中国统计局网站。

图 4-7 表示 2009 年至 2016 年的公路货运量以及其所占总货运量的比例。

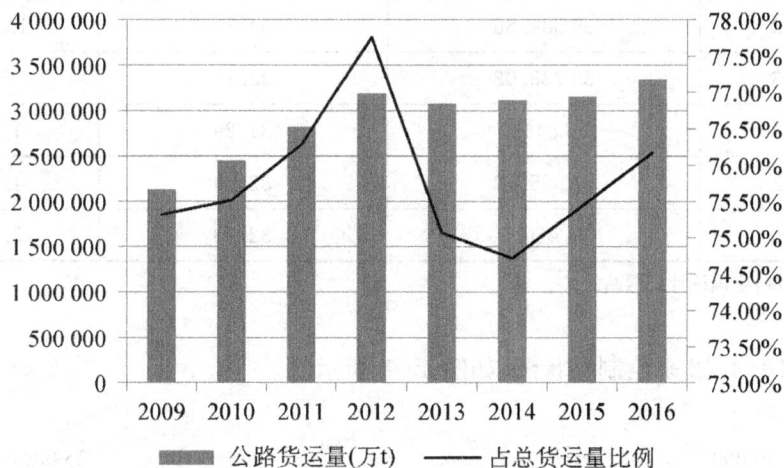

图 4-7　2009 年至 2016 年的公路货运量以及其所占总货运量比例

　　由表 4-1 和图 4-7 可以看出，公路货运量从 2009 年的 2 127 834 万 t 增长到了 2016 年的 3 341 259 万 t，增长了 57.03%。其中 2009 年至 2012 年的增长速率一直保持在 10% 以上，但在国家经济政策的影响下，2013 年的货运量同比 2012 年下降了 111 827 万 t，出现负增长。之后随着国家宏观经济的稳步复苏，公路货运量逐步回升，2014 年至 2016 年实现逐步增长。分析 2009 年至 2016 年的公路货运量以及其所占总货运量比例可以得知，公路货运量一直占总体货运量的 75% 左右，这也验证了公路运输在交通运输领域中占据了十分重要的地位。

　　2）公路货物周转量分析

　　货物周转量指的是各种运输工具在一定时期内实际完成运送过程的货物运输量，其中包含了运输对象的数量以及运输距离的因素，单位为质量和运送距离的复合单位(t·km)。货物周转量不仅是运输部门制定计划和经济考核的重要指标之一,也是汇总统计运输效率、劳动生产率以及核算运输单位成本的主要基础资料。2009年至2016年公路货物周转量的情况如表4-2所示。

表4-2　2009年至2016年公路货物周转量情况

年份	公路货物周转量/(亿t·km)	占总货物周转量比例/%	增长率/%
2009	37 188.82	30.45	—
2010	43 389.67	30.59	16.67
2011	51 374.74	32.25	18.40
2012	59 534.86	34.25	15.88
2013	55 738.08	33.17	−6.38
2014	56 846.9	31.29	1.99
2015	57 955.72	32.49	1.95
2016	61 080.1	32.73	5.39

数据来源:中国统计局网站。

根据表4-2来绘制柱状图,如图4-8所示。

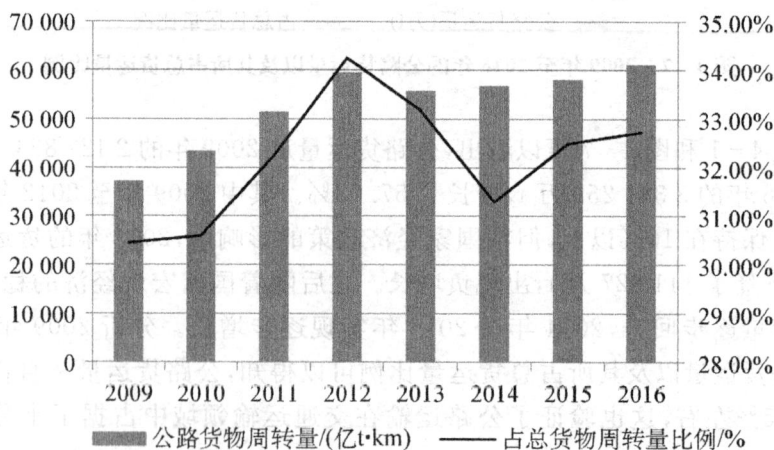

图4-8　2009年至2016年的公路货物周转量及所占总货物周转量比例

由表4-2和图4-8可以知道,公路货物周转量从2009年的37 188.82

亿 t・km增长到了 2016 年的 61 080.1 亿 t・km,增长了 64.24%。2010 年至 2012 年的增长速率较快,平均增长率达到了 16.98%,之后由于 2013 年的货物周转量受到国家经济政策的调整,出现了负增长率,随后 2014 年至 2016 年的增长速率呈上升趋势,平均增长率为 3.11%。其间,2009 年至 2016 年公路货运周转量占总货物周转量的比例一直比较稳定,均达到了 30%左右。

2. 铁路运输

铁路运输一直是我国大宗货物运输的主要方式之一,在交通运输行业中发挥着重大的作用。由于铁路运输安全性较高,受气候和自然条件的影响较小,并且运输能力较大,因此在低成本方面占据了公路运输、航空运输所不能比拟的优势。近年来,我国铁路建设进入了大规模发展阶段,直至 2016 年底,铁路营业里程达到了 1.24×10^5 km。

1）铁路货运量分析

铁路运输作为支撑我国经济发展的大动脉,一直都是负责运输如石油、钢铁、木材、粮食等关键物资的运输主体。2009 至 2016 年铁路货物运输量的情况如表 4-3 所示。

表 4-3　2009 年至 2016 年铁路货运量情况

年份	铁路货运量/万 t	占总货运量比例/%	增长率/%
2009	333 348	11.80	—
2010	364 271	11.24	9.28
2011	393 263	10.64	7.96
2012	390 438	9.52	−0.72
2013	396 697	9.68	1.60
2014	381 334	9.15	−3.87
2015	335 801	8.04	−11.94
2016	333 186	7.60	−0.78

数据来源:中国统计局网站。

图 4-9 表示 2009 年至 2016 年的铁路货运量以及其所占总货运量的比例。

由表 4-3 和图 4-9 可以看出,铁路货运量占总货运量比例总体呈现下降的趋势,由 2009 年 11.8%下降至 2016 年的 7.6%。此外,货运量在经过一段时间的逐步增长后,在 2013 年后呈现下降的态势。同时,增长率呈现的趋势也不容乐观,这说明了铁路运输正处于严峻的形势下,不仅受到产业结构以及市场大环境带来

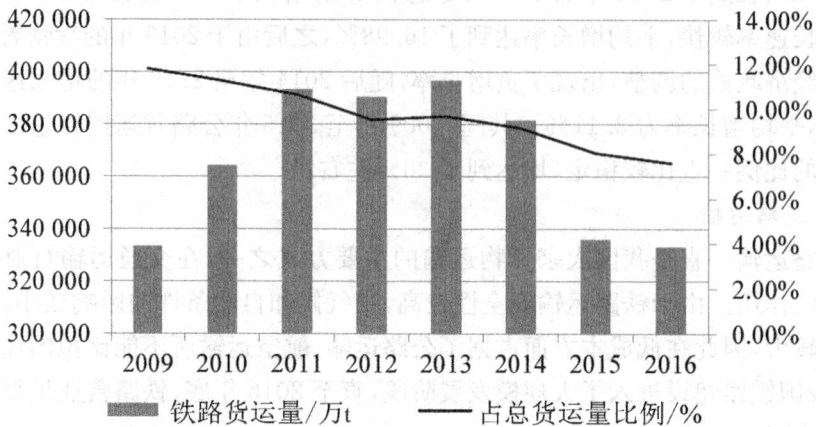

图 4 - 9   2009 年至 2016 年的铁路货运量以及其所占总货运量比例

的压力,也受到来自其他运输方式激烈竞争的影响,使得铁路运输在全社会的货运市场所占份额越来越小。

2) 铁路货物周转量分析

表 4 - 4 为 2009 年至 2016 年铁路货物周转量情况。

表 4 - 4   2009 年至 2016 年铁路货物周转量情况

年份	铁路货物周转量/(亿 t·km)	占总货物周转量比例/%	增长率/%
2009	25 239.17	20.67	—
2010	27 644.13	19.49	9.53
2011	29 465.79	18.49	6.59
2012	29 187.09	16.79	-0.95
2013	29 173.89	17.36	-0.05
2014	27 530.19	15.15	-5.63
2015	23 754.31	13.32	-13.72
2016	23 792.26	12.75	0.16

数据来源:中国统计局网站。

根据表 4 - 4 来绘制 2009 年至 2016 年的铁路货物周转以及其所占总货物周转量比例的柱状图,如图 4 - 10 所示。

由表 4 - 4 和图 4 - 10 可以看出,铁路货物周转量情况与铁路货运量的变化趋

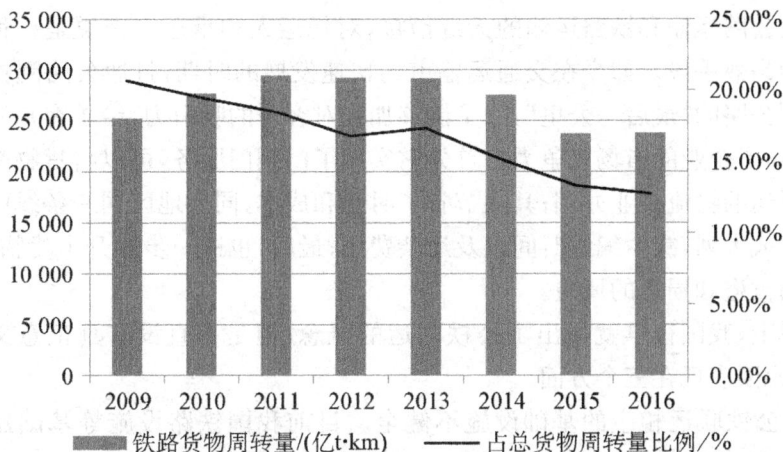

图 4 - 10　2009 年至 2016 年的铁路货物周转量及所占总货物周转量比例

势差不多。铁路货物周转量在 2010 年与 2011 年的平均增长率为 8.06%,而从 2012 年开始,直至 2015 年的增长率均为负值,在 2016 年有所回升。此外,铁路货物周转量所占总货物周转量比例有较大幅度的减少,由 2009 年的 20.67% 下降到 2016 年的 12.75%。该现象同样验证了铁路运输市场情况不容乐观,说明铁路运输在市场中的竞争力正在下降。

3. 公铁联运

公铁联运指的是全程物流经营者根据一个公铁联运合同把货物从始发点运送至指定地点交付的国内货物运输,其间采用了公路和铁路两种运输方式。公铁联运是现代物流发展的必然趋势,结合了公路运输和铁路运输的优点,是一种以铁路干线运输为主,公路运输为辅的运输方式,为客户提供了一个更为高效快捷的服务,对我国交通运输体系的发展带来了十分重大的影响。

1) 公铁联运有助于我国综合运输体系的发展

首先采用公铁联运有利于减少能源消耗和碳排放。据统计分析,公路运输的能源消耗强度以及碳排放强度均为铁路运输的 8.5 倍。其次,公铁联运能够最大化公路和铁路的运力资源,打通运输网络上的各个节点,从而加快火车和货车的货物周转效率,提高铁路车辆利用率,充分发挥铁路线路和仓库的作用。最后大力发展公铁联运,能够缓解城市交通压力。由图 4 - 7 可得知,公路运输货运量所占总货运量的比例一直居高不下,大量的运输卡车给城市交通带来了巨大的压力。因此我国应该努力调整运输结构,加快推动公铁联运的发展,提高铁路运输在中长途货物运输中的比例,从而进一步完善我国综合运输体系。

2) 公铁联运推动我国交通运输市场的可持续发展,并提高市场竞争力

实现公路运输和铁路运输的无缝衔接,对托运人和承运人来说是一种双方互利共赢的高效手段。如今在交通运输市场快速发展的时期,打通公路到铁路或者是铁路到公路的"最后一公里",除了能够加强对客户的吸引力,给予客户极大的便利,也提高了企业的市场竞争力。首先它实现了门到门服务,可以将货物交付给从事货物联运的物流企业办理;其次节省了时间和成本,同一地区同一条线的货物尽可能地组成大列,减少编组时间以及运杂费用;最后,也进一步提升了货物安全性,减少货物被盗和损坏的风险。

实际上,我国很早就提出了公铁联运的概念,但是一直没有真正意义上的贯彻,主要原因表现在三个方面。

(1) 公铁联运相应的基础设施不健全。目前我国铁路设施等基础建设仍存在着很大的不足,难以跟上现代化物流发展的步伐,并且设施的工作效率无法满足多式联运较高要求的运输需求,已经成为制约多式联运健康发展的重要因素。因此发展公铁联运的同时不可忽视铁路设施等基础建设以及配套设施建设。

(2) 公铁联运发展缺乏统一性的管理以及一致性的政策引导。长期以来,我国铁路运营管理存在着管理混乱的问题,在运行制度上制约了公铁联运的发展。此外,由于政策规则与运输服务之间缺乏连接性,导致政策执行力不足,很大程度地限制了公铁联运前进的步伐。因此需要建立合理的政策机制,使公铁联运的管理更加规范化。

(3) 公铁联运的信息交换方面难以满足现代化物流发展需求。目前国际上公铁联运发展较好的国家都将电子交换系统应用到公铁联运上,能够实时追踪货物运输信息,以及及时处理报关等信息。但是,由于我国铁路运输信息系统的建设未能得到足够重视,以及公路运输市场化等原因,导致完整有效的公铁联运信息网络难以形成。所以,我国需要积极完善信息共享机制,促进运输企业间的信息交流,提高整体信息化水平。

4.4 哈尔滨集装箱中心站吸引区划分与货流分配研究

4.4.1 背景分析

1. 哈尔滨集装箱中心站的功能定位

哈尔滨集装箱中心站位于哈尔滨市香坊区光明屯北侧,即有滨绥线新香坊站南侧(站房对侧),东西长 1.5 km,南北宽 1.0 km,占地总面积约 1 678 亩(1 亩=

666.67 m²）。它是中国铁路总公司与黑龙江省的重点合作项目之一,现已列为黑龙江省委、省政府建设"中蒙俄经济走廊"黑龙江陆海丝绸之路经济带的重大基础设施建设项目。中心站投入运营后,将以哈尔滨为核心区域,形成面向俄罗斯、辐射东欧、东北亚的国际性商品集散中心、现代化国际物流中心、外向型现代产业集聚中心,对提升我国集装箱、快运班列、特货运输业务的处理能力,助推自身及区域经济发展具有重要的战略意义。

结合哈尔滨物流发展规划,综合考虑铁路集装箱中心站基础设施建设过程中集装箱多式联运发展需求,其中要特别注重集装箱国际多式联运的竞争力。在中心站建设过程中,应综合优化铁路集装箱中心站设施、设备布局,完善集装箱中心站适应多式联运发展的功能。

2. 哈尔滨集装箱中心站建设对中欧班列发展的重要意义

1) 建设哈尔滨集装箱中心站是满足中欧班列运输需求的有效手段

目前哈尔滨铁路运输集约化程度还不高,货运枢纽及场站设施短缺,已成为哈尔滨市铁路运输发展的制约因素之一。国际货物运输成为铁路货运效益新的增长点,不仅积极响应国家"一带一路"倡议,而且进一步实行大客户战略,与网络服务需求的制造商、供应商、经销商及物流供应商之间建立"合作共赢"的新型战略合作伙伴关系,提升哈尔滨铁路运输的市场竞争力。在哈尔滨枢纽规划建设铁路集装箱中心站,吸引国内货物、俄罗斯及欧洲货物经满洲里、绥芬河出入境,开行到达俄罗斯和欧洲的国际集装箱班列,对于构建铁路集装箱运输网络、提高集装箱运输效率和运输质量、加快铁路集装箱运输与国际接轨都有着重要的现实意义。

2) 建设哈尔滨集装箱中心站是促进中欧班列服务质量升级和打造品牌班列的途径

随着运输方式的不断发展,客户在安全、方便、快捷等方面有了更高的需求,原有传统的货流组织形式和服务形式已经不能满足交通运输市场需求。哈尔滨集装箱中心站的建设,可以充分发挥铁路运输运距长、运力大、运价低、全天候等优势,安全、快捷、方便、经济地组织货物运输,使中欧班列的服务质量得到提升,打造中欧班列的品牌效应,挖掘更多的潜在货流市场。

4.4.2　建立哈尔滨集装箱中心站的评价指标体系

1. 对选取的区域内的城市进行数据汇总

根据 4.2.1 节构建的城市综合实力评价指标体系,对 2015 年东北经济区内 38 个城市综合实际评价指标的数据进行汇总统计。使用《中国城市统计年鉴 2016》的统计数据,如表 4-5 所示。

表4-5 2015年东北综合经济区内各个城市综合实力评价指标值

省	市	经济发展水平					经济结构		城市规模		交通运输与邮电	
		地区生产总值/万元	固定资产投资/万元	社会消费品零售总额/万元	地方公共财政收入/万元	工业总产值/万元	非农产业占GDP比重/%	非农产业从业人员比重/%	人口规模/万人	建成区面积/km²	货运量/万t	邮电业务总量/万元
黑龙江	哈尔滨	57 512 119	45 956 910	33 945 383	4 077 328	25 824 604	88.31	96.59	961.37	428	51 054	1 016 392
	齐齐哈尔	12 703 250	8 316 968	6 184 202	789 712	12 703 250	75.87	83.11	549.39	140	10 480	502 300
	鸡西	5 146 868	2 402 682	2 898 103	345 430	5 146 868	63.57	73.55	181.70	81	4 060	154 192
	鹤岗	2 655 736	900 561	1 161 810	155 867	2 655 736	64.81	72.99	105.61	53	1 624	72 975
	双鸭山	4 333 342	1 218 325	1 191 970	237 097	4 333 342	61.78	95.64	147.43	58	1 185	131 091
	大庆	29 834 587	5 540 883	10 376 135	1 272 318	29 834 587	93.47	99.35	275.48	245	5 736	351 815
	伊春	2 481 966	1 010 069	1 076 607	142 563	2 481 966	57.07	46.34	121.19	171	868	80 996
	佳木斯	8 101 676	5 338 913	4 011 144	359 846	8 101 676	66.93	88.24	237.55	97	5 928	211 491
	七台河	2 126 515	957 854	948 247	172 494	2 126 515	83.91	96.08	83.11	68	1 157	58 769
	牡丹江	13 107 000	11 103 906	5 278 534	589 788	13 107 000	82.92	84.96	262.00	82	2 749	196 307
	黑河	4 478 252	2 544 381	1 038 166	289 440	4 478 252	51.68	51.09	168.00	19	1 476	197 531
	绥化	12 722 076	6 969 388	5 113 539	562 140	12 722 076	60.23	95.06	548.50	35	3 889	89 924
吉林	长春	55 300 345	43 274 731	24 092 939	3 882 213	85 963 970	93.8	99.01	753.83	506	63 273	855 052
	吉林	23 941 860	25 429 349	13 132 308	1 328 429	23 941 860	89.45	97.51	426.24	259	5 167	321 251
	四平	12 332 487	7 998 139	5 514 838	622 849	12 332 487	74.27	95.94	326.41	58	7 600	195 620
	辽源	7 266 404	5 983 300	2 067 431	281 179	7 266 404	91.62	98.02	120.80	46	1 673	76 613

（续表）

省	市	经济发展水平					经济结构		城市规模		交通运输与邮电	
		地区生产总值/万元	固定资产投资/万元	社会消费品零售总额/万元	地方公共财政收入/万元	工业总产值/万元	非农产业占GDP比重/%	非农产业从业人员比重/%	人口规模/万人	建成区面积/km²	货运量/万t	邮电业务总量/万元
	通化	10 012 129	9 640 251	4 832 797	781 264	10 012 129	90.77	98.43	221.10	53	2 333	154 679
	白山	6 685 521	6 314 605	2 661 915	447 965	6 685 521	90.67	89.01	125.37	47	2 729	94 282
	松原	16 373 003	12 864 514	6 100 348	502 083	16 373 003	82.59	92.12	278.07	50	5 902	158 872
	白城	6 996 822	6 599 440	3 104 943	401 809	6 996 822	83.11	88.97	196.67	43	1 472	119 900
辽宁	沈阳	72 723 051	53 260 443	75 708 616	6 062 411	64 171 027	95.3	99.8	730.41	465	86 073	1 232 874
	大连	77 316 363	45 592 792	32 646 216	5 799 130	43 059 061	94.14	99.64	593.56	396	108 862	1 014 687
	鞍山	23 369 966	15 680 652	9 687 239	1 290 742	9 417 504	94.16	99.45	346.05	171	18 669	305 881
	抚顺	12 164 773	5 973 980	6 246 531	737 669	8 139 799	91.94	98.41	217.76	138	8 524	164 307
	本溪	11 646 927	5 845 316	3 614 209	537 680	13 331 740	94.24	99.71	151.21	109	7 593	121 690
	丹东	9 849 006	5 834 554	5 055 718	663 424	951 147	84.09	97.88	238.15	35.5	8 167	197 141
	锦州	132 732 92	7 821 466	5 983 736	755 188	8 609 463	84.08	96.88	302.56	88	15 986	210 270
	营口	15 137 503	9 062 156	4 715 093	1 040 689	15 137 503	92.68	99.75	232.62	110	15 252	217 095
	阜新	5 255 376	2 077 740	2 743 189	371 524	5 255 376	77.49	98.33	189.47	77	4 441	117 223
	辽阳	10 285 818	4 543 208	3 887 611	676 847	10 285 818	92.94	98.35	178.96	105	13 071	144 720
	盘锦	12 565 377	9 830 605	3 469 981	950 464	12 565 377	90.37	64.33	129.54	75	12 575	154 055
	铁岭	7 409 003	3 974 859	4 079 156	502 848	7 409 003	72.32	93.16	300.38	50	8 127	176 345

（续表）

省	市	经济发展水平					经济结构		城市规模		交通运输与邮电	
		地区生产总值/万元	固定资产投资/万元	社会消费品零售总额/万元	地方公共财政收入/万元	工业总产值/万元	非农产业占GDP比重/%	非农产业从业人员比重/%	人口规模/万人	建成区面积/km²	货运量/万t	邮电业务总量/万元
	朝阳	8 547 329	5 001 466	4 279 423	547 334	8 547 329	74.19	99.16	340.90	75	5 735	198 304
	葫芦岛	7 201 673	1 904 461	4 351 168	571 361	7 201 673	85.51	98.87	280.10	92	15 929	183 593
内蒙古	呼伦贝尔	15 989 500	9 955 403	2 634 174	1 033 323	2 172 544	83.51	73.77	259.3	114	25 653	252 551
	通辽	18 772 700	12 886 569	2 266 634	1 204 800	8 408 031	85.64	81.23	319.37	61	13 500	231 368
	赤峰	18 612 749	12 721 048	2 226 529	1 045 777	8 032 338	85.12	95.49	462.63	105	14 980	298 435
河北	秦皇岛	12 504 439	8 743 325	6 338 190	1 143 620	10 760 795	85.79	99.78	295.64	131	6 076	266 848

数据来源：《中国城市统计年鉴 2016》

2. 运用主成分分析法

考虑到主成分分析法能够更好地反映区域内经济和社会等方面发展的综合情况,因此本书采用主成分分析法来构建城市综合实力体系。

依照主成分分析法的步骤,结合 SPSS 软件,可得到相关系数矩阵的特征值、方差贡献率及累计贡献率,如表 4 - 6 所示。

表 4 - 6　特征值及主成分贡献率

主成分	特征值	方差贡献率/%	累计贡献率/%
1	8.269	75.169	75.169
2	1.312	11.929	87.098
3	0.506	4.604	91.702
4	0.304	2.759	94.462
5	0.241	2.188	96.649
6	0.170	1.543	98.192
7	0.098	0.889	99.081
8	0.050	0.453	99.534
9	0.025	0.226	99.760
10	0.021	0.189	99.949
11	0.006	0.051	100.000

对主成分进行提取是以计算所得到的各个因子的特征值以及累计贡献率作为依据,若特征值越大,则贡献率也会越大,表明该因子越有能力表明城市综合实力。只有特征值大于 1 的因子才能被选为主因子,同时按照累计贡献率需要大于 85% 的原则。由表 4 - 6 可得,前两个主成分的累计贡献率为 87.098%,而且它们的特征值均大于 1,而排名在后的 9 个因子所包含的百分数均比较小,说明前两个因子所包含的信息量能够反映出原始数据中 11 个特征参数的大部分信息。因此选取前两个因子作为主成分来替代原始的 11 个指标,记做 λ_1、λ_2,相对应的方差贡献率分别记做 w_1、w_2。

由 SPSS 软件可得主成分因子载荷矩阵,由式(4 - 13)可得主成分系数,主成分因子载荷和主成分系数如表 4 - 7 所示。

$$R_k = \frac{A_k}{\sqrt{\lambda_k}} \tag{4-13}$$

式中,R_k 为主成分系数;A_k 为主成分因子载荷;λ_k 为主成分特征值。

表4-7 主成分因子载荷和主成分表

原始变量	第一主成分 因子载荷 A_1	第二主成分 因子载荷 A_2	第一主成分 系数 R_1	第二主成分 系数 R_2
∂_1	0.984	−0.035	0.342	−0.031
∂_2	0.973	−0.061	0.338	−0.053
∂_3	0.913	−0.090	0.318	−0.079
∂_4	0.981	−0.075	0.341	−0.065
∂_5	0.882	−0.011	0.307	−0.010
∂_6	0.496	0.743	0.172	0.649
∂_7	0.359	0.832	0.125	0.726
∂_8	0.849	−0.110	0.295	−0.096
∂_9	0.936	−0.089	0.325	−0.078
∂_{10}	0.929	−0.095	0.323	−0.083
∂_{11}	0.972	−0.147	0.338	−0.128

接着,由式(4-14)和式(4-15)可得每个城市的各个主成分得分及原始综合得分。

$$U_{ik} = H_i \times R_k \tag{4-14}$$

式中,H_i 为城市 i 的 j 个原始变量经过 SPSS 标准化处理后的标准得分矩阵,$H_i = [h_{i1}, h_{i2}, \cdots, h_{ij}]$,$i = 1, 2, \cdots, 38$,$j = 1, 2, \cdots, 11$;$R_k$ 为第 k 主成分,$R_k = [r_{k1}, r_{k2}, \cdots, r_{kj}]^T$,$k = 1, 2$,$j = 1, 2, \cdots, 11$;$U_{ik}$ 指的是 i 城市的第 k 主成分得分。

$$U_i = \frac{\sum \psi_k U_{ik}}{\sum \psi_k} \tag{4-15}$$

式中,U_i 为各个城市的原始综合实力;ψ_k 为方差贡献率。

由于主成分分析法得出的综合实力得分中有负数,如果直接带入断裂点公式中计算,必定存在负数的开方运算,这是不合理的。因此运用以下公式对城市综合实力原始得分进行数据转换。

$$v' = \frac{v - \min A}{\max A - \min A}(new\_\max A - new\_\min A) + new\_\min A \tag{4-16}$$

式中，v' 为经过规范化处理后的数据；v 为原始数据；$\max A$，$\min A$ 分别为原始数据列中的最大值和最小值；$new\_\max A$，$new\_\min A$ 分别为新数据列中的最大值和最小值，其中采用最小—最大化规范方法，将各个城市的综合实力得分限定在区间[1，10]中。表 4 - 8 为东北综合经济区各个城市的综合实力排名。

表 4 - 8　东北综合经济区各个城市的综合实力排名

城市	城市综合实力初始得分	城市综合实力变换后得分	排名
沈阳	7.829	10.000	1
大连	6.431	8.802	2
长春	6.243	8.640	3
哈尔滨	5.566	8.059	4
吉林	1.214	4.326	5
鞍山	0.816	3.985	6
大庆	0.769	3.945	7
赤峰	0.176	3.436	8
营口	−0.011	3.276	9
齐齐哈尔	−0.013	3.275	10
秦皇岛	−0.100	3.200	11
锦州	−0.314	3.016	12
抚顺	−0.315	3.015	13
通辽	−0.358	2.978	14
呼伦贝尔	−0.483	2.871	15
辽阳	−0.494	2.861	16
本溪	−0.527	2.833	17
松原	−0.553	2.811	18
通化	−0.569	2.797	19
葫芦岛	−0.603	2.768	20
四平	−0.705	2.680	21
牡丹江	−0.713	2.674	22
丹东	−0.772	2.623	23

（续表）

城市	城市综合实力初始得分	城市综合实力变换后得分	排名
朝阳	−0.803	2.596	24
绥化	−0.960	2.462	25
盘锦	−0.997	2.430	26
辽源	−1.079	2.360	27
铁岭	−1.096	2.345	28
白山	−1.162	2.289	29
白城	−1.212	2.245	30
阜新	−1.229	2.231	31
佳木斯	−1.234	2.227	32
七台河	−1.550	1.956	33
双鸭山	−1.805	1.737	34
鸡西	−1.868	1.683	35
鹤岗	−2.276	1.333	36
伊春	−2.578	1.074	37
黑河	−2.664	1.000	38

4.4.3　哈尔滨集装箱中心站吸引区划分

1. 基于加权泰森多边形与断裂点模型划分吸引区

由表 4-8 可得知东北经济区内各个城市的综合实力以及排名，其中选取城市综合实力初始得分均大于 0 的作为该区域内的中心城市，分别是沈阳、大连、长春、哈尔滨、吉林、鞍山、大庆、赤峰。

本书运用 ArcGIS 软件来生成加权泰森多边形，具体步骤如下。

Step 1：加载好数据后创建常量栅格，其中常量为 1，像元为 3 000，创建好栅格后，再将栅格转为点。

Step 2：创建点距离图，用于计算栅格点到中心城市的距离，接着在该图的属性表中添加字段"time"，该字段用来给每一条距离加权。也就是把中心城市权重当成速度，加权后的权重即是时间，等于距离/城市权重。

Step 3：将中心城市属性表与计算得到的中心城市综合实力 Excel 表进行连接，接着点距离属性表再与中心城市属性表连接，并且对字段"time"进行计算。

Step 4：为了获取每个栅格点到各个中心城市中时间最短的数据，对点距离表进行汇总统计，得到最小点距离统计表，将该表与中心城市属性表进行连接。

Step 5：将点转为栅格，然后栅格转为面，要素转线，最后进行裁剪，即可得到东北经济区的加权泰森多边形。

在本书中，考虑到加权泰森多边形在空间分析和地图制图方面中的广泛应用，以及断裂点模型理论扩展，得到基于加权泰森多边形与断裂点模型的吸引区。

哈尔滨城市的吸引区包括黑河、伊春、鹤岗、佳木斯、双鸭山、七台河、鸡西、牡丹江、海拉尔的西北部（鄂伦春自治旗、根河市、额尔古纳市、满洲里市、陈巴尔虎旗、新巴尔虎右旗、新巴尔虎左旗）、绥化的东部（肇东市、海伦市、绥棱县、青冈县、庆安县、兰西县、望奎县）、大庆的肇州县和肇源县、松原的扶余市、长春的榆树市。

2. 基于引力模型的经济联系隶属度

结合表 4-8 中的数据，可得东北经济区内各个城市与哈尔滨的经济联系强度以及哈尔滨市的对外经济联系总强度，如表 4-9 所示。

本书将与哈尔滨市经济联系强度累计达到哈尔滨市对外经济联系总强度的85%的城市作为哈尔滨市吸引区，由表 4-10 可得，绥化、大庆、松原、长春、吉林、牡丹江、齐齐哈尔、白城、佳木斯、抚顺、四平、辽源、伊春、沈阳、七台河、双鸭山、鸡西、鹤岗共 18 个城市为哈尔滨市的吸引区。

表 4-9　哈尔滨市与东北经济区内其他城市之间的交通里程

序号	城市	距离/km	序号	城市	距离/km
1	沈阳	561.1	14	呼伦贝尔	751.9
2	大连	946.4	15	辽阳	642.9
3	长春	271.7	16	本溪	606
4	吉林	355.9	17	松原	196.7
5	鞍山	670.1	18	通化	539.8
6	大庆	153.3	19	葫芦岛	826.8
7	赤峰	861.1	20	四平	389.5
8	营口	748.3	21	牡丹江	335.4
9	齐齐哈尔	308.3	22	丹东	811.2
10	秦皇岛	961.9	23	朝阳	772.7
11	锦州	780.7	24	绥化	112.5
12	抚顺	586.8	25	盘锦	724.4
13	通辽	522.3	26	辽源	389.8

（续表）

序号	城市	距离/km	序号	城市	距离/km
27	铁岭	506.1	33	双鸭山	453.6
28	白山	571.6	34	鸡西	478.4
29	白城	398.1	35	鹤岗	445.2
30	阜新	649.1	36	伊春	323
31	佳木斯	381	37	黑河	495
32	七台河	428.4			

表 4-10　哈尔滨市与其他城市之间的经济联系强度及其累计百分比

序号	城市	经济联系强度 F_{1k}	累计/%	序号	城市	经济联系强度 F_{1k}	累计/%
1	绥化	432.36	21.72	20	白山	23.34	89.05
2	大庆	282.41	35.90	21	通化	22.95	90.20
3	松原	195.57	45.72	22	铁岭	21.44	91.28
4	长春	142.25	52.87	23	本溪	17.19	92.14
5	吉林	130.39	59.42	24	鞍山	15.90	92.94
6	牡丹江	64.49	62.66	25	辽阳	14.87	93.69
7	齐齐哈尔	63.02	65.82	26	阜新	12.89	94.33
8	白城	46.79	68.17	27	呼伦贝尔	11.91	94.93
9	佳木斯	44.54	70.41	28	黑河	11.59	95.51
10	抚顺	41.24	72.48	29	营口	11.49	96.09
11	四平	40.59	74.52	30	大连	11.09	96.65
12	辽源	38.11	76.43	31	盘锦	10.88	97.20
13	伊春	37.43	78.31	32	锦州	10.44	97.72
14	沈阳	36.30	80.13	33	丹东	10.34	98.24
15	七台河	34.03	81.84	34	朝阳	9.79	98.73
16	双鸭山	31.47	83.42	35	赤峰	9.63	99.21
17	鸡西	31.01	84.98	36	葫芦岛	8.76	99.65
18	鹤岗	29.24	86.45	37	秦皇岛	6.89	100.00
19	通辽	28.40	87.88	哈尔滨对外经济联系总强度 $F_1=$ 1 990.998 285			

3. 吸引区确定

综合考虑断裂点模型与引力模型,取两者计算结果的交集,最终得到哈尔滨的吸引区为:伊春、鹤岗、佳木斯、双鸭山、七台河、鸡西、牡丹江、绥化的东部(肇东市、海伦市、绥棱县、青冈县、庆安县、兰西县、望奎县)、大庆的肇州县和肇源县、松原的扶余市、长春的榆树市。

4.4.4 哈尔滨集装箱中心站货流分配

1. 货物运输距离

表 4-11 为吸引区内各个城市到哈尔滨的公路距离以及铁路距离。

表 4-11 吸引区内各个城市到哈尔滨的公路距离以及铁路距离(单位:km)

城市 运输方式	伊春	鹤岗	佳木斯	双鸭山	七台河	鸡西	牡丹江
公路	323	445.2	381	453.6	428.4	478.4	335.4
铁路	458	578	510	586	587	549	355

城市 运输方式	绥化						
	肇东市	海伦市	绥棱县	青冈县	庆安县	兰西县	望奎县
公路	62.1	208.7	196.7	121.4	163.1	68.8	174.3
铁路	63	227	188	207.1			

城市 运输方式	大庆		松原	长春
	肇州县	肇源县	扶余市	榆树市
公路	62.1	208.7	196.7	121.4
铁路	——	——	102	280

注:"——"表示两点之间无铁路通达

2. 货运量分配

由于资料收集问题,县级地区的货运量根据县级地区生产总值占全市生产总值的比例来确定所占全市货运量的总值,如表 4-12 所示。由式(4-6)可知哈尔滨节点站对吸引区内各个区域货运量的吸引比例,由此得出各个地区运往哈尔滨节点的货运量。

表 4-12   县级地区的货运量所占全市货运量的比例

地区		地区生产总值/亿元	所属城市生产总值/亿元	所占比例/%
绥化	肇东市	415.5	1 272.2	32.66
	海伦市	124	1 272.2	9.75
	绥棱县	77.8	1 272.2	6.12
	青冈县	57.89	1 272.2	4.55
	庆安县	88.2	1 272.2	6.93
	兰西县	59.28	1 272.2	4.66
	望奎县	73.54	1 272.2	5.78
大庆	肇州县	202	2 983.5	6.77
	肇源县	63.9	2 983.5	2.14
松原	扶余市	357.5	1 637.3	21.83
长春	榆树市	405.5	5 530	7.33

重复上述章节的计算步骤得出 2016 年吸引区各个区域运往哈尔滨节点站的货运量(见表 4-13),可得到 2015—2016 年吸引区各个区域运往哈尔滨节点站的货运量增长率,如表 4-14 所示。

表 4-13   吸引区各个区域运往哈尔滨节点站的货运量计算

城市		全年货运量/万 t	日平均货运量/万 t	吸引比例/%	运往哈尔滨节点站的日平均货运量/t
伊春		868	2.38	1.88	447.07
鹤岗		1 560	4.27	1.47	627.68
佳木斯		4 452	12.20	2.24	2 728.61
双鸭山		1 185	3.25	1.58	513.16
七台河		1 157	3.17	1.71	541.79
鸡西		3 672	10.06	1.56	1 566.90
牡丹江		2 749	7.53	3.24	2 439.51
绥化	肇东市	240	0.66	21.72	1 428.16
	海伦市	72	0.20	21.72	426.22

（续表）

城市		全年货运量/万 t	日平均货运量/万 t	吸引比例/%	运往哈尔滨节点站的日平均货运量/t
绥化	绥棱县	45	0.12	21.72	267.42
	青冈县	33	0.09	21.72	198.97
	庆安县	51	0.14	21.72	303.16
	兰西县	34	0.09	21.72	203.75
	望奎县	42	0.12	21.72	252.78
大庆	肇州县	49	0.14	14.18	191.60
	肇源县	16	0.04	14.18	60.61
松原	扶余市	240	0.66	9.82	645.02
长春	榆树市	143	0.39	7.14	279.17

数据来源:《中国城市统计年鉴 2016》以及各大政府网站。

表 4-14　2015—2016 年吸引区各个区域运往哈尔滨节点站的货运量增长率

城市		增长率/%	城市		增长率/%
伊春		−23.08		绥棱县	
鹤岗		−5.50		青冈县	
佳木斯		54.33		庆安县	
双鸭山		22.80		兰西县	
七台河		25.74		望奎县	
鸡西		27.14	大庆	肇州县	66.93
牡丹江		1.17		肇源县	
绥化	肇东市	−25.43	松原	扶余市	5.37
	海伦市		长春	榆树市	54.35

　　由表 4-14 可计算得出 2015 年至 2016 年吸引区内各个区域运往哈尔滨集装箱中心站的货运量的平均增长率为 18.53%。由此预测 2020 年吸引区内各个区域运往哈尔滨集装箱中心站的货运量,如表 4-15、表 4-16 所示。

　　由表 4-16 可得出 2015 年至 2016 年哈欧班列运量占哈尔滨集装箱中心站总运量的比例是增加的。基于此,预测出 2020 年哈欧班列所占哈尔滨集装箱中心站总运量的比例为 30.35%。结合表 4-15 可计算得到 2020 年吸引区内各个区域运往哈尔滨集装箱中心站中哈欧班列所占的货运量,如表 4-17 所示。

表 4-15　2020 年吸引区内各个区域运往哈尔滨集装箱中心站的货运量

城市		货运量/t	城市		货运量/t
伊春		1 045.89		绥棱县	625.61
鹤岗		1 468.42		青冈县	465.48
佳木斯		6 383.41		庆安县	709.22
双鸭山		1 200.50		兰西县	476.66
七台河		1 267.48		望奎县	591.36
鸡西		3 665.66	大庆	肇州县	448.23
牡丹江		5 707.07		肇源县	141.79
绥化	肇东市	3 341.09	松原	扶余市	1 508.98
	海伦市	997.11	长春	榆树市	653.10

表 4-16　哈尔滨集装箱中心站集装箱运量表

年份	哈欧班列运量/TEU	哈尔滨集装箱中心站总运量/TEU	哈欧班列所占哈尔滨集装箱中心站总运量的比例/%
2015	1 556	41 045	3.79
2016	2 474	43 048	5.75

表 4-17　运往哈尔滨集装箱中心站中哈欧班列所占的货运量

城市		哈欧班列所占的货运量/t	城市		哈欧班列所占的货运量/t
伊春		317.48		绥棱县	189.91
鹤岗		445.74		青冈县	141.30
佳木斯		1 937.71		庆安县	215.29
双鸭山		364.42		兰西县	144.69
七台河		384.75		望奎县	179.51
鸡西		1 112.73	大庆	肇州县	136.06
牡丹江		1 732.41		肇源县	43.04
绥化	肇东市	1 014.20	松原	扶余市	458.06
	海伦市	302.68	长春	榆树市	198.25

第5章 内陆型集装箱中心站
中欧班列运输组织协同

5.1 协同优化理论及应用

5.1.1 协同优化基本概念

1. 协同理论

20 世纪 70 年代初,德国理论物理学家赫尔曼·哈肯(H. Haken)教授创立了协同学理论(Synergetics),其最初应用在激光理论的研究当中。1983 年,哈肯的《高级协同学》的出版,标志着这一理论的成熟与完善。作为在自然、社会等多学科领域得到广泛应用的科学研究理论及方法,其研究对象是由众多要素、模块或是子系统组成的系统宏观结构。不同于传统学科将研究对象分解为各组成部分之和,协同理论聚焦于这些组成部分之间产生的相互作用,例如生物种群中的捕食与被捕食、企业部门之间的工作配合以及不同社会组织间相互竞争与协作等。

所谓协同,应用到生产生活中,指的是协调两个或者两个以上的不同资源或者个体,协同一致地完成某一目标的过程或能力。而所有有助于协同的软件都可以称为协同软件。从概念上可以得出,协同并不是新生事物,它是随人类社会的出现而出现,并随着人类社会的进步而发展的。当技术从人们日常生活和商业社会的边缘逐渐成为核心,人们就越来越需要技术提供更多的东西。作为一个新的热点词汇,"协同"概念有着更深的含义,不仅包括人与人之间的协作,也包括不同应用系统之间、不同数据资源之间、不同终端设备之间、不同应用情景之间、人与机器之间、科技与传统之间等全方位的协同。通常可见的协同应用包括协同管理、协同通信、协同办公、协同软件等,在文档、行政、人事、项目、客户、财务、物流、生产等管理方面有广泛应用。

例如,现代管理面临着一个复杂多变、不可预测、竞争激烈的环境,如全球经济一体化的趋势日趋明显,企业间的竞争变得激烈;高新技术的出现和更迭越来越快,产品的生命周期越来越短;消费者导向的时代已经到来,消费趋向多样化、个性化;对企业的生产方式带来了新的挑战;市场环境变化和人们生活质量的提高,对企业的生产与服务提出了更高的要求;等等。在这样的背景下,企业系统要生存和发展,除了协同好内部各子系统之间的关系之外,还需协同一切可以协同的力量来弥补自身的不足,提高自身的竞争优势。因此,协同是现代管理发展的必然要求。

目前,协同论已在大多数领域做出了重大贡献,主要的有经济学领域、运输与物流领域以及物理、化学、生物学领域等。其中在运输与物流领域的研究通常细分为综合交通运输、企业物流与供应链协同优化以及物流运输中的铁路、公路及水路运输协同发展等问题。接下来简要概述协同理论在一些主要问题上的贡献。

1) 应用于区域经济合作策略

现阶段,我国经济发展已经进入一个新常态,总体经济增速减缓。细观地区经济,由于我国过去一个时期的经济发展宏观政策是非均衡发展,在各地区经济相互竞争的情况下,一部分地区经济发展迅猛,而另一部分地区经济发展则相对缓慢,由此产生了区域间经济发展不平衡、地区经济差异明显。传统的经济发展模式的成效已日益消退,在这种背景下,协同理论的应用是我国经济发展模式转型的必然要求。依据协同理论的基本内涵,在区域经济协同发展方面,需要在规划、市场、扶持等方面做到齐头并进,进而最大限度地推动区域经济合作;基于协同发展的基本理念,加强区域经济之间的合作,充分发挥自身的竞争优势,确定好发展定位,从而带来地区经济发展的协同效应,进一步推动地区经济的更好更快发展。

2) 应用于 ITS 系统

首先,ITS 系统是由人、车、路、环境四个要素组成的高度开放的复杂巨系统,包括多个子系统,如交通控制系统、交通流诱导系统、交通需求管理系统、停车管理系统、高速公路管理系统、道路维护管理系统、公交运营管理系统等。

其次,ITS 系统不同于其他系统,ITS 系统是个非平衡状态的开放系统,其最大特点是具有显著的自主性与合作性。自主性表现在没有其他智能体直接干涉的情况下能够持续运行;合作性则表现在智能体之间可以进行信息交互、协作与合作。一般的系统理论难以解决 ITS 系统相关问题。

最后,协同理论研究的对象是非平衡开放系统中的自组织及形成的有序结构。ITS 是开放的自组织系统,其开放性、非线性、不平衡性等特征是协同理论研究所强调的。

因此,协同理论为研究 ITS 各子系统自身协同或相互合作提供了方法以及做出了重大的理论贡献,并且运用协同理论对 ITS 系统进行分析,指导实际开发,为ITS 系统相关决策提供有效的理论支撑。

3）应用于供应链协同管理

协同理论的研究对象是由各个子系统组成的系统,研究内容是各个子系统之间的相互作用、相互协同的规律。同时,整个供应链可以看成一个由各个企业的供应链构成的系统,各企业供应链间则存在相互合作、竞争。21 世纪以来,我国市场结构及市场竞争方式发生了巨大的转变,"真正的竞争不仅仅是企业与企业之间的竞争,更是供应链与供应链之间的竞争"。竞争的最终目的是实现企业间的"共赢",实现这一目标的关键在于供应链间的协同,因此,许多学者将协同理论应用于供应链管理中。1999 年 4 月,全球著名的供应链管理学家 David Anderson 和 Hau Lee 发表了一篇题为"协同供应链:新的前沿"的文章,文章的观点是新一代的供应链战略就是协同供应链。

协同学原理在供应链管理中得以应用的原因在于供应链系统遵循协同规律。首先,协同理论验证了一个复杂系统的子系统从无序的状态通过协同合作达到一个有序的状态是遵循一系列规律的。基于这个理论,在整个供应链系统(称为供应网,下同)中,供应网是一个开放并且无序的复杂系统,假设供应网上的各个供应链相互协同合作,达到了某种有序的状态,并且更加容易解决供应链管理问题。

4）应用于物流领域

物流领域协同研究主要包括第三方物流战略联盟协同研究,物流网络、物流资源协同研究,货运系统协同研究以及冷链物流的协同研究等。物流联盟方面,所谓联盟就是一种协同的体现,物流联盟是一种联盟内互相满足对方需求,共享收益及共担风险,为彼此共同的战略目标协同共赢的持久性合作关系;物流资源协同研究方面,物流资源的协同充分体现了协同效应"1+1＞2"的作用,物流资源的协调就是对物流企业资源的优化配置,通过物流运营方、服务提供方以及服务中间方的有效协同降低总成本;在近期热点研究的冷链物流方面,有学者基于协同理论,对冷链物流系统进行研究,建立了协同模型。

2. 协同效应

1971 年,德国理论物理学家赫尔曼·哈肯提出了协同的概念,1976 年系统地论述了协同理论,并发表了《协同学导论》等著作。协同论认为整个环境中的各个系统间存在着相互影响而又相互合作的关系,并且协同效应理论随之产生。协同效应原本为一种物理化学现象,又称增效作用,是指两种或两种以上的组分相加或调配在一起,所产生的作用大于各种组分单独应用时的作用总和。协同效应就是指企业生产、营销、管理的不同环节、不同阶段、不同方面共同利用同一资源而产生的整体效应。例如,集装箱多式联运组织系统的协同优化体现了协同效应"1+1＞2"的作用。

集装箱多式联运组织系统的协同效应一旦发挥,那么集装箱多式联运的优越性则可体现出来：简化托运、结算及理赔手续，节省人力、物力和有关费用；缩短货物运输时间、减少库存、降低货损货差事故；提高运输管理水平，实现运输合理化。

3. 协同理论在物流中运输问题的适用性

所谓"协同"指复杂系统中各组成要素之间，各子系统之间在操作运行过程中的合作、协调、同步。在宏观上这一概念表现为整个系统的有序化。

在这节中，我们希望将协同学引入到物流中的运输问题，借此研究物流运输系统中的协同关系。根据协同学原理，可以分析得到物流运输系统内部各要素、各层次要素和结构，结构和功能，功能和环境等，都是对立统一关系，必须创造条件形成协同效应，推动系统从无序状态向有序状态转化，才能发挥物流系统的总体功能，而且指出系统诸要素在其运行过程中，具有不同的功能，其中有居于主导地位，起着序参量作用（序参量的大小标志着系统宏观有序的程度）的一个或几个要素。当这种具有序参量作用的要素的性能加强，各子系统就会产生协同效应，使物流系统处于有序状态。当物流系统与环境失去平衡，就会出现某种混乱无序状态，例如，供应链环节太多，渠道网的结合部行政障碍太多；不同运输方式不同的技术标准；物流成本占国民生产总值的比例过高等。其根本原因就在于物流系统内部关系不协调，结构不合理，自组织（指事物或一组变量从无联系的状态进入到某些有联系的特定状态的过程）水平低，整体功能差。物流系统长期处于无序状态，会导致社会资源的巨大浪费甚至影响国民经济的发展。

最原始的协同理论始于物理领域，我们知道物理意义上的协同是无序结构在自然外界的作用下，自发形成有序结构。而将该理论引入到物流运输领域中，同样是将运输系统中无序的结构转化为有序结构，但两者之间的区别在于前者是一种主体自发行为，后者则是必须通过人们有目的、有计划的探索过程而来。这就是将协同学应用于物流运输中的难点，即需寻找最优的方法将物流运输系统中无序结构转化为有序结构。

5.1.2 协同优化基本模型及算法

1. 协同优化模型

1）原始模型表达

协同优化最基本的模型原理是将一个复杂的目标函数分解成简单的子目标函数，然后再将这些子目标函数进行协同优化。具体说来，协同优化是在优化每一子目标函数，同时综合考虑其他子目标函数的结果，使子目标函数之间的优化结果能够一致。优化结果一致是指使每一变量的值在每一子目标函数的优化结果中能够一致。一般来说，可以证明，如果变量的值一致，则为最优解。协同优化算法没有局部最优问题，同时具有非常良好的收敛特性。它很好地解决了许多实际问题中非线性优化及组合优化的难题。

如果目标函数是一个含有 n 个变量的函数 $E(x_1, x_2, \cdots, x_n)$，简写成 $E(x)$，协同优化算法先将它分解成 n 个简单的子目标函数：

$$E(x) = E_1(x) + E_2(x) + \cdots + E_n(x) \tag{5-1}$$

如果单独优化每一子目标函数，则它们的结果很难达到一致。例如，变量 x_i 在包含它的子目标函数中的最优解很难相同。对于 $i = 1, 2, \cdots, n$，如果我们取 $E_i(x)$ 的最优解中 x_i 的值作为该变量的值，表示成 $\widetilde{x_i}$，即

$$\widetilde{x_i} = \operatorname*{argmin}_{x_i} \min_{X_i \setminus x_i} E_i(x) \tag{5-2}$$

式中，X_i 是 $E_i(x)$ 的变量集；$X_i \setminus x_i$ 指变量集 x_i 除去元素 x_i；$(\widetilde{x_1}, \widetilde{x_2}, \cdots, \widetilde{x_n})$ 则很难为原目标函数 $E(x)$ 的最优解。

为了使子目标函数之间的优化结果能够一致，协同优化算法在优化每一子目标函数 $E_i(x)$ 时，同时考虑其他子目标函数的结果，即

$$\psi_j(x_j) = \min_{X_j \setminus x_j} E_j(x) \tag{5-3}$$

具体做法是利用其他子目标函数的优化结果，通过数值加权修正每一个子目标函数，即

$$(1 - \lambda_k) E_i(x) + \lambda_k \sum_j \omega_{ij} \psi_j(x_j) \tag{5-4}$$

式中，λ_k、ω_{ij} 为加权系数，满足 $0 \leqslant \lambda_k, \omega_{ij} \leqslant 1$。

然后对修正后的子目标函数进行优化，优化结果再迭代放入修正的子目标函数中。协同优化算法的迭代方程为

$$\psi_i^{(k)}(x_i) = \min_{X_i \setminus x_i} \left((1 - \lambda_k) E_i(x) + \lambda_k \sum_j \omega_{ij} \psi_j^{(k-1)}(x_j) \right), \ i = 1, 2, \cdots, n \tag{5-5}$$

协同优化结果使每一变量的值在每一子目标函数的优化结果中达到一致。如果一致，则子目标函数的值就是最优解。

2）标准模型表达

大多数协同优化模型采用两层优化设计方法，与以博弈论为基础的双层规划模型类似，将原始的多学科优化框架划分成顶层和底层：顶层为系统优化控制级，负责向各学科分配系统级状态变量的目标值；底层为并行分布的多个学科子系统，除了满足自身的约束条件，其目标函数为各个子系统的系统层之间的耦合状态变量差最小。子系统经过优化后，各子系统级目标函数反馈到系统级，构成系统级的

一致性约束,通过系统级优化来解决各子系统的系统级状态变量不协调的问题,多次迭代后达到整个优化系统的协调。协同优化模型表达如下。

协同优化方法的顶层优化:

$$\min F(z)$$

$$\text{s. t. } J_i^*(\mathbf{Z}) = \sum_{j=1}^{s_i} (z_j - x_{ij}^*)^2 = 0$$

$$g_i(\mathbf{Z}) \leqslant 0$$

$$\mathbf{Z}_L \leqslant \mathbf{Z} \leqslant \mathbf{Z}_U, \ (i=1, 2, \cdots, N) \tag{5-6}$$

式中,F 为系统级目标函数,又是整个系统的优化目标函数;$\mathbf{Z}$ 为系统级优化设计向量;z_j 表示第 j 个系统级设计变量;s_i 为学科 i 的设计变量数;x_{ij}^* 表示学科 i 的第 j 个设计变量的优化结果;J_i^* 是子空间 i 的一致性约束;N 为子学科数。

协同优化方法的底层优化:

$$\min J_i(x_i) = \sum_{j=1}^{s_i} (x_{ij} - z_j^*)^2$$

$$\text{s. t. } c_i(x_i) \leqslant 0$$

$$x_i^L \leqslant x_i \leqslant x_i^U \tag{5-7}$$

式中,x_i 为学科级 i 的设计变量;s_i 为学科 i 的设计变量数;x_{ij} 表示学科 i 的第 j 个设计变量;z_j^* 为系统分配给学科级的第 j 个设计变量期望值;$c_i(x_i)$ 为学科级约束。

然而,协同优化模型这种二级优化结构在实践中产生了相应的计算困难,这主要是协同优化方法的数学表达造成的。协同优化方法在系统级优化中加入了二次学科一致性等式约束,从而使原问题的非线性程度加强;系统层优化时,拉格朗日乘子可能不存在,或者是最优点处的约束梯度不连续,导致系统层优化问题无法满足标准 Kuhn—Tucker 条件;此外,由于系统级一致性约束函数与设计变量没有直接关系,导致系统约束函数可能是非光滑的,甚至是不连续的,而且还可能产生局部最优点,从而带来了协同优化方法的计算耗费大、鲁棒性差等不足。

2. 协同优化模型的改进以及求解方法

由于协同优化标准模型存在计算困难等问题,导致其在实际案例操作中难以应用,因此需要在分析协同优化算法计算困难的原因的基础上,对协同优化算法进行改进研究。

首先列出标准协同优化模型存在问题：

（1）标准协同优化模型中存在两级模型，增加了原问题的非线性程度。

（2）两级模型中存在系统和子系统的相互制约，系统级优化中的一致性等式约束难以满足，一致性等式约束形式可能造成系统级优化的可行域不存在。

目前，已有许多学者对协同优化方法进行了改进研究。Braun 等基于罚函数法且引入松弛因子对协同优化标准模型进行改进；Alexandeov 等以引入松弛因子为基础，应用分布式分析优化法对标准模型进行改进；Sobieski 等提出了使用响应面技术改进协同优化算法的措施。本节通过对上述文献的研究，简单总结了改进的协同优化模型，改进后的模型保留了原模型的特点，即系统级和子系统级可各自寻找最优解也可相互制约协同达到平衡最优解。同时改进后模型以新的方法克服了本身计算困难的问题。

改进子系统级一致性约束，底层优化如下：

$$\min J_i(x) = \sum_{j=1}^{n} | x_{ij} - z_j |$$

$$\text{s. t. } g_u(x) \leqslant 0 \quad u = 1, 2, \cdots, p$$

$$h_v(x) \leqslant \varepsilon_v \quad v = 1, 2, \cdots, l$$

$$\varepsilon_v \leqslant 0 \quad j = 1, 2, \cdots, l \tag{5-8}$$

改进模型是应用松弛因子法对子系统中的约束进行改进，通过引用松弛变量，将子系统中的等式约束转换成不等式约束。

增加罚函数改进，顶层优化：

$$\min F(z) + \gamma^{(k)} \sum_{i=1}^{N} \left[J_i^*(z) \right]^2$$

$$\text{s. t. } z_L \leqslant z \leqslant z_M \tag{5-9}$$

式中，$\gamma^{(k)}$ 表示惩罚因子，优化过程中会随迭代次数的变化而不断变化；N 为学科数目；$J_i^*(z)$ 表示第 i 个系统的目标函数值。

根据上述对标准协同优化算法的改进，降低了模型的求解难度，增大了目标函数解的收敛概率，综合提升了协同优化算法的性能，使协同优化方法在各领域的应用更具有实际意义。

5.1.3　协同优化理论在交通运输中的应用举例

通过前两小节的研究及阐述，大致了解了协同理论在各领域中的应用以及协同优化算法的优越性，因此本节将以几个案例对协同优化理论在交通运输中的应用做具体说明。

1. 应用于运输资源配置

首先,把协同理论应用到运输领域则产生了协同运输理论,协同运输理论就是将各类运输分散的运输资源协同整合成一个整体,统一进行资源配置,避免出现对流、倒流、空驶、运力不当等多种不合理的运输组织形式,实现运输的组织效应和规模效应。其次,将协同理论运用到运输领域中最大的优势就是可以量化分析运输系统,运用模型进行运输资源配置以及组织优化。

1) 路径分析

简单描述问题为:多个运输企业需要完成多项运输任务,不同公司的运输车辆分布在各自的车场,车辆从车场出发,空车行驶到某个任务的装运点,装运后行驶到卸货点卸货,之后车辆直接返回车场,或者前往下一个任务的装运点继续装运和运输,车辆最终要求回到出发的车场。路径分析核心是对最短路径和最佳路径的求解。最短路径是满足用户约束条件的最短路径,即协同每个用户的需求,得出最佳运输路径方案。

2) 资源分配

这里的资源分配指的是运输任务的分配,核心是如何合理地将运输任务即货运量分配到各条路径上,在满足运输任务完成的条件下,调度总费用最低。

2. 应用于运输开行方案设计

协同理论可应用在开行方案模型的部分,对货物运输网络进行分层操作,体现运输网络"枢纽—辐射"的特点。同时为了保证开行方案的鲁棒性,保证货物顺利中转,利用柔性优化理论,引入缓冲时间,重新构建中转等待时间函数,用于协同不同层之间列车接续问题。基于这样的理论基础,可以综合考虑车流量约束、运输能力约束、开行频率约束、区段通过能力约束和车站能力约束,以运输效益最大化和所有货物运输过程中所消耗的时间最小为目标,建立了开行方案协同优化模型。

3. 应用于集装箱多式联运系统

多式联运通道、各种运输方式、集装箱是构成集装箱多式联运系统的最基本的三要素。集装箱是进行集装箱多式联运的源和流,多式联运通道、各运输方式是进行多式联运的体和渠。而在多式联运通道和各运输方式之间又存在着既可能相互促进、也可能相互制约的协同关系。集装箱、多式联运通道、各种运输方式的协同性决定或影响到多式联运活动的效率、水平和质量。

从多式联运的角度看,集装箱、多式联运通道、各种运输方式的协同关系如图5-1所示。

整体看这三者之间的协同关系,可以从两种循环关系来理解:第一,可以从顺时针看它们间的协同关系。由于对集装箱的利用产生集装箱货源,而对货物的运输需要利用各种运输方式,从而集装箱是运输方式本源性的需求。多式联运即各

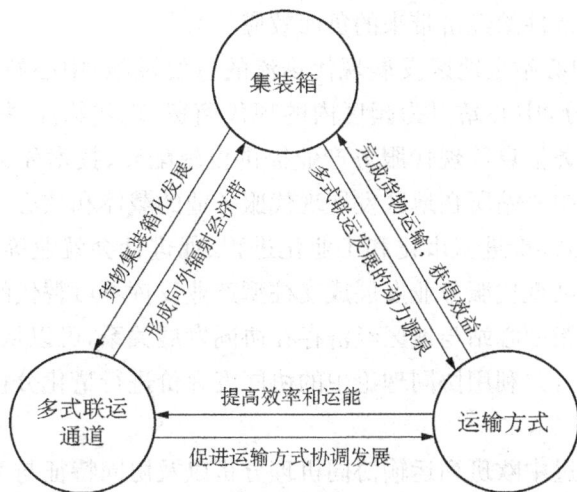

图 5 - 1 集装箱多式联运系统三角形关系

种运输方式的联合运输,各种运输方式需要通过一定的途径进行转运,从而提高集装箱运输的效率、质量。这一途径就是利用多式联运通道。集装箱多式联运通道相对一般集装箱中转站、货运站有更强的辐射能力,充分吸取周围集装箱货源,形成向外辐射的经济带。从这个循环的协调关系中可以看出,集装箱货源是多式联运的基础,重视集装箱货源是实施集装箱多式联运战略的关键举措。第二,从逆时针方向看,进行集装箱运输具有极大的优势,可大力发展货物运输集装箱化,这对多式联运通道的进一步发展提供了现实依据。成熟的多式联运通道能为各种运输方式提供场所、服务设施等硬件支持,促进各种运输方式的协调发展,从而带来更大的社会和经济效益,实现集装箱"门到门"运输,有利于完成货物空间位移。从这个循环的协同关系分析中,可以得出如下结论:要实现集装箱多式联运的社会和经济效益,各种运输方式的联合运输有逻辑必然性。

5.2 集装箱中心站中欧班列运输协同优化基本思路

为了提出中欧班列运输协同优化的基本思路,本节首先对建立集装箱中心站对地区的影响进行简单分析,集装箱中心站也有内陆港之说,对中心站所在地区经济存在促进作用。

(1)一些内陆集装箱中心站地区长久以来综合运输条件紧张,难以满足当地经济的发展需求,随着集装箱中心站修建和铁路基础设施的改善,各地货源集聚,极大地提高了当地的集装箱量,从而也加速了当地货物的流通,改善了紧张的运输状况,缓解了运输条件给经济带来的负面效应。

(2)集装箱中心站是地区发展现代物流的重要设施,中心站本身就是一个物流园区的核心部分,中心站可为园区内的现代商贸、现代物流、加工贸易、电子商务、旅游、金融、服务信息等现代服务产业提供设施配套、技术先进、运转高效的现代化硬件设施,是中心站所在地区发展现代服务业的载体和核心,对地区优化经济结构、转变增长方式、推进城市化和工业化进程、促进社会就业等方面具有重要的拉动作用,为把地区现代服务业发展成支柱型产业发挥不可替代的作用。

实际上,集装箱中心站与地区经济存在协同发展关系,可以从两者之间的动态相关关系进行分析,并利用协同理论中的协同度评价进行量化分析,在此将不进行详细叙述。

接下来,将通过中欧班列运输协同机理分析以及协同特征与关系,设计关于集装箱中心站的运输组织协同优化的基本思路。

5.2.1　中欧班列协同运输系统

贝塔朗菲认为,所谓系统,就是一个相互作用的多元素的复合体(Bertalanffy von. General System Theory. New York：George breziller, Inc. 1973,33)。中欧班列协同运输系统就是一个由多元素通过彼此之间的非线性关系构成的复杂系统,本节从中欧班列协同运输系统入手对中欧班列运输协同组织优化进行深入分析。

中欧班列运输系统从广义上来说,包含货源组织、货物运输、枢纽站中转、中心站集结以及设计开行班列等环节。狭义上理解中欧班列运输系统,则主要是指货物实体流动过程,即由运输企业将货物从生产商运至最终客户的整个流动过程。中欧班列运输链条如图 5-2 所示。

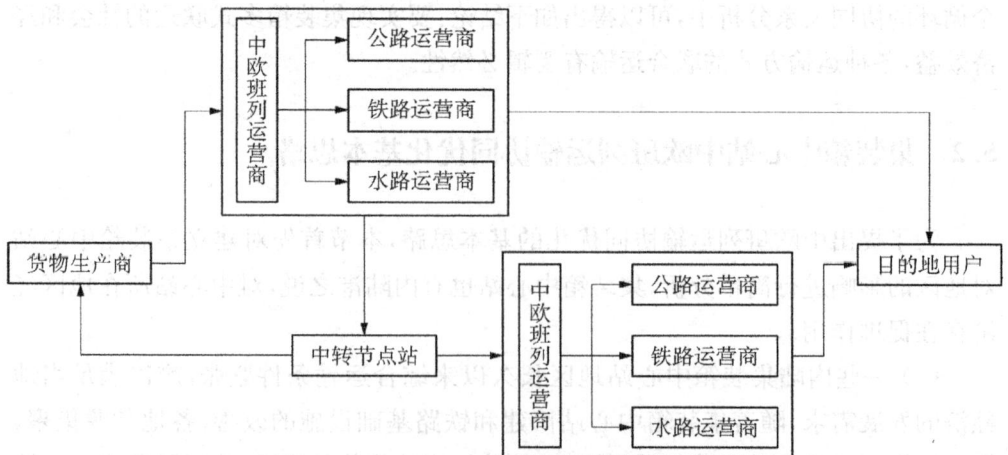

图 5-2　中欧班列运输链

从参与方的角度来看,中欧班列协同运输系统主要构成要素包括货物生产商、货物承运商、货物中转商及国外货物需求方 4 个主要组成部分,这 4 个基本组成部分围绕货物实体运输过程。

1) 生产商

中欧班列货物生产商位于运输链的上游,是班列运输的起点。生产商对货物进行加工生产,为目的地用户提供产品。对生产商而言,其收益是通过与用户签订货物买卖合同进行销售获取,货物运输问题往往作为合同条款在买卖合同中进行约定,通常是由目的地用户来负责,也可以由生产商来负责,运输费用另行约定。因此,对生产商而言,整体来看货物的运输对其生产成本的下降及销售收益并没有直接关系,生产商的重点往往是在提高货物产量以及扩大货物销量。生产商的成本以及销量直接影响其收益,整个运输系统中,任何一部分的因素发生变化都将决定整个系统的趋势。

因此,对谋求市场发展的生产商而言,积极参与协同运输系统的构建与运作,已经是十分迫切的事情。

2) 中欧班列运营商

中欧班列运营商是运输作业的具体执行者,运输商一端连着生产商,一端连着客户,发挥着实现货物实体流动的作用。由于国际经济交流目的或是地区产销不平衡等特点,面临着运输距离远、运输量大等问题,采用不同的运输方式,其在运输成本、运输时间及运输可靠性等方面有不同的表现,因此在协同运输过程中,为充分利用不同运输方式的优势来实现降低成本、实现综合效益最佳的目的,至少需要将具有不同运输优势的公路运输商、铁路运输商以及水路运输商协同到一起,以用户或生产商的运输需求及要求为导向,共同完成货物运输任务。因此,中欧班列运营商通常不止一家承运企业,而是由提供公路运输、铁路运输及水路运输的三种不同运输方式的区域或行业里面拥有不同优势运输资源的多家运输企业组成的协同运输共同体,而且,鉴于中欧班列运输跨越线路长、地区广,每种运输方式下的运输商通常不止一家。在现阶段,中欧班列运输还是以铁路运输为主,因此,本书是站在以铁路运输商为主导的协同运输视角下展开。

对中欧班列运营商而言,其收益来自签订运输合同获得运输收入,因此,对运营商而言,提高运输收入、降低运输成本,是保证并提高净收益的基本途径。

3) 运输中转站

运输中转站指货源集结地或是运输方式发生转换的节点站,起着货物中转换装的作用。对中转商而言,其收益主要来自货物在堆场的储存费用、船舶在港口的停靠费用,与货物在堆场的储存时间、船舶在港口的停靠时间以及货物和船舶的周转速度有着密切联系。中转商作为理性经纪人,必然会以自身利益最大化为原则来安排其日常生产经营活动。在货运市场持续萧条、国内竞争日益激烈的大背景下,充分利用上下游相关企业的资源优势,形成协同作业,以谋求中间组织效应来提升中转商的核心竞争力已经得到中转商的重视。

4）目的地用户

中欧班列的目的地用户一般都属于国外用户,对于目的地用户而言,他们关注的是运营方准时运输的能力,即在指定的时间、按照约定的数量将货物运到目的地,过早运到用户需要额外支付堆场费用,过晚运到会影响用户正常生产的开展。对用户而言,采用何种运输方式不是关注重点,他们对运输成本、运输时间、运输的灵活性、运输商提供的服务水平更为重视,这几点与用户的核心利益有着较大关联。

根据上述构成要素分析可知,每个要素主体对运输组织优化的目标并不统一,因此,为了使构成的运输系统实现组织效益和规模效益,应该将这些要素视为子系统,对它们进行协同优化,尽可能使子系统和整个运输系统相互协同达到满意状态。

5.2.2 中欧班列协同运输内容分析

协同运输系统结构如图 5-3 所示。根据上述协同内容,由于运输布局和运输组织协同优化涉及中欧班列协同运输系统要素,因此,对这两部分进行具体分析。

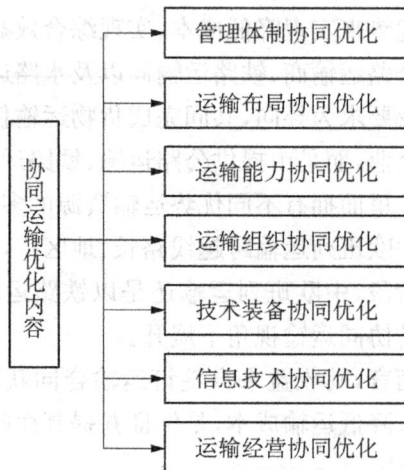

图 5-3 协同运输系统结构

1. 运输布局协同优化

目前,根据中欧班列现状可知其布局上的不足就是运输起始中心站过多,各个地区起始中心站内部竞争导致资源利用率较低,因此可适当减少起始中心站,这符合货运作业集中化的原则。运输布局协同优化就是根据集装箱货源流量流向,为适应集装箱运量相对集中的特点,提高集装箱运输效率,要加快调整集装箱办理站布局,强化中心站建设,使其成为服务功能齐全,满足多式联运和现代物流发展需要,具有先进水平的大型办理站,停办运量小的车站的集装箱运输业务,以充分发挥铁路的中长途运输优势。

首先,中心站的设立应符合总体布局原则。

(1)服从全国和社会发展的需要,与国家经济发展格局相适应;优先考虑大经济区间的集装箱运输需求,有利于增强沿海与内陆、西部地区的经济交流;有利于加强南北部地区、东西部地区的经济联系,充分发挥铁路运输优势,促进国家交通运输网络的建设和结构的调整。

(2)与全国铁路集装箱总体布局规划相适应,本着"总体规划、分期实施"的原则,整体均衡布局,有利于铁路集装箱运输网络的形成,有利于既有集装箱运输场站的整合和升级。

(3)要有良好的建设条件(如主要通道能力、信息化建设进程等)和运量基础,有利于中心站建设的快速启动和能力的充分发挥,加速建设资金的周转。

(4)靠近主要的集装箱生成点、交通枢纽,与其他运输方式有便捷的联系。如主要省会城市、港口、区域物流中心等。

其次,中欧班列起始中心站的设立应考虑其在多式联运中的影响,将其考虑进协同优化系统。在将集装箱物流中心建设和中欧班列节点站改造成中欧班列起始中心站过程中,铁路部门应着眼于铁路集装箱参与多式联运,搞好两方面的衔接配合。

(1)与港口建设紧密衔接。在规划设计阶段,主动与港口协调,积极为港口的发展提供方便的运输条件,在施工建设阶段,强化设施设备的水平和质量,最大限度地满足港口开展铁水联运的要求。

(2)与其他节点站的衔接。在建设或改造内陆地区节点站时,主动与地方政府、物流企业沟通,其货源、场地、位置等要与地方物流园区规划有机结合,使铁路成为进出地方物流园区的长距离、大批量货物的主通道,大力推动区域物流业的发展,积极融入多式联运体系。

2. 运输组织协同优化

在进行中欧班列组织运营时,运输过程、转运过程及装卸过程中都会有各类成本的消耗,包括内部成本及外部成本。内部成本有运输成本、装卸成本、储存成本等,而外部成本则包含产生大气污染、水污染、噪声污染等环境污染成本、能源的消耗成本及各种对社会造成影响的社会成本。但在目前的运输组织优化中未能完全将这些因素考虑在内,不能够真实反映出整个运输过程中的社会总成本。目前的具体研究包括三个类型。

(1) 综合考虑环境污染、能源消耗及安全因素对运输系统可持续发展的影响,引入运输系统社会总成本概念,以运输过程中社会总成本最小化为整体目标,建立运输系统组织方式协同优化模型。

(2) 在综合考虑运输成本、中转成本、运输时间及中转时间的基础上建立以成本最小为目标的优化模型,将时间转化成一种成本来计算,最终得到运输过程中最佳的运输路径或是运输方式组合。

(3) 根据平衡考虑运输中涉及的托运方和承运方、运输系统中的系统与子系统,综合成本和时间两个目标建立多目标规划或是双层规划,得到同时满足货运双方需求的运输路径或是运输方式组合。

5.2.3 中欧班列运输协同优化思路

通过 5.1 节、5.2 节的基本理论分析,将协同理论运用到中欧班列运输协同优化构建思路中。根据中欧班列三个运输过程:起始运输、途中运输及末端运输,中欧班列运输协同优化模型研究思路可以是将中欧班列运输组织优化分为三部分协同优化。

首先,起始运输时考虑运输系统整体布局优化,选择合理起始中心站,去除多余重复站点;其次,途中运输时考虑运输枢纽选择和运输网络优化,寻找合理的中转枢纽进行运输方式转变,以综合发挥各类运输方式优势;最后,末端运输中考虑货流集结,即货流组织方式优化。分析可知,中欧班列后两个运输过程所涉及协同优化内容存在交叉重复部分。因此,在之后的模型构建中,我们有意地在途中运输阶段仅考虑成本因素,而末端货流组织优化中,同时考虑成本和时间因素。

综上所述,集装箱中心站中欧班列运输协同优化研究思路有三个方面。

1) 中欧班列起点站整体布局优化

为了避免由于国内始发站节点过多、分布过于密集导致的相邻始发站节点对同一个到达节点货源的恶性竞争,实现重叠腹地范围内货源的合理调配,促进国内中欧班列实现双向常态化良性运营,本章研究国内中欧班列运输组织协同方案,优化国内始发站节点数量、布局,并对始发站节点运营中欧班列的境外到达节点进行合理规划,确定国内始发站节点与境外到达节点的映射关系。

2) 中欧班列腹地货源运输网络优化

针对货源腹地的运输网络特点,以最小运输网络总成本为目标函数,以选取的枢纽点为基础建立模型,来实现对该地区运输网络的优化设计并确定该地区的货物运输方案。运用结合了 dijkstra 算法的改进遗传算法对模型进行求解,对比了枢纽点选取前后的运输总成本,说明了缩减枢纽点对成本的影响,从而得到该运输网络中的货物运输方案。

3) 中欧班列运输组织方式协同优化

以枢纽点选取为基础,在运输组织选择运输路径时,需要综合考虑包括成本、时间、可靠性、运输服务质量等因素,这些因素包含了定量因素和定性因素两个方面。而且,成本和时间对路径的选择往往起到了决定性作用,因此,成本和时间两大因素是评价运输路径优劣的重要指标。鉴于此,我们将以成本和时间两个定量指标来构建优化模型,从成本和时间两个方面对不同的路径进行对比,找出可行性较大的优化路径,将不同路径多方面的优劣势展现出来,以方便不同用户根据其自身需求进行路径的优化选择。

5.3　中欧班列节点站布局优化

5.3.1　中欧班列节点站运输网络优化的背景及基本思路

1. 中欧班列网络组成要素

中欧班列运输网络组成要素包括以下三个方面。

1) 节点

在运输网络中,节点代表着货物的接收或发送对象,包括了货物流动过程的起始点及终结点,网络中所有的货物流入和流出活动都发生在节点处,因此节点也控制着整个网络的货物运输流向以及货物运载方式的选择。

2) 路径

在运输网络中,运输路径将节点相互连接起来形成关联关系,同时这些路径也影响着节点的选择,即决定着该节点是否被选择。在网络图中,这些路径会以有向线的方式表示。

3) 枢纽点

枢纽点是节点的一部分,各货源地或目的地通过枢纽节点相互连接,各种运输方式在枢纽节点产生变化,因此对枢纽节点的调整可以起到规划整个网络的作用。

2. 模型背景

在第 2 章中将中欧班列运输过程分为起始运输、途中运输和末端运输三部分,但是中欧班列的运输组织模式并非严格意义的点对点开行,根据中欧班列运输组织示意图(见图 5-4)可知,在班列到达终到站节点之前的运输过程中,根据货物运输需要,集装箱班列可能在途中节点进行甩挂作业。同一个始发站节点可以组织终到站节点不同的中欧班列,即可以组织开行不同线路的中欧班列。不同始发站节点组织的中欧班列可能到达欧洲同一个国家的不同终到站节点。

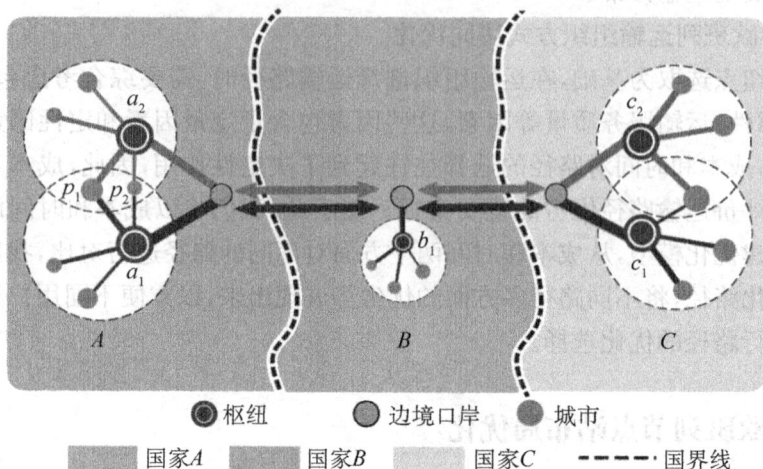

图 5 - 4   中欧班列运输组织示意图

《中欧班列建设发展规划(2016—2020 年)》中规划了 12 个内陆主要货源节点、17 个铁路枢纽节点、10 个沿海重要港口节点以及 4 个沿边陆路口岸节点作为中欧班列枢纽节点,大约 90% 的枢纽节点所在城市均运营有中欧班列。从科学组织看,规划中的枢纽节点过多导致部分相邻枢纽节点间的腹地重叠,不利于货物集散。

枢纽节点的密集分布导致部分相邻枢纽节点间的腹地重叠,如果两个腹地重叠的始发站节点组织中欧班列的终到站节点在同一个国家,相邻枢纽节点将对重叠腹地内的货源进行竞争。根据图 5 - 4,a_1、a_2 为相邻枢纽节点,且均运营有终到站点在国家 C 的中欧班列,由于 a_1、a_2 的腹地存在重叠,两个枢纽节点将对重叠腹地范围内的 p_1、p_2 城市的货源进行竞争。

由于存在腹地重叠,为了维持班列的正常运营,各中欧班列运营城市政府部门打响价格战,以高额补贴来吸引班列货源。由于补贴标准不同,存在货主舍近求远选择补贴较高而距离货源地较远的始发站节点的情况,造成始发站节点对重叠腹地内货源竞争。而过度依赖政府补贴不利于中欧班列可持续发展,加强国内中欧班列资源整合势在必行。

3. 基本研究思路

中欧班列作为国际联运班列,主要侧重于将货物运输到终到国家,不同目的地站节点可以通过分拨运输完成,本书将中欧班列的途中节点所在国家、终到站节点所在的国家称为到达节点。为了避免由于国内始发站节点过多、分布过于密集导致的相邻始发站节点对同一个到达节点货源的恶性竞争,实现重叠腹地范围内货源的合理调配,促进国内中欧班列实现双向常态化良性运营,本章研究国内中欧班列节点站运输网络优化,优化国内发站节点数量、布局,并对各始发站节点运营中欧班列的到达站点进行合理规划,确定国内始发站节点与境外到达节点的映射关系。

5.3.2　中欧班列开行线路优化模型

1. 问题简述

为打造中欧班列国际运输品牌,避免国内各始发站节点对货源的恶性竞争,应对各中欧班列货源进行优化分配,实现始发站节点间的合理分工与协同。中欧班列按照"干支结合、枢纽集散"的组织原则,西通道通过陇海、兰新等干线运输,中通道通过京广、集二等铁路干线运输,东通道经京沪、哈大等铁路干线运输。

本书定义"干线始发站节点"和"支线始发站节点"两个名词。干线始发站节点指位于中欧班列干线铁路线上的铁路枢纽节点,支线始发站节点指位于支线铁路线上的枢纽节点。

以西通道干支线为例,西部通道六条主要中欧班列境内运行路线如图 5 - 5 所示,在国内运输过程中,以兰新线、陇海线为中欧班列主要干线,以宝成线、襄渝线、西康线、沪昆线、宁西线等为支线,沟通义乌、合肥、武汉、重庆、成都等主要中欧班列城市。郑州、西安、兰州、新疆为"干线始发站节点",合肥、义乌、武汉、重庆、成都为"支线始发站节点"。

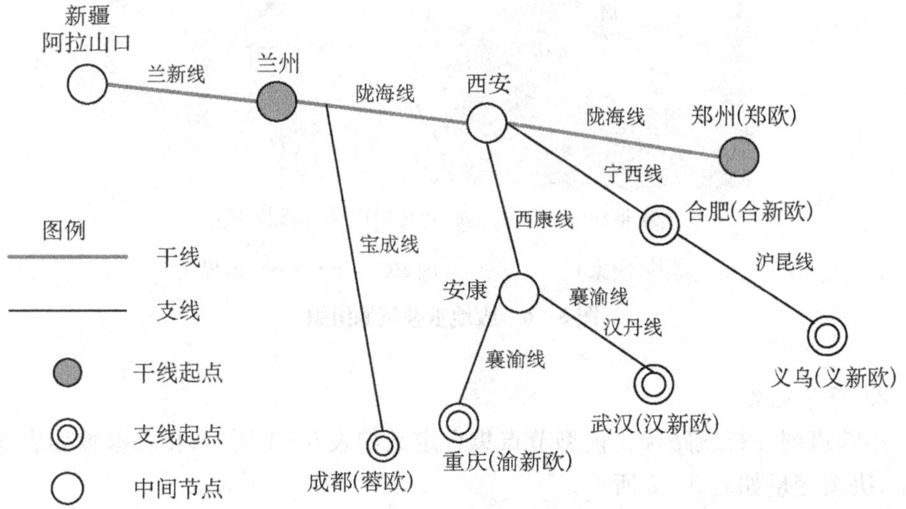

图 5 - 5　中欧班列西部通道境内主要线路

　　由于中欧班列干、支线始发站节点分布密集,部分到达节点相同的中欧班列的始发站节点货源地存在重叠现象。为了避免相邻始发站节点之间对重叠腹地内对相同到达节点货源的恶性竞争,在满足腹地重叠的始发站节点组织到达节点不同的中欧班列的条件下,规划始发站节点数量、布局及各起始站组织的中欧班列对应到达节点,实现货源的合理调配,促进中欧班列节点站运输网络协同。

　　如图 5-6 所示,始发站节点 a_1、a_2 存在货源腹地重叠,a_1、a_2 存在相同到达节点 C,为避免 a_1、a_2 对重叠腹地内货源的恶性竞争,a_1、a_2 中至多存在一个始发站节点组织到达节点 C 的中欧班列。当 a_1、a_2 中存在始发站节点组织到达节点 C 的中欧班列时,应尽可能由货源组织较强的始发站节点运营 C 到达节点的中欧班列,并负责 a_1、a_2 货源腹地内 C 到达节点的货源组织。由于国内中欧班列运输网络中存在多个始发站节点和到达节点,以中欧班列运输网络中的始发站节点运营班列的到达节点数量和始发站节点各中欧班列线路的班列开行频率最优为目标,建立多目标规划模型,实现中欧班列节点站运输网络的协同运输。

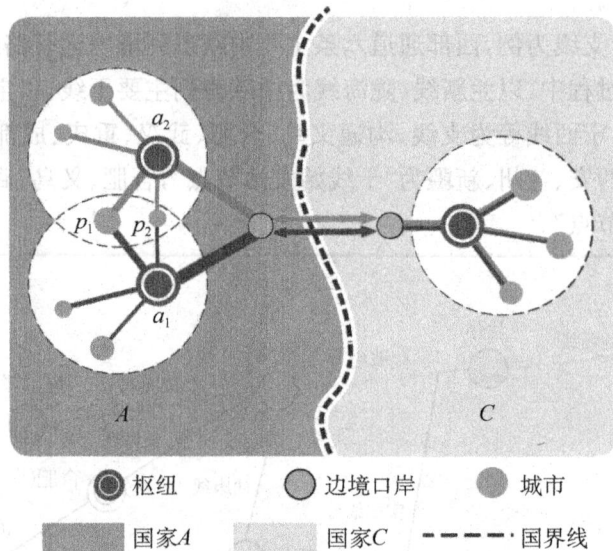

图 5-6　腹地重叠货源组织

2. 符号定义

　　中欧班列开行线路优化模型节点集合定义如表 5-1 所示;相关参数如表 5-2 所示;决策变量如表 5-3 所示。

表 5 - 1　节点集合定义

i	国内中欧班列始发站节点
j	表示中欧班列到达节点
I	国内中欧班列始发站节点集合，$I = \{1, 2, \cdots, n\}$
A	表示中欧班列西通道干线始发站节点集合
B	表示中欧班列东通道干线始发站节点集合
C	表示中欧班列中通道干线始发站节点集合
J	表示中欧班列到达节点集合，$J = \{1, 2, \cdots, m\}$

表 5 - 2　相关参数

$u_{i,j}$	表示 i 始发站节点组织的中欧班列是否停靠 j 到达节点，若停靠，$u_{i,j} = 1$；否则，$u_{i,j} = 0$
$d_{i,k}$	表示 i 始发站节点与 k 始发站节点腹地重叠情况，若存在腹地重叠，$d_{i,k} = 1$；否则，$d_{i,k} = 0$
$g_{i,j}$	表示 i 始发站节点组织运营 j 到达节点的中欧班列的每周开行频率，单位：列/周
$h_{i,j}$	表示 i 始发站节点组织运营 j 到达节点的中欧班列的开行周期，单位，天/列
O_i	表示以 i 始发站节点为研究对象，i 始发站节点与其存在腹地重叠的始发站节点组成的节点集合为 O_i，本书将其定义为"i 节点群"，$O_i \subseteq I$
M	充分大的正数

表 5 - 3　决策变量

$\gamma_{i,j}$	表示 i 始发站节点是否组织 j 到达节点的中欧班列，若组织，$\gamma_{i,j} = 1$；否则 $\gamma_{i,j} = 0$，$\forall i \in I, j \in J$

3. 构建模型

构建中欧班列开行线路优化模型如下：

$$Z = W(\gamma) = \begin{cases} \max w_1(\gamma) = \sum_{j=1}^{m} \gamma_{1,j} \\ \max w_2(\gamma) = \sum_{j=1}^{m} \gamma_{2,j} \\ \vdots \\ \max w_i(\gamma) = \sum_{j=1}^{m} \gamma_{i,j} \\ \vdots \\ \max w_n(\gamma) = \sum_{j=1}^{m} \gamma_{n,j} \end{cases} \quad (5-10)$$

$$
P = F(\gamma) = \begin{cases}
\min f_{1*1}(\gamma) = \gamma_{1,1} h_{1,1} + \sum_{i=1}^{n} \gamma_{i,1} d_{i,1} h_{i,1} \\
\vdots \\
\min f_{1*j}(\gamma) = \gamma_{1,j} h_{1,j} + \sum_{i=1}^{n} \gamma_{i,j} d_{i,1} h_{i,j} \\
\vdots \\
\min f_{k*j}(\gamma) = \gamma_{k,j} h_{k,j} + \sum_{i=1}^{n} \gamma_{i,j} d_{i,k} h_{i,j} \\
\vdots \\
\min f_{n*m}(\gamma) = \gamma_{n,m} h_{n,m} + \sum_{i=1}^{n} \gamma_{i,m} d_{i,n} h_{i,m}
\end{cases} \tag{5-11}
$$

s. t.

$$
\gamma_{k,j} + \sum_{i=1}^{n} \gamma_{i,j} d_{i,k} \leqslant 1 \qquad \forall k \in I, \ \forall j \in J \tag{5-12}
$$

$$
0 \leqslant \sum_{j=1}^{m} \gamma_{i,j} \leqslant m-1 \qquad \forall i \in I \tag{5-13}
$$

$$
\gamma_{i,j} - u_{i,j} \leqslant 0 \qquad \forall i \in I, \ \forall j \in J \tag{5-14}
$$

$$
\left(\sum_{i \in A} \sum_{j \in J} \gamma_{i,j} - 1 \right) \sum_{i \in A} \sum_{j \in J} u_{i,j} \geqslant 0 \tag{5-15}
$$

$$
\left(\sum_{i \in B} \sum_{j \in J} \gamma_{i,j} - 1 \right) \sum_{i \in B} \sum_{j \in J} u_{i,j} \geqslant 0 \tag{5-16}
$$

$$
\left(\sum_{i \in C} \sum_{j \in J} \gamma_{i,j} - 1 \right) \sum_{i \in C} \sum_{j \in J} u_{i,j} \geqslant 0 \tag{5-17}
$$

式(5-10)以各始发站节点运营中欧班列的到达节点数量最多为目标,构建 n 维目标函数向量 $Z = W(\gamma)$, $w_i(\gamma)$ 为 Z 函数向量中第 i 个目标函数,表示以第 i 个始发站节点运营的中欧班列的到达节点数量;式(5-11)以各班列线路中欧班列的开行周期最短为目标,构建 $n \times m$ 维目标函数向量 $P = F(\gamma)$, $f_{k,j}$ 为 P 函数向量中第 $k*j$ 个目标函数,表示以 k 为始发站节点且以 j 为到达站节点的中欧班列线路的班列最小开行周期;式(5-12)表示以 k 始发站节点为研究对象,在 k 节点群中至多选择一个始发站节点来组织开行 j 到达节点的中欧班列;式(5-13)表示任何一个始发站节点组织的中欧班列不能在全部的到达节点停靠;式(5-14)表示中欧班列运输组织优化应在当前中欧班列运营基础上进行优化,若目前 i 始发站节点没有组织 j 到达节点的中欧班列,在决策中 i 始发站节点仍不组织 j 到达节点的中欧班列,即当 $u_{i,j}=0$ 时,$\gamma_{i,j}=0$,若目前 i 始发站节点组织有 j 到达节点的中欧班列,在决策中 i 始发站节点可以抉择是否组织 j 到达节点的中欧班列,即当 $u_{i,j}=1$ 时,$\gamma_{i,j}=1$ 或 0;式(5-15)、式(5-16)、式(5-17)表示当目前某通道干线始发站节点运营有中欧班列时,规划后的该通道干线始发站节点中至少一个始发站节点仍组织运营中欧班列,即当 $\sum\limits_{i\in A或B或C}\sum\limits_{j\in J}u_{i,j}>0$ 时,$\sum\limits_{i\in A或B或C}\sum\limits_{j\in J}\gamma_{i,j}\geqslant 1$。

5.3.3　多目标规划问题求解方法

1. 非劣解

中欧班列节点站运输网络优化模型属于多目标规划模型,多目标规划问题一般分为两类求解方法:一种是化多为少的方法,即把多目标化为比较容易求解的单目标或双目标,如主要目标法、线性加权法、理想点法等;另一种是分层序列法,即把目标按其重要性给出一个序列,每次都在前一目标最优解集内求下一个目标最优解,直到求出共同的最优解。

任何多目标规划问题,都由两个基本部分组成:两个以上的目标函数、若干个约束条件。

对于多目标规划问题,可以将其数学模型一般地描写为如下形式:

$$\boldsymbol{Z}=\boldsymbol{F}(\boldsymbol{X})=\begin{bmatrix}\max(\min)f_1(\boldsymbol{X})\\\max(\min)f_2(\boldsymbol{X})\\\vdots\\\max(\min)f_k(\boldsymbol{X})\end{bmatrix}\qquad(5-18)$$

s. t.

$$\boldsymbol{\Phi}(X)=\begin{bmatrix}\phi_1(X)\\\phi_2(X)\\\vdots\\\phi_m(X)\end{bmatrix}\leqslant\boldsymbol{G}=\begin{bmatrix}g_1\\g_2\\\vdots\\g_m\end{bmatrix}\qquad(5-19)$$

式中,$\boldsymbol{X}=[x_1,x_2,\cdots,x_k]^{\mathrm{T}}$ 为决策变量矩阵。缩写形式:

$$\max(\min)\boldsymbol{Z}=\boldsymbol{F}(\boldsymbol{X})\qquad(5-20)$$

s. t.

$$\boldsymbol{\Phi}(X)\leqslant\boldsymbol{G}\qquad(5-21)$$

式(5-18)表示 k 维函数变量,k 是目标函数的个数;式(5-19)中,$\boldsymbol{\Phi}(X)$ 为 m

维函数变量,G 为 m 维常数变量,m 是约束方程的个数。记可行域为 D。

多目标规划问题一般得不到绝对最优解,即不能得到满足各目标的同时最优解,所以多目标问题的求解不能只追求一个目标的最优化,而不顾其他目标,当绝对最优解不存在时,需要引入新的概念——非劣解。

非劣解是指在所给的可供选择的方案集中,已找不到使每一指标都能改进的解,即 $F(X)$ 为多目标决策问题向量目标函数,$f_j(X)$ 其分量,对 $X^* \in D$,若在 D 中不存在 X,使得 $f_j(X) < f_j(X^*)$,则称 X^* 为向量优化问题的非劣解。

在图 5-7 中,$\max(f_1, f_2)$,就方案 1 和 2 来说,方案 1 中,f_2 目标值比方案 2 大,但其目标值 f_1 比方案 2 中小,因此无法确定这两个方案的优与劣。在各个方案之间,显然:方案 4 比方案 1 好,方案 5 比方案 4 好,方案 6 比方案 2 好,方案 7 比方案 3 好。而对于方案 5、方案 6、方案 7 之间则无法确定优劣,而且又没有比它们更好的其他方案,所以它们就被称为多目标规划问题的非劣解。

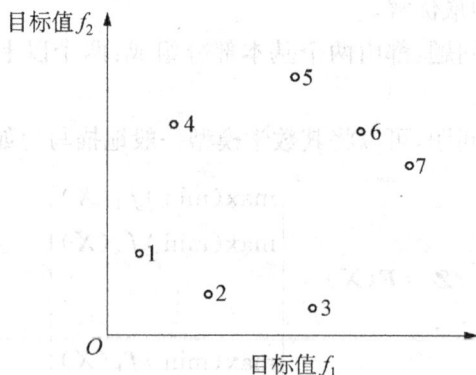

图 5-7 非劣解

2. 化多为少法

1) 主要目标法

主要目标法的思想就是抓住主要目标,兼顾其他要求。求解时从多目标中选择一个目标作为主要目标,而其他目标只需满足一定要求即可。因此,可将这些目标转化为约束条件,即利用约束条件的形式来保证其他目标不致太差。这样处理后就转变为单目标优化问题。

对于多目标规划,求解时可以从多目标函数中选择 $f_l(X)$ 作为主要目标,则问题变为

$$\min f_l(X) \tag{5-22}$$

s. t.

$$f_{i\min}(x) \leqslant f_i(x) \leqslant f_{i\max}(x) \qquad i = 1, 2, \cdots, k-1, k+1, \cdots, k$$

$$(5-23)$$

2）线性加权法

线性加权法又称为加权组合法或加权因子法，即在将各个分目标函数组合为总的"统一目标函数"的过程中，引入加权因子，以平衡各指标及各分目标间的相对重要性以及他们在量纲和量级上的差异，因此，原目标函数可写为

$$\min \boldsymbol{F}(X) = \sum_{l=1}^{k} w_l f_l(X) \qquad (5-24)$$

s. t.

$$\boldsymbol{\Phi}(X) \leqslant \boldsymbol{G} \qquad (5-25)$$

式中，w_l 是第 l 个分目标函数的加权因子，其值取决于各目标的数量级及重要程度。

线性加权法需要注意 4 点。

（1）线性加权之前，各目标应进行无量纲处理：

$$f_l'(X) = \frac{f_l(X) - f_{l\min}(X)}{f_{l\max}(X) - f_{l\min}(X)} \qquad (5-26)$$

式中，$f_l'(X)$ 为无量纲处理后的结果；$f_{l\min}(X)$、$f_{l\max}(X)$ 为 $f_l(X)$ 在约束条件下的极小值和极大值。

（2）加权因子归一化要求。线性加权法要求各目标的加权因子和为 1，即 $\sum_{l=1}^{k} w_l = 1$。

（3）加权因子非负要求。加权因子不为负数，即 $w_l \geqslant 0$。

（4）加权因子的确定。加权因子可以根据设计经验直接给出，有时也可按下式计算得到加权因子：

$$w_l = \frac{1}{f_l^*} f_l^* = \min_{X \in D} f_l(X) \qquad (5-27)$$

3）理想点法

理想点法的原理是将多目标规划问题转换为单目标规划问题，求各目标的目标值与其理想值"距离"的最小值的总和，等价于目标值网络与理想值网络的"距离"总和的最小值，寻求最接近完全最优解的有效解。

$$\min \boldsymbol{F}(X) = \sum_{l=1}^{k} \left[\frac{f_l(X) - f_l^*}{f_l^*} \right]^2 \qquad (5-28)$$

s. t.

$$\boldsymbol{\Phi}(X) \leqslant \boldsymbol{G} \qquad (5-29)$$

式中,为 f_l^* 表示第 l 个目标函数的理想值。

在考虑几个目标的重要度差别情况下,可以再引入加权因子,则构成如下单目标优化问题:

$$\min \boldsymbol{F}(X) = \sum_{l=1}^{k} w_l \left[\frac{f_l(X) - f_l^*}{f_l^*} \right]^2 \qquad (5-30)$$

s. t.

$$\boldsymbol{\Phi}(X) \leqslant \boldsymbol{G} \qquad (5-31)$$

式中, w_l 是第 l 个分目标函数的加权因子。求解上述问题得到的设计方案既考虑了目标函数的重要性,又最接近完全最优解,因此,它是原多目标优化问题的一个更加理想、更加切合实际的相对最优解。

3. 分层序列法

分层序列法的原理是首先确定各目标的重要性和优先级,并按照重要程度逐一排序,然后依次对各目标函数求最优解,且后一目标应在前一目标最优解域内求解。

设目标函数的重要程度排序为 $\varphi_z(X)$, $z=1, 2, \cdots, k$,首先对第一个目标函数求解,得到

$$\min \varphi_1(X) = \varphi_1^* \qquad (5-32)$$

s. t.

$$X \in D \qquad (5-33)$$

式(5-32)表示第一目标函数最优值,式(5-33)表示第一目标函数最优解。

在第一个目标函数的最优解域中,求第二个目标函数的最优解,即

$$\min \varphi_2(X) = \varphi_2^* \qquad (5-34)$$

$$X \in D \bigcap \{X \mid \varphi_1(X) \leqslant \varphi_1^*\} \qquad (5-35)$$

式(5-34)表示第二个目标函数最优值,式(5-35)表示在第一目标函数最优解域内的第二目标函数最优解。依此方法计算,直到得到第 k 个目标函数的最优

解即为多目标优化问题的最优解。

分层序列法在求解的过程中,若前一目标函数存在唯一最优解,求解将会中断。为了避免前 $k-1$ 个目标函数中存在唯一最优解而导致计算中断,因此引入目标容差 ξ,即宽容分层序列法。

首先对第一个目标函数求最优值:

$$\min \varphi_1(X) = \varphi_1^* \qquad (5-36)$$

s. t.

$$X \in D \qquad (5-37)$$

在第一个目标函数的最优解容差域中,求第二个目标函数的最优解,即

$$\min \varphi_2(X) = \varphi_2^* \qquad (5-38)$$

$$X \in D \bigcap \{X \mid \varphi_1(X) \leqslant \varphi_1^* + \xi_1\} \qquad (5-39)$$

依此方法计算,直到得到第 k 个目标函数的最优解即为多目标优化问题的最优解。式中,ξ_l 为第 l 目标的最优解容差,一般可以表示为

$$\xi_l = \mid (0.01 \sim 0.02)\varphi_l^* \mid \qquad (5-40)$$

5.3.4　问题求解

依据宽容分层分析序列法的思想,将中欧班列运输网络协同优化模型的目标按照目标性质分为两个大目标,即 $\max Z = W(\gamma)$ 和 $\min P = F(\gamma)$。中欧班列运输组织协同优化问题应在确定始发站节点合理数量、基础布局的基础上,根据始发站节点货源组织能力最终确定中欧班列运输组织协同方案,所以目标 $\max Z = W(\gamma)$ 为第一重要度目标,$\min P = F(\gamma)$ 为第二重要度目标。按照重要度顺序,首先对目标 $\max Z = W(\gamma)$ 求解,在求得目标 $\max Z = W(\gamma)$ 的基础上,对目标 $\min P = F(\gamma)$ 进行求解。

1. 第一重要度目标求解

利用理想点法将多目标规划问题转化为传统的单目标规划问题,第一重要度目标:

$$\min Z = \sum_i^n \left(\left(\sum_j^m \gamma_{i,j} - \sigma_i^0 \right) / \sigma_i^0 \right)^2 \qquad (5-41)$$

s. t.

$$
\begin{cases}
\sigma_i^0 \neq 0 & \forall i \in I \\
(3) - (8)
\end{cases}
\tag{5-42}
$$

式(5-41)表示以各始发站节点开行中欧班列的到达节点数量的目标值与理想值的总体距离最小为目标,其中 σ_i^0 表示第 i 个目标的理想值,求得的第一重要度目标的最优值为 Z^*。

σ_i^0 可以用 i 始发站节点当前中欧班列线路总数表示,即

$$
\sigma_i = \sum_j^m u_{i,j}
\tag{5-43}
$$

2. 第二重要度目标求解

第二重要度目标 $\min \boldsymbol{P} = \boldsymbol{F}(\boldsymbol{\gamma})$ 仍是多目标集合,利用理想点法将多目标规划问题转换为单目标规划问题:

$$
\min \boldsymbol{P} = \sum_{k=1}^n \sum_{j=1}^m \left(\frac{\gamma_{k,j} h_{k,j} + \sum_i^n \gamma_{i,j} d_{i,k} h_{i,j} - f_{k,j}^0}{f_{k,j}^0} \right)^2
\tag{5-44}
$$

s. t.

$$
\begin{cases}
f_{k,j}^0 \neq 0 & \forall k \in I, \ \forall j \in J \\
Z \leqslant Z^* + \xi \\
(3) - (8)
\end{cases}
\tag{5-45}
$$

式(5-44)为第二重要度目标,表示各线路中欧班列开行周期的理想值与目标值的总体距离最小为目标。表示在 k, $\forall k$, $k \in I$ 节点群中,应选择开行周期同理想周期"距离"较小的始发站节点来组织 j 到达节点的中欧班列。其中,$f_{k,j}^0$ 表示第 $k*j$ 个目标函数的理想值;式(5-45)将第一重要度目标最优解变为约束,ξ 表示第一重要度目标最优解容差。

第 $k*j$ 个目标函数的理想值 $f_{k,j}^0$ 可以表述为以 k 始发站节点为研究对象,k 节点群组织 j 达到节点的中欧班列理想周期:

$$
h_{i,j} = \begin{cases}
\dfrac{7}{g_{i,j}} & g_{i,j} \neq 0 \\
M & g_{i,j} = 0
\end{cases}
\qquad \forall i \in I, \ \forall j \in J
\tag{5-46}
$$

$$f_{k,j}^0 = \min\{h_{k,j}, \min\{d_{i,k}h_{i,j} \mid i \in Q_k, d_{i,k}h_{i,j} > 0\}\} \quad \forall k \in I, \forall j \in J \quad (5-47)$$

式(5-46)表示将中欧班列每周开行频率 $g_{i,j}$ 转化为开行周期 $h_{i,j}$，$h_{i,j}$ 以天为单位；式(5-47)中 $f_{k,j}^0$ 为 k 节点群到 j 到达节点的理想开行周期，当 k 节点群中存在始发站节点组织 j 到达节点的中欧班列时，$f_{k,j}^0$ 为 k 起点群到 j 到达节点的中欧班列中开行周期的非零最小值，若 k 节点群不存在始发站节点组织 j 到达节点的中欧班列，则 $f_{k,j}^0 = M$。

3. 算法步骤

Step 1：输入集合 I、J、A、B、C，输入已知矩阵 $\boldsymbol{u}_{i,j}$、$\boldsymbol{d}_{i,k}$，均为已知量；

Step 2：输入第一重要度目标与约束；

Step 3：求解第一重要度目标的最优解；

Step 4：根据 $g_{i,j}$ 计算 $h_{i,j}$、$f_{k,j}^0$，其中本书令 $M = 100$；

Step 5：输入集合 I、J、A、B、C，输入已知矩阵 $\boldsymbol{u}_{i,j}$、$\boldsymbol{d}_{i,k}$、$\boldsymbol{f}_{k,j}^0$；

Step 6：输入第二重要度目标，将 Step 3 中的最优解转化为新约束；

Step 7：求解第二重要度目标的最优解。

算法流程如图 5-8 所示。

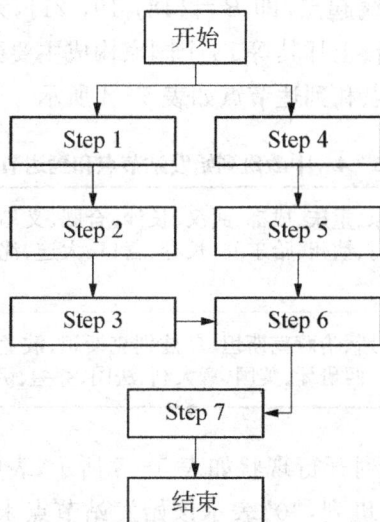

图 5-8 算法流程

5.3.5 案例分析

1. 原始数据分析

自 2011 年 3 月 19 日年首列中欧班列(重庆—杜伊斯堡)开行以来,郑州、武汉、成都等全国 40 多个城市相继开行中欧班列,逐步形成了中国开往欧洲各国货运班列的枢纽集散网。

在对中欧班列运输组织协同优化的过程中,考虑郑州是中欧班列的一个干线始发站节点,自中欧班列(郑州—汉堡)运营以来,其载货量持续领先其他中欧班列,为了体现郑州作为中欧班列最大中转站的重要地位,本书认为郑州应保持现有运营状况,对郑州集装箱中心站中欧班列运营现状不做调整,也不考虑其对其他始发站节点运营中欧班列的影响。

本书选择了 28 个中欧班列主要的始发站节点作为中欧班列运输网络协同优化的研究对象,目前该 28 个中欧班列始发站节点共开行 76 条中欧班列线路,根据28 个始发站节点的路网布局、中欧班列开行现状和中欧班列运营现状,利用中欧班列运输网络协同优化模型,研究中欧班列运输网络协同优化问题。

西安、兰州、乌兰察布等 28 个城市构成中欧班列主要始发站节点集合,$I = \{1, 2, \cdots, 28\}$,其中,西安、兰州是西部通道干线始发站节点,即 $A = \{1, 2\}$,哈尔滨、长春、大连是东部通道干线起点,即 $B = \{18, 19, 21\}$,东部通道尚无干线起点,$C = \varnothing$。俄罗斯、白俄罗斯、土耳其等 18 个国家构成主要到达节点,$J = \{1, 2, \cdots, 18\}$。 中欧班列始发站节点和到达节点如表 5-4 所示。

表 5-4　中欧班列始发站节点和到达节点

始发站节点	西安、兰州、太原、重庆、成都、武汉、长沙、合肥、义乌、上海、连云港、苏州、南京、广州、深圳、厦门、钦州、哈尔滨、长春、营口、大连、沈阳、临沂、威海、济南、天津、银川、乌兰察布
到达节点	俄罗斯、白俄罗斯、哈萨克斯坦、乌兹别克斯坦、波兰、德国、匈牙利、荷兰、捷克、奥地利、比利时、西班牙、英国、意大利、法国、芬兰、伊朗、土耳其

各始发站节点中欧班列开行现状如表 5-5 所示,表中"1"表示该始发站节点组织有该到达节点的中欧班列,"0"表示该始发站节点未组织该到达节点的中欧班列。

表 5-6 以各始发站节点是否存在腹地重叠研究始发站节点布局,表中"1"表示两个始发站节点间存在腹地重叠,"0"表示两个始发站节点间不存在腹地重叠。各始发站节点中欧班列运营现状以班列开行频率表示,如表 5-7 所示。

表 5 - 5　中欧班列开行现状（$u_{i,j}$）

到达节点(j)　始发站节点(i)	1 俄罗斯	2 白俄罗斯	3 哈萨克斯坦	4 乌兹别克斯坦	5 波兰	6 德国	7 匈牙利	8 荷兰	9 捷克	10 奥地利	11 比利时	12 西班牙	13 英国	14 意大利	15 法国	16 芬兰	17 伊朗	18 土耳其
1 西安	1	0	1	0	1	1	1	0	0	0	0	0	0	0	0	1	0	0
2 兰州	0	1	1	0	0	1	0	0	0	0	0	0	0	0	0	0	0	0
3 太原	0	0	0	0	1	1	0	0	0	0	0	0	0	1	0	0	0	0
4 重庆	1	0	0	0	1	1	0	0	0	0	0	0	0	0	0	0	0	0
5 成都	0	0	0	0	0	1	1	1	0	1	0	0	0	0	0	0	0	1
6 武汉	1	0	0	0	1	1	0	0	1	0	0	0	0	0	1	0	0	0
7 长沙	1	1	0	0	0	1	0	0	0	0	0	0	0	0	0	0	1	0
8 合肥	0	1	1	0	1	1	1	0	0	0	0	0	0	0	1	0	0	0
9 义乌	1	1	0	0	0	1	1	0	1	0	0	0	1	0	1	0	0	0
10 上海	1	0	0	0	1	0	0	0	0	0	0	0	0	0	0	0	0	1
11 连云港	0	0	0	1	0	0	0	0	0	0	0	0	0	0	0	0	0	0
12 苏州	0	0	0	0	1	0	0	0	0	0	0	0	0	0	0	0	0	0
13 南京	1	0	0	0	0	0	0	1	0	0	0	0	0	0	0	0	0	0
14 广州	1	0	0	0	0	0	1	0	0	0	0	0	0	0	0	0	0	0
15 深圳	0	1	0	0	0	1	0	0	1	0	0	0	0	0	0	0	0	0
16 厦门	1	0	0	0	1	1	1	0	0	0	0	0	0	0	0	0	0	0
17 钦州	0	0	0	0	0	0	0	0	0	0	0	0	0	0	0	0	0	0

（续表）

始发站点(i) ＼ 到达节点(j)	1 俄罗斯	2 白俄罗斯	3 哈萨克斯坦	4 乌兹别克斯坦	5 波兰	6 德国	7 匈牙利	8 荷兰	9 捷克	10 奥地利	11 比利时	12 西班牙	13 英国	14 意大利	15 法国	16 芬兰	17 伊朗	18 土耳其
18 哈尔滨	1	1	1	0	0	1	0	0	0	0	1	0	0	0	0	0	0	0
19 长春	0	0	1	0	0	1	0	0	0	0	0	0	0	0	0	0	0	0
20 营口	1	1	0	0	1	0	0	0	0	0	0	0	0	0	0	0	0	0
21 大连	1	1	0	0	0	0	0	0	0	0	0	0	0	0	0	0	0	0
22 沈阳	1	0	0	0	0	1	0	0	0	0	0	0	0	0	0	0	0	0
23 临沂	1	1	0	0	0	0	0	0	0	0	0	0	0	0	0	0	0	0
24 威海	0	0	0	0	0	1	0	0	0	0	0	0	0	0	0	0	0	0
25 济南	1	0	0	0	0	0	0	0	0	0	0	0	0	0	0	0	0	0
26 天津	1	1	1	1	0	0	0	0	0	0	0	0	0	0	0	0	0	0
27 银川	0	0	0	0	0	0	0	0	0	0	0	0	0	0	0	0	1	0
28 乌兰察布	1	1	0	0	0	0	0	0	0	0	0	0	0	0	0	0	0	0

表 5 – 6　各始发站节点腹地重叠现状（$d_{i,j}$）

	西安	太原	兰州	重庆	成都	武汉	长沙	合肥	义乌	上海	连云港	南京	广州	深圳	厦门	钦州	哈尔滨	长春	营口	大连	沈阳	临沂	济南	威海	天津	银川	乌兰察布
西安	0	1	1	0	0	0	0	0	0	0	0	0	0	0	0	0	0	0	0	0	0	0	0	0	1	1	0
兰州	1	0	1	0	0	0	0	0	0	0	0	0	0	0	0	0	0	0	0	0	0	0	0	0	0	1	0

（续表）

	西安	兰州	太原	重庆	成都	武汉	长沙	合肥	义乌	上海	连云港	苏州	南京	广州	深圳	厦门	钦州	哈尔滨	长春	营口	大连	沈阳	临沂	威海	济南	天津	银川	乌兰察布
太原	1	1	0	0	0	0	0	0	0	0	0	0	0	0	0	0	0	0	0	0	0	0	0	0	1	1	0	0
重庆	0	0	0	0	1	0	0	0	0	0	0	0	0	0	0	0	0	0	0	0	0	0	0	0	0	0	0	0
成都	0	0	0	1	0	1	0	0	0	0	0	0	0	0	0	0	0	0	0	0	0	0	0	0	0	0	0	0
武汉	0	0	0	0	1	0	1	0	0	0	0	0	0	0	0	0	0	0	0	0	0	0	0	0	0	0	0	0
长沙	0	0	0	0	0	1	0	1	1	0	0	0	0	1	1	0	0	0	0	0	0	0	0	0	0	0	0	0
合肥	0	0	0	0	0	0	1	0	1	1	0	0	1	0	0	0	0	0	0	0	0	0	0	0	0	0	0	0
义乌	0	0	0	0	0	0	1	1	0	1	1	0	1	0	0	0	0	0	0	0	0	0	0	0	0	0	0	0
上海	0	0	0	0	0	0	0	1	1	0	1	1	1	0	0	0	0	0	0	0	0	0	0	0	0	0	0	0
连云港	0	0	0	0	0	0	0	0	1	1	0	1	0	0	0	0	0	0	0	0	0	0	0	0	0	0	0	0
苏州	0	0	0	0	0	0	0	0	0	1	1	0	1	0	0	0	0	0	0	0	0	0	0	0	0	0	0	0
南京	0	0	0	0	0	0	0	1	1	1	0	1	0	0	0	0	0	0	0	0	0	0	0	0	0	0	0	0
广州	0	0	0	0	0	0	1	0	0	0	0	0	0	0	1	1	1	0	0	0	0	0	0	0	0	0	0	0
深圳	0	0	0	0	0	0	1	0	0	0	0	0	0	1	0	1	1	0	0	0	0	0	0	0	0	0	0	0
厦门	0	0	0	0	0	0	0	0	0	0	0	0	0	1	1	0	1	0	0	0	0	0	0	0	0	0	0	0
钦州	0	0	0	0	0	0	0	0	0	0	0	0	0	1	1	1	0	0	0	0	0	0	0	0	0	0	0	0
哈尔滨	0	0	0	0	0	0	0	0	0	0	0	0	0	0	0	0	0	0	1	1	1	1	0	0	0	0	0	0
长春	0	0	0	0	0	0	0	0	0	0	0	0	0	0	0	0	0	1	0	1	1	1	0	0	0	0	0	0

（续表）

	西安	兰州	太原	重庆	成都	武汉	长沙	合肥	义乌	上海	连云港	苏州	南京	广州	深圳	厦门	钦州	哈尔滨	长春	营口	大连	沈阳	临沂	威海	济南	天津	银川	乌兰察布
营口	0	0	0	0	0	0	0	0	0	0	0	0	0	0	0	0	0	1	1	0	1	1	0	0	0	0	0	0
大连	0	0	0	0	0	0	0	0	0	0	0	0	0	0	0	0	0	1	1	0	1	1	0	0	1	1	0	0
沈阳	0	0	0	0	0	0	0	0	0	0	0	0	0	0	0	0	0	1	1	0	1	0	0	0	1	1	0	0
临沂	0	0	0	0	0	0	0	0	0	0	0	0	0	0	0	0	0	0	0	0	0	0	0	1	1	1	0	0
威海	0	0	0	0	0	0	0	0	0	0	0	0	0	0	0	0	0	0	0	0	0	1	1	1	1	1	0	0
济南	0	1	0	0	0	0	0	0	0	0	0	0	0	0	0	0	0	0	0	0	1	1	1	1	0	0	0	0
天津	1	1	0	0	0	0	0	0	0	0	0	0	0	0	0	0	0	0	0	0	1	1	0	1	1	0	0	1
银川	1	1	0	0	0	0	0	0	0	0	0	0	0	0	0	0	0	0	0	0	0	0	0	0	0	0	0	0
乌兰察布	0	0	0	0	0	0	0	0	0	0	0	0	0	0	0	0	0	0	0	0	0	0	0	0	0	1	0	0

表 5 - 7　中欧班列开行频率（$g_{i,j}$）

到达节点(j) \ 始发站节点(i)	俄罗斯	白俄罗斯	哈萨克斯坦	乌兹别克斯坦	波兰	德国	匈牙利	荷兰	捷克	奥地利	比利时	西班牙	英国	意大利	法国	芬兰	伊朗	土耳其
西安	1	0	1	0	1	4	4	0	0	0	0	0	0	0	0	4	1	0
兰州	0	1	2	0	0	0.25	0	0	0	0	0	0	0	0	0	0	0	1
太原	0	0	0	0	0.25	0.25	0	0	0	0	0	0	0	0.25	0	0	0	0
重庆	2	0	4	0	4	3	0	0	0	0	0	0	0	0	0	0	2	0

（续表）

始发站节点(i) ＼ 到达节点(j)	俄罗斯	白俄罗斯	哈萨克斯坦	乌兹别克斯坦	波兰	德国	匈牙利	荷兰	捷克	奥地利	比利时	西班牙	英国	意大利	法国	芬兰	伊朗	土耳其
成都	0	0	0	0	3	1	0	3	0	1	0	0	0	0	0	0	0	0
武汉	1	0	0	0	3	3	0	0	1	0	0	0	0	0	1.5	0	1	0
长沙	2	2	0	0	0	1	1	0	0	0	0	0	0	0	0	0	2	2
合肥	0	0	3.5	0	0	1	0	0	0	0	0	0	0	0	0	0	0	0
义乌	1	1	0	0	2.5	2.5	0	0	2.5	0	0	2.5	2	0	2.5	0	1	1
上海	1	0	0	0	0	0	0	0	0	0	0	0	0	0	0	0	1	0
连云港	0	0	0	1	0	0	0	0	0	0	0	0	0	0	0	0	0	0
苏州	0	0	0	0	4	0	0	0	0	0	0	0	0	0	0	0	0	0
南京	1	0	0	0	0	0	0	0	0	0	0	0	0	0	0	0	1	0
广州	3	0	0	0	0	0	0	0	0	0	0	0	0	0	0	0	3	0
深圳	0	1	0	0	0	0	0	0	0	0	0	0	0	0	0	0	0	0
厦门	3	0	0	0	2	3	1	1	1	0	0	0	0	0	0	0	3	1
钦州	0	0	0	0	0.25	0	0	0	0	0	0	0	0	0	0	0	0	0
哈尔滨	3	1	0	0	0	1	0	0	0	0	3	0	0	0	0	0	3	1
长春	0	0	0	0	2	2	0	0	0	0	0	0	0	0	0	0	0	0
营口	1	1	0	0	0	0	0	0	0	0	0	0	0	0	0	0	1	1
大连	2	1	0	0	0	0	0	0	0	0	0	0	0	0	0	0	2	1

（续表）

到达站节点(j) / 始发站节点(i)	俄罗斯	白俄罗斯	哈萨克斯坦	乌兹别克斯坦	波兰	德国	匈牙利	荷兰	捷克	奥地利	比利时	西班牙	英国	意大利	法国	芬兰	伊朗	土耳其
沈阳	1	0	0	0	0	7	0	0	0	0	0	0	0	0	0	0	1	0
临沂	0.25	0.25	0	0	0	0	0	0	0	0	0	0	0	0	0	0	0.25	0.25
威海	0	0	0	0	0	1	0	0	0	0	0	0	0	0	0	0	0	0
济南	0.5	0	0	0	0	0	0	0	0	0	0	0	0	0	0	0	0.5	0
天津	3	1	1	0	0	0	0	0	0	0	0	0	0	0	0	0	3	1
银川	0	0	0	0	0	0	0	0	0	0	0	0	0	0	0	0	0	0
乌兰察布	1	1	0	0	0	0	0	0	0	0	0	0	0	0	0	0	1	1

2. 计算结果

本书以 28 个中欧班列始发站节点及其班列开行现状为研究背景,目前各个始发站节点开行中欧班列对应的到达节点数量总和为 $\sum_{i=1}^{28}\sum_{j=1}^{18} u_{i,j} = 79$,利用中欧班列节点站运输网络模型,首先对第一重要度目标求解,求得结果为 $Z^* = 8.589\ 722$。在对第二重要度目标求解前,首先确定各目标函数的理想值 $f_{k,j}^0$,然后确定容差值,本书中容差值取 $\xi = 0.01Z^*$,并根据式(5-43)将第一重要度目标的最优值转为第二重要度目标的约束,最终得到 $P^* = 10\ 585.83$。在该组非劣解中,中欧班列始发站节点由 28 个减少为 25 个,各始发站节点开行中欧班列对应的到达节点数量总和由 76 个减少到 35 个。

求得的非劣解结果如表 5-8 所示,表中"1"表示 i 起点节点应组织 j 到达节点的中欧班列;"\"表示 i 起点节点组织运营的中欧班列应取消在 j 到达节点的停靠。

3. 中欧班列运输网络协同优化结果分析

1) 取消大连、南京、济南三个始发站节点运营的中欧班列

根据各中欧班列始发站节点的到达节点数量在优化前后的对比,如表 5-9 所示,中欧班列的最优起点节点数目从 28 个减少为 25 个,取消大连、南京、济南三个节点运营的中欧班列。大连、南京、济南三个节点的中欧班列的货源由其节点群内货源组织能力较强的其他始发站节点进行组织。

以大连为例,目前大连运营有到达节点为俄罗斯和白俄罗斯的中欧班列,根据本书优化模型的计算结果,应取消大连运营的中欧班列,原运往俄罗斯的中欧班列货源由沈阳进行组织,原运往白俄罗斯的中欧班列货源由哈尔滨进行组织。因此扩大了沈阳和哈尔滨的货源组织范围,有利于提高两地的货源组织能力,有利于提高沈阳和哈尔滨中欧班列开行频率,实现中欧班列协同运输。同理,南京运往俄罗斯的中欧班列货源改由上海进行组织,济南运往俄罗斯的中欧班列货源改由天津进行组织。

2) 16 个始发站节点应减少中欧班列的到达节点

根据各中欧班列始发站节点对应的到达节点数量在优化前后的对比,如表 5-9 所示,应减少西安、兰州、太原、重庆、成都、武汉、长沙、合肥、义乌、厦门、哈尔滨、营口、沈阳、临沂、天津、乌兰察布共计 16 个始发站节点运营中欧班列的停靠站点。例如,以成都为例,取消成都运营的中欧班列在哈萨克斯坦和波兰的停靠,成都运营的中欧班列仅以德国为到达节点。

3) 根据实际情况增加中欧班列线路

节点群交叉是指不同节点群之间存在相同始发站节点,如图 5-9 所示,以义乌节点群和武汉节点群为例,义乌节点群和武汉节点群的交叉始发站节点为武汉、义乌、合肥、长沙 4 个节点。

表 5－8　中欧班列运输网络协同优化非劣解

始发站节点(i) ＼ 到达节点(j)	俄罗斯	白俄罗斯	哈萨克斯坦	乌兹别克斯坦	波兰	德国	匈牙利	荷兰	捷克	奥地利	比利时	西班牙	英国	意大利	法国	芬兰	伊朗	土耳其
西安	√		√		√	√	1									1		
兰州		1	√			1												
太原	√				1	1								1				
重庆	√		√		√	1												
成都	√				1	√		1		1								1
武汉	√				√	√			√						1			
长沙		√	1			√	1										1	
合肥	√	√			√	√			√									
义乌	√	√			√	√						1	1		√			
上海	1			1														
连云港	√					√												
苏州	√				1													1
南京	1																	
广州	1	1																
深圳	√	1																
厦门	√				1				1									
钦州					1													

（续表）

到达节点(j) / 始发站节点(i)	俄罗斯	白俄罗斯	哈萨克斯坦	乌兹别克斯坦	波兰	德国	匈牙利	荷兰	捷克	奥地利	比利时	西班牙	英国	意大利	法国	芬兰	伊朗	土耳其
哈尔滨	√	1				√					1							
长春	√					1												
营口	√	√			1													
大连	√	√				√												
沈阳	1	1																
临沂	√	1																
威海	√	√				1												
济南	√																	
天津	√	√	1															
银川																	1	
乌兰察布	1	√																

表5-9　各中欧班列始发站节点的到达节点数量优化前后对比

始发站节点	目前终到节点数量	优化后终到节点数量	始发站节点	目前终到节点数量	优化后终到节点数量
西安	6	2	深圳	1	1
兰州	3	2	厦门	5	1
太原	3	2	钦州	1	1
重庆	4	1	哈尔滨	4	2
成都	5	4	长春	1	1
武汉	5	1	营口	3	1
长沙	5	2	大连	2	0
合肥	2	1	沈阳	2	1
义乌	8	2	临沂	2	1
上海	1	1	威海	1	1
连云港	2	2	济南	1	0
苏州	1	1	天津	3	1
南京	1	0	银川	1	1
广州	1	1	乌兰察布	2	1

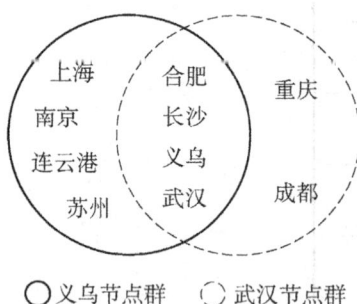

图5-9　节点群交叉

目前在义乌节点群中,义乌、长沙、合肥、武汉组织的中欧班列均到达德国,但是由于不同节点群间存在交叉,中欧班列节点站运输网络协同优化计算结果中,义乌节点群中的始发站节点组织的中欧班列均不在德国的停靠。这是因为义乌节点群中到德国的中欧班列货源均由武汉节点群中的成都节点进行组织。

对于因节点群交叉而导致某一始发站所在节点群内的所有节点运营的中欧班列均取消在某一到达节点停靠的情况,可以选择交叉节点中的一个始发站节点来组织在该到达节点停靠的中欧班列。所以可以选择武汉节点组织运营到德国的中欧班列,同时负责组织义乌、合肥、武汉、长沙这些节点到德国的中欧班列货源。

综上所述,根据多层规划模型求解的中欧班列节点站运输网络优化非劣解,认为目前中欧班列运输网络应进行以下调整来实现中欧班列运输网络的协同运输。

（1）南京、大连、济南应不再运营中欧班列。

（2）应减少西安、兰州、太原、重庆、成都、武汉、长沙、合肥、义乌、厦门、哈尔滨、营口、沈阳、临沂、天津、乌兰察布共计 16 个始发站节点运营中欧班列的停靠站点。

（3）由于存在节点群的交叉，武汉可以继续运营停靠德国的中欧班列，并负责组织义乌、合肥、长沙三个始发站节点腹地范围内到达德国的中欧班列货源。

5.4　中欧班列腹地货源运输网络优化

5.4.1　运输网络优化背景及基本思路

1. 中欧班列腹地枢纽点选取要素

中欧班列起始运输环节也是起始站节点对腹地货源的运输组织，属于集装箱多式联运。对于内陆型集装箱中心站而言，中欧班列集装箱多式联运方式主要为公铁联运。本小节将中欧班列起始运输环节的运输网络视为腹地运输网络，腹地运输网络是中欧班列运输网络的组成部分，其组成要素仍为节点、路径、枢纽点。

当运输网络只有一个货源地一个目的地但有多个中转枢纽点时，通常有两种选择方案：一是将货物分拨运走，这样每个枢纽点都会有货流，这种情况适用于规定每个枢纽点必须起到中转作用的实例中；另一种是并非所有枢纽点都会有货流经过，这种情况下需要对枢纽点进行选择，通过调整枢纽点来选择路径及运输的方式。从而完成对整个网络的优化。

在本小节研究的问题中，由于研究对象的运输网络发达，多个枢纽站点并存，而且并没有要求每个枢纽点必须完成货物的中转，这使得必须对枢纽点做出筛选，以确定哪个枢纽点是网络中需要的，来降低整个运输网络的成本，进行资源整合，因此，研究运输网络的优化首先要解决枢纽点的选取问题。

一般来说，枢纽点存在于运输行为发生后，即货源地发货但目的地未收货时，枢纽点存在的意义在于对于距离目的地较远的货源地来说，进行换装转运更为划算。因此枢纽点的选取一般从以下三方面考虑。

（1）枢纽点在网络中的位置。枢纽点必须处于运输网络地理位置的中间部分，不能位于网络边缘，不利于货物的集散。

（2）枢纽点连接的运输线路以及运输方式。该点所连接线路以及运输方式越多，越有利于对网络整体线路的优化，从而降低运输成本。

（3）枢纽点的货运中转能力。对于运输网络来说快速的货物周转有利于减少货运时间,增加中转量,也有利于降低整个运输网络的成本。

2. 枢纽点选取方法

本小节将枢纽点选择的方法分为两类:一类是通过建立模型确定枢纽点位置;另一类是运用评价方法进行枢纽点的选取。

1) 运用模型求解

在单轴辐式分配模式中,所有的节点都和枢纽点相连,但节点之间不存在运输关系。其模型如下:

$$\min \sum_{i=1}^{n} \sum_{k=1}^{m} C_{ik} Z_{ik} W_{ik} + \sum_{j=1}^{n} \sum_{k=1}^{m} C_{kj} Z_{kj} W_{kj} + \sum_{k=1}^{m} W_k \delta_k \tag{5-48}$$

$$(n-m+1)Z_{kk} - \sum_i Z_{ik} \geqslant 0, \ \forall k \tag{5-49}$$

$$\sum_k Z_{ik} = 1, \ \forall i \tag{5-50}$$

$$\sum_k Z_{kk} \leqslant m \tag{5-51}$$

$$Z_{ik} \in \{0, 1\}, Z_{kk} \in \{0, 1\} \ \ \forall i, k \tag{5-52}$$

式中,i、j 代表节点;n 为节点个数;C_{ik} 代表从节点 i 到枢纽点 k 的运费;k 代表枢纽节点;m 代表枢纽点个数;Z_{ik} 为 0—1 变量代表节点 i 是否与枢纽点 k 相连;Z_{kk} 为 0—1 变量代表枢纽点 k 是否被使用;W_{ik} 代表节点 i 到枢纽点 k 的货流量;δ_k 为枢纽点 k 的中转费用。

约束条件式(5-49)代表节点只能与枢纽点相连,约束条件式(5-50)代表一个节点只能与一个枢纽点相连,约束式(5-51)代表选用的枢纽点个数要小于枢纽点总数,式(5-52)是对 Z_{ik} 和 Z_{kk} 为 0—1 变量的说明。

在多轴辐式分配模型中,一个节点可以与多个枢纽点发生运输关系,但是节点之间依然不发生运输关系,其模型如下:

$$\min \sum_i \sum_j \sum_k \sum_m W_{ij}(C_{ik} + C_{mj} + \delta_i + \delta_k)X_{ijmk} \tag{5-53}$$

$$\sum_m X_{ijkm} - Z_k \leqslant 0, \ \forall i, j, k \tag{5-54}$$

$$\sum_m X_{ijkm} - Z_m \leqslant 0, \ \forall i, j, m \tag{5-55}$$

$$\sum_k \sum_m X_{ijkm} = 1, \ \forall i, j \tag{5-56}$$

在该模型中 i、j 代表节点,k、m 代表枢纽点,Z_k 和 Z_m 分别代表与枢纽点 k、

m 相连的节点数，C_{ik} 代表从 i 点到 k 点的运费，W_{ij} 代表从 i 点到 j 点的货运量，δ_k 代表枢纽点 k 的中转费用，X_{ijkm} 为 0—1 变量，代表从节点 i 到节点 j 是否经过枢纽点 k、m。

约束条件式(5-54)和式(5-55)表示每个 O—D 对必须经过枢纽点 k、m，约束条件式(5-56)表示每个节点可以与多个枢纽点相连。

上述所有模型都是通过求最小的运输成本来确定最终的枢纽点，而且在这两种情况中，都假定了枢纽点之间可以产生运输关系，但在本小节研究的实例中，枢纽点之间并不发生运输关系，因此本小节不采取该方法来选取枢纽点。

2) 用评价方法选取枢纽点

(1) 聚类分析。聚类分析法是将原有的样本数据进行归类的一种方法，该样本数据进行归类的指标可以是经济指标也可以是数量指标，一般来说常用的聚类分析方法有系统聚类分析法、模糊聚类分析法以及 K 均值聚类分析法等。该分类方法的一个特点是各指标之间不存在关联性，即各指标之间不会相互影响。

(2) 灰色关联度分析法。灰色关联度模型源于灰色系统理论，该理论最早由我国学者邓聚龙教授于 1982 年提出。该分析法认为各指标值之间存在一种关联性，在这种关联性的影响下对各样本数据进行重要程度的排序，因此该方法较多地应用于预测和决策方法中。

3. 灰色关联度

由前文的分析可知，该理论在于探讨研究对象之间是否存在相一致的发展趋势，善于处理小样本数据，通过探讨已知信息与未知信息之间的联系来预测未知信息的发展态势，而本小节的研究对象属于小样本类型，目的在于探寻运输网络中节点间距离、枢纽城市货运周转量以及连接铁路条数对枢纽城市的影响，并且这些评价指标之间存在着联系，所以本小节运用灰色关联度分析法来得到各枢纽节点在这些指标影响下的重要度排序，以为后文的模型计算做准备。

本小节的关联度模型选用了邓氏关联度，该模型善于处理点与点之间的距离关系，其计算流程如图 5-10 所示。

5.4.2　运输网络优化模型

1. 问题描述

集装箱多式联运网络由运输方式、运输路径、运输节点构成，是一个流动的有向图结构，以一个货源地、一

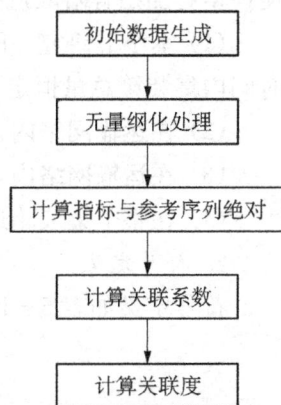

初始数据生成

无量纲化处理

计算指标与参考序列绝对

计算关联系数

计算关联度

图 5-10　灰色关联度流程

个目的地和多个枢纽点为例,其集装箱多式联运网的运筹学表示方式如下。

集装箱运输网络可以抽象定义:如图 5-11 所示,设定一个有向图 $D = (V, A)$,其中 V 表示图中所有的节点集合,A 表示图中或所有节点间路线的集合。在集合 V 中分别设定 v_0、v_1 为起点和终点,其余中间点为中转点,用 v_i 表示,其中 $i = \{2, 3, 4, \cdots, n\}$。$A = \{a_{ij}\}$ 来表示相邻节点间的线路集合,相邻节点间可以选择不同的运输方式,用 $S = \{1, 2, 3, 4\}$ 来表示相邻节点之间的运输方式的选择集合,用数字代表不同网络。由于节点间的距离不同,用集合 L 来表示不同的线路属性,该属性包括容量、货流量和运输费用等。其中可以用 f_{ij} 表示节点 i 与 j 之间的货运量,用 C_{ij} 表示节点 i 与 j 之间的运输费用,u_{ij} 表示节点 i 与 j 之间的最大流量,$(f_{ij}, C_{ij}, u_{ij}) \in L$。

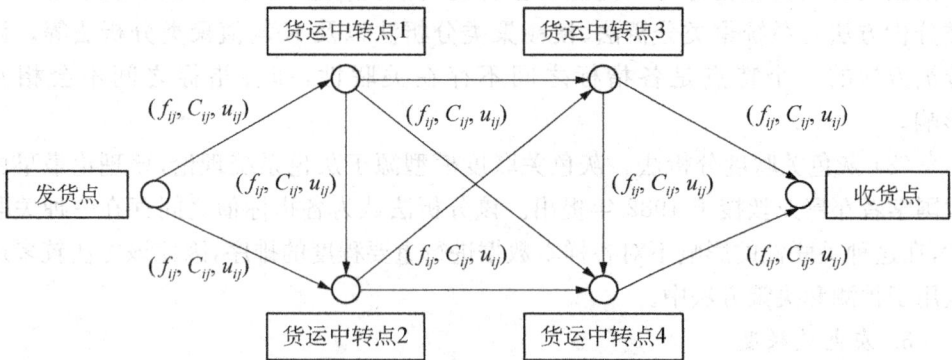

图 5-11　集装箱多式联运网络

在实际的运输情况中,由于运输网络的动态性,无法同时统计到每个货源地的发货量以及有多少货物使用了哪些运输方式,通过哪条路径到达了目的地,目前为止所有对哈欧货源地运输网络收集的数据都是一段时间内的统计数据,因此为了使模型更加贴合哈欧班列实际的货物集散情况本小节做出如下假设。

(1) 本小节研究一段时间内的集装箱在运输网络中的运送过程,假定在该段时间内集装箱总量恒定不变。

(2) 在运输网络内,集装箱的运输成本仅与运量、距离以及运输价格有关。

(3) 在运输网络内,集装箱的转运成本与该枢纽点的转运能力呈正比。

(4) 在整个集装箱运输过程中,不考虑气候以及季节因素对货运产生的影响。

2. 符号定义

符号定义如表 5-10~表 5-12 所示。

表 5 - 10　节点与集合定义

i	表示路径,连接所有的点,包括货源点、枢纽点以及目的地的路段
j	表示所有的枢纽点
R_1	表示所有从货源地发往目的地的线路
R_2	表示所有枢纽点连接的线路段
R_0	表示连接目的地的线路段
R	表示所有路段集合,$R = R_0 \bigcup R_1 \bigcup R_2, i \in R$
T	所有包括在运输线路网络中的单个路段 i 所组成的集合,$i \in T$
G	表示枢纽点结合,$j \in G$
H_{od}^w	表示由集合 R_1 出发的所有路段 i 所组成的线路用公路运输的集合
H_{od}^s	表示由集合 R_1 出发的所有路段 i 所组成的线路用铁路运输的集合
H_d^w	表示由集合 R_2 出发的所有路段 i 所组成的线路用公路运输的集合,$\hat{h}^w$
H_d^s	表示由集合 R_2 出发的所有路段 i 所组成的线路用铁路运输的集合

表 5 - 11　相关参数

M	所有的货物发货总量,以 20 TEU 为单位
n	路段总数
l_i^s	第 i 条路段是否被选中
c_r	第 r 条线路的固定成本
f_i^s	第 i 条路段上铁路费用
f_i^w	第 i 条路段上公路费用
q_j	第 j 个枢纽点的单位中转费用
D_{rj}	第 r 条线路上 j 枢纽点中转货运量
Q_j	第 j 个枢纽点的年中转货运量
t_j	第 j 个枢纽点的货物中转时间
m	中转枢纽站的个数

表 5 - 12　决策变量

x_r	路径 r 是否为可选路径,$x_r = 1$ 或 0
δ_i^s	第 i 条路段是否选铁路运输,$\delta_i^s = 1$ 或 0
δ_i^w	第 i 条路段是否选公路运输,$\delta_i^w = 1$ 或 0
l_i	第 i 条路段是否被选,$l_i = 1$ 或 0

3. 建立模型

本小节建立最小运输成本为目标函数的模型,具体如下:

$$\min Z = M\sum_{r \in R} c_r x_r + \sum_{i=1}^{n} l_i \delta_i^s f_i^s + \sum_{i=1}^{n} l_i \delta_i^w f_i^w + \sum_{r \in R} \sum_{j=1}^{m} q_j D_{rj} \quad (5-57)$$

s. t.

$$x_r = \begin{cases} 0, \ \forall i \notin s, i \in R, r \in R \\ 1, \ \exists i \in s, i \in R, r \in R \end{cases} \quad (5-58)$$

$$q_j \geqslant 0, \ \forall j \in G, j=1, 2, 3, 4, 5 \quad (5-59)$$

$$l_i = \{0, 1\} \quad (5-60)$$

$$\delta_i^s = \begin{cases} 0, \ i \notin h^s \bigcup \hat{h}^s \\ 1, \ i \in h^s \bigcup \hat{h}^s \end{cases} \quad (5-61)$$

$$\delta_i^w = \begin{cases} 0, \ i \notin h^w \bigcup \hat{h}^w \\ 1, \ i \in h^w \bigcup \hat{h}^w \end{cases} \quad (5-62)$$

$$\delta_i^s + \delta_i^w = 1, \ i=1, 2, 3, \cdots, n \quad (5-63)$$

$$\sum_{i=1}^{n} (\delta_i^s + \delta_i^w) = n \quad (5-64)$$

$$\sum_{r \in R} D_{rj} < M \quad (5-65)$$

$$\frac{Q_j}{t_j} = q_j \quad (5-66)$$

$$c_r, D_{rj}, f_i^w, f_i^s > 0 \quad (5-67)$$

约束条件式(5-58)说明本模型中的决策变量 x_r 是随着路段 i 的变化而变化的,该约束条件保证了由路段 i 组成的线 r 是从货源地出发,最终到达目的地;式(5-59)保证了第 j 个枢纽点的枢纽能力为正;式(5-60)说明第 i 条路段是否被选中;式(5-61)说明 δ_i^s 为 0—1 变量,决定 i 路段的运输方式是否为铁路;式(5-62)说明 δ_i^w 为 0—1 变量,决定 i 路段的运输方式是否为公路;式(5-63)保证路段 i 只能选择一种运输方式,不能重复选择也不能不选;式(5-64)保证每一个路段 i 都做了运输方式的选择且只能选择一种运输方式;式(5-65)代表该条件有两层含义,第一层保证中转货物量不能多于总发货量,第二层保证所有中转货物量及非中转货物量都已发出,且等于总量;式(5-66)说明中转能力与中转量以及中转时间的关系;式(5-67)保证所有参数非负。

该模型的优点在于用较清晰、简单的表示方法把整个运输过程展现出来。本小节的模型中没有设置传统的类似 x_{ij}^s 的方式来表示从点 i 到点 j 选取了 s 的运输方式,而是用路段 i 来代替,使公式表达更精确简练,而且本小节的三个决策变量息息相关,一旦 i 值确定,即确定了走哪条路径,同时也保证了每个路径都有选择运输方式且只选一个。

4. 运输成本说明

(1) 固定费用。该部分费用主要由线路投资及运营费构成。在该部分的计算中,c_r 为固定费用系数,表示单位集装箱运输成本。x_r 表示该条路径是否被选择,当路径 r 确定为已选路径时,这条线路才会产生固定成本,固定成本的费用为 $M\sum\limits_{r\in R}c_r x_r$。

(2) 铁路运输费用。铁路运输费用通过每条路径 r 上的路段 i 是否选择铁路运输来计算。该部分的计算方法为 $\sum\limits_{i=1}^{n}l_i\delta_i^s f_i^s$。

(3) 公路运输费用。公路运输费用通过每条路径 r 上的路段 i 是否选择公路运输来计算。公路运输的部分没有政府补贴,而且同一条路径 r 上的路段 i 只能选择铁路或是公路运输中的一个,此部分的计算方法为 $\sum\limits_{i=1}^{n}l_i\delta_i^w f_i^w$。

(4) 中转费用。中转费用是由运输网络中的中转量与该中转枢纽点的中转能力共同决定的。由于在实际操作中,无法具体获知每一项发货任务的中转量具体数值,所以采取随机赋值的办法,但同时要保证中转量与直达货运量以及未运送货物量的总额等于目的地的总量,此时该式成立。该中转枢纽点的中转能力由两部分来综合评估:该站货运量中转费用与中转量的比值,即 $\dfrac{Q_j}{t_j}=q_j$;该部分的费用计算方法为 $\sum\limits_{r\in R}\sum\limits_{j=1}^{m}q_j D_{rj}$。

5.4.3　模型求解算法

1. 0—1 整数非线性规划

本小节的建模类型属于 0—1 整数非线性规划模型,该模型中的部分变量为整数,并且在模型中选择路段的参数和选择哪种运输方式与运输总成本之间存在非线性关系,这类模型多应用于处理实际问题中的运输网络设计,电力的调度以及 NP 难题。这类模型的求解难度较大,由于模型中的多种变量关系为非线性,如果采用精确算法如分支定界算法求解,这对于变量较多的模型会产生 2^n 次变量分支,十分耗费时间,所以目前该模型多采用启发式算法进行求解,启发式方法的优势是可以利用不同的原理对模型的可行解进行快速搜索,虽然启发式算法的最终解只是将解得取值缩小到一定范围内,但启发式算法得到的解都为可行解,并且可以通过其他方法进一步对启发算法进行改进,优化其求解能力,使解更加精确。

1) Dijkstra 算法

Dijkstra 算法又称迪杰斯特拉算法,用于求解最短路径问题。该算法适用于已知起终点的网络图,其原理为从网络起点处出发搜索与起点相连的线路,根据所连线路的权值大小选择最小的那条线路,则该线路所连接的下一个节点与起点共同构成研究节点集,并搜索该节点集所连接的路线中权值最小的那个,把下一节点也并入到研究的节点集中,这样一直搜索下去,直至将终点也并入到研究节点集中,运算终止,则在搜索过程中所选择的路线为最短路线。

这个算法适用于解决单一目标模型,也可以对多目标线性模型求解,方法是将多目标模型根据变量之间的关系转为单一目标模型,再运用该算法进行求解。

本小节的目标模型为混合整数非线性优化模型,用该算法并不能求其最优解,但是本小节可以借用其算法原理对遗传算法可行解范围的限制来改进遗传算法,从而取得更精确的解。

2) 遗传算法

遗传算法(Genetic Algorithm,GA)是一种来源于生物进化过程的计算机模拟研究。该过程通过模仿染色体的遗传原理,将可行结果不断地进行选择、交叉、变异等过程寻找问题的解。该算法虽然无法求得最优解,但通过一系列的生物遗传过程,大大缩减了可行解的范围,形成局部最优解。目前很多学者通过糅合其他启发式算法对遗传算法进行了改进,希望能进一步缩小解集。遗传算法流程如图 5-12 所示。

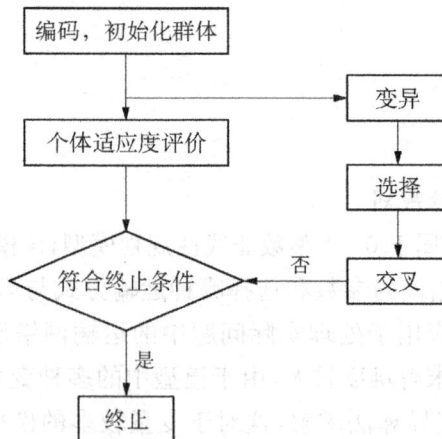

图 5-12 遗传算法流程

2. 问题算法

内陆型集装箱中心站中欧班列腹地货源运输组织模型的求解思路为运用 Dijkstra 方法求得的解作为遗传算法终止运算的判断条件,以 Dijkstra 方法对遗传算法解的值域进一步缩小为目标,从而优化遗传算法,提高遗传算法精确性。

从上述分析可知,本小节将模型的求解分为两部分。第一部分的取值直接关系到本小节模型的求解结果。本小节采取的思路是根据研究网络符合已知终点从货源地构建网络结构的特点,采用类似 Dijkstra 的原理,遍历每个货源点附近的线路,并选择合适的运输方式,来完成网络的规划,并将该规划结果带入本小节的模型中从而计算出整个网络的成本;第二部分运用遗传算法进行求解,并用第一部分求得的解作为遗传算法的终止条件,以实现对遗传算法的改进。

1) Dijkstra 算法

Dijkstra 算法原理如图 5 - 13 所示。

根据前文描述可知,集装箱的运输价格一定程度上与运输距离呈正相关关系,因此可以通过搜索最低运价来实现对运输网络的优化,具体操作如下。

Step1:分别比较每个货源点

$$v_i(i=1, 2, 3, \cdots, 21)$$

到枢纽点 $w_j(j=1, 2, 3, 4, 5)$ 的不同运输方式价格,选择较小的那个。

Step2:分别比较每个货源点

$$v_i(i=1, 2, 3, \cdots, 21)$$

以及枢纽点 $w_j(j=1, 2, 3, 4, 5)$ 到目的点 d 的不同运输方式价格,同 Step1 一样,选择较小的那个。

Step3:利用 Dijkstra 原理,以货源点 v_1 为例,根据上述所求价格选择离货源点 v_1 最近的枢纽点 $w_j(j=1, 2, 3, 4, 5)$,每两个点间只能选择一个值,按此方法对每个货源点 v_i 依次进行线路选择,最终到达目的点 d。如此对每个货源点求解,最终得到一个完整的运输网络。

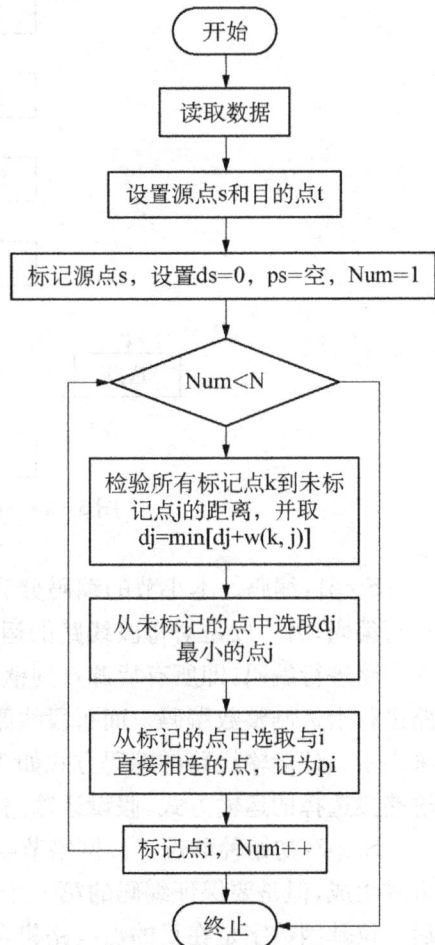

图 5 - 13　Dijkstra 算法原理

　　Step4：将该运输网络带入建立的模型中，并求得最终解，作为模型的初始解。

　　由上述步骤可知，经过这种精细化的搜索分配，对于网络中的每个货源点来说，会找到最佳的运输路线及运输方式，但是网络中的成本并不是由这些路线的成本加和而得，网络成本还包括所有线路的固定成本及中转成本，这三者之间相互影响共同决定网络运输成本。所以该部分所得的初始解往往不是模型的优解。

　　2）改进的遗传算法

　　本小节将问题的求解分为两部分：第一部分假设一个运输价格，在此价格下对运输网络进行优化配置，此部分在于寻找合适运输路径，优化包括固定成本、运输成本及中转成本在内的整体运输网络成本。第二部分，对第一部分得出的运输网络进行运输方式的配置选择，并求解模型。遗传算法要素设计流程如图 5-14 所示。

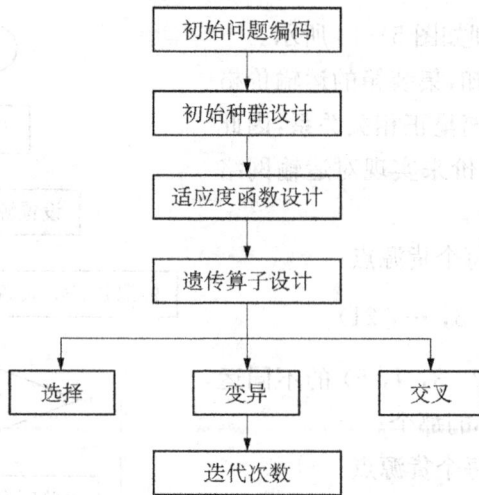

图 5-14　遗传算法要素设计流程

　　Step1：编码。本小节的编码分为两段，前一段分是对网络图中节点间的连线进行编码，另一段是对每段线路的运输方式进行编码。本小节只对网络图中有效的线路进行编码，即所有货源点到枢纽点、货源点到目的点及枢纽点到目的点的线路进行十进制整数编码。而每段线路的运输方式有两种：公路和铁路，分别用 1、2 来表示。该运输线路的编码方式如 1—2—1—1，其中每一个数字都代表每一个运输段选择的运输方式，假设运输路段有 n 条，则组合方式有 2^n 个。

　　Step2：初始种群设计。网络节点间的染色体 $1\sim n$ 个线路段采用随机排列的方式生成，但是要保证编码的第一个数字属于货源点线路段的集合 R_1，染色体最后一位基因数字是在目的点线路集合 R_0。运输方式的编码采用随机生成的方式。

　　Step3：适应度函数设计。本小节两部分求解均为最小值求解，所以此处将适

应度函数设为 $\dfrac{1}{f(x)}$，为求解模型的目标函数的倒数。

Step4：遗传算子设计。选择算子，本小节采用的是轮盘赌法，将个体的适应度值比上总染色体的适应度值。过程为转动 sizepop 次轮盘，随机选择轮盘旋转圈数，令 pick 为随机数，再让 pick 减去第 i 个染色体所占概率，对初始种群中的染色体全部进行该项循环操作，总共会有 sizepop 次循环，当 pick 为负数时，循环才会终止。交叉算子：本小节采用的是单点交叉的方法，用交叉概率选择要交叉的部分及是否交叉，在该交叉部分，运输路径部分之间进行交叉，不会产生运输路径与运输方式之间进行交叉。变异算子：方法是随机选择一个数，若该数字小于变异概率则不进行变异操作，若该数字大于变异概率则进行变异。变异位置也是同样的设置，即随机选择交叉变量，但是变量应为一个染色体上的不同位置进行数字的调换。

Step5：迭代次数为 1 000 次，得出结果。将得出的结果与 Dijkstra 算法中得出的结果进行对比，如果该数小于初始结果，则该值为最终结果，如果该值大于初始结果，则令初始结果为最优值。

改进后的遗传算法如图 5-15 所示。

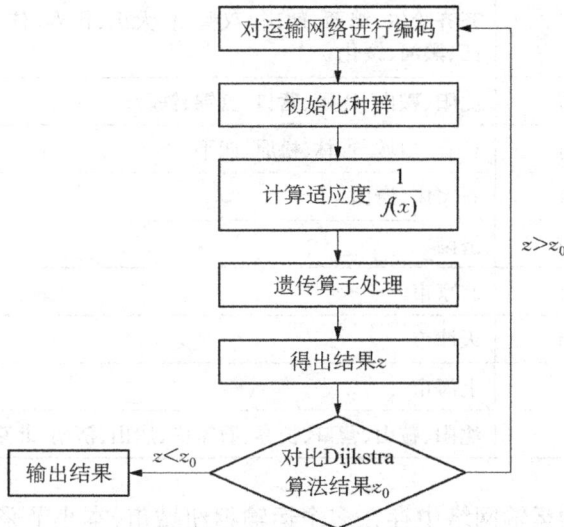

图 5-15　改进后的遗传算法

5.4.4　案例分析

1. 哈尔滨集装箱中心站运输网络现状分析

内陆型集装箱中心站——哈尔滨铁路国际集装箱中心站位于哈尔滨市香坊

区,交通网络发达,公路、铁路等运输业发展迅速,该地区城市密度较大,交通基础设施良好。由于经济发达,该地区的货运量庞大,为了使交通设施能够与该地区的经济发展相匹配,很多城市都不断扩大自己的铁路货运能力,以满足货运量需求。

这一情况致使该地区的大中型中转枢纽节点十分密集,货运运输方式多种多样,但缺乏对货源腹地运输网络的整体规划,致使该地区的运输网络杂乱无章,运输路径与运输方式选择存在问题,浪费了运力,使整体的运输网络成本较高。

本小节将对该运输网络进行优化设计以降低整体网络的运输成本,得到最佳运输方案。

2. 哈尔滨集装箱中心站货源地枢纽信息

哈欧班列货源腹地运输网涉及 9 个省市,分别为:黑龙江、吉林、辽宁、北京、河北、天津、山东、上海、浙江,其中以黑龙江、辽宁、河北及上海为主要的货源腹地。哈欧班列货物种类以汽车及其配件和生活日用品居多。由于哈尔滨集装箱中心站位于内陆城市,本文只考虑公路、铁路联运,不考虑水运对枢纽城市的影响。表 5-13 为货源地与枢纽点信息。

表 5-13　货源地及枢纽点信息

	黑龙江省	齐齐哈尔、鸡西、鹤岗、双鸭山、大庆、伊春、佳木斯、七台河、牡丹江、黑河、绥化
主要货源地	辽宁省	沈阳、鞍山、抚顺、营口、盘锦、铁岭
	吉林省	长春、白城、吉林、松原、四平
	河北省	石家庄、唐山
	山东省	济南
	北京市	北京市
	天津市	天津市
	上海市	上海市
主要枢纽点	—	沈阳、鞍山、营口、长春、石家庄、唐山、济南、北京、天津、上海

本小节研究的运输网络中存在多个运输枢纽城市,本小节采用灰色关联度计算来对已知的枢纽点进行重要度排序,排序数据可分为三类:与哈尔滨的距离、该枢纽点与各个货源距离和该枢纽点链接的铁路线个数。

在实际情况中,有些枢纽城市既是货物转运中心,又是货源城市,即该城市在负责把其他城市的货物进行集结运输的同时,自身也有货物发往哈尔滨。因此,这些枢纽城市到自身的距离为 0,但为了简便灰色关联度部分的无量纲化过程将这些距离用 1 来表示,此外本小节中各枢纽点到货源地的距离也以铁路距离为指标。

表 5-14 为枢纽点到货源城市距离(铁路)。

表 5-14　枢纽点到货源城市距离(铁路)　　　单位:km

	沈阳	鞍山	营口	长春	石家庄	唐山	济南	北京	天津	上海
哈尔滨	558	647	715	255	1 660	1 157	1 630	1 389	1 280	2 582
齐齐哈尔	834	848	1 006	483	1 948	1 258	1 738	1 469	1 381	2 720
鸡西	1 109	1 201	1 296	809	2 139	1 704	2 184	1 964	1 827	3 422
鹤岗	1 136	1 225	1 315	833	2 223	1 735	2 339	1 877	1 846	3 147
双鸭山	1 147	1 224	715	844	2 234	1 746	2 123	1 835	1 845	3 146
大庆	716	797	887	405	1 830	1 310	1 620	1 434	1 433	2 602
伊春	1 019	1 108	1 198	716	2 106	1 618	2 018	1 760	1 729	3 030
佳木斯	1 074	1 157	1 235	765	2 155	1 655	2 147	1 778	3 079	3 069
七台河	1 150	1 230	1 307	847	2 177	1 749	2 179	1 863	3 145	3 145
牡丹江	915	1 007	1 097	615	1 945	1 510	1 990	1 770	1 633	2 929
黑河	1 197	1 286	1 376	894	2 284	1 796	2 196	1 938	1 907	3 208
绥化	692	775	865	383	1 773	1 273	1 765	1 533	1 396	2 697
沈阳	1	92	179	300	1 101	599	1 046	850	722	2 014
鞍山	92	1	90	329	1 012	556	1 045	707	639	2 018
抚顺	65	154	244	527	1 166	634	1 111	894	754	2 093
营口	179	90	1	479	927	516	936	667	635	1 848
盘锦	202	113	89	454	899	457	927	594	580	1 906
铁岭	70	159	231	233	1 181	657	1 142	918	780	2 081
长春	300	329	479	1	1 414	902	1 375	1 150	1 025	2 613
白城	541	630	805	540	1 587	989	1 613	1 249	1 112	2 437
松原	453	542	632	150	1 499	1 016	1 538	1 276	1 139	2 464
四平	188	277	357	115	1 299	787	1 206	1 073	910	2 498
吉林	464	553	598	128	1 460	1 023	1 510	1 290	1 146	2 530
石家庄	1 101	1 012	927	1 414	1	524	312	287	401	1 208
唐山	599	556	516	902	524	1	480	242	123	1 718
济南	1 046	1 045	936	1 375	312	480	1	495	357	982
北京	850	707	667	1 150	287	242	495	1	137	1 463
天津	722	693	635	1 025	401	123	357	137	1	1 601
上海	2 014	2 018	1 848	2 613	1 208	1 718	982	1 463	1 601	1
铁路线	4	1	1	3	3	4	3	6	2	3

(数据来源:数据统计年鉴:http://www.yearbookchina.com)

3. 哈欧货源地枢纽选取

枢纽点选取步骤如下。

Step 1：根据表 5 - 14 的信息，将各枢纽点到货源地距离、枢纽点到目的地哈尔滨距离、枢纽点连接线路的数据做成矩阵，原始数据整理如下。

$$
E =
\begin{pmatrix}
558 & 647 & 715 & 255 & 1\,660 & 1\,157 & 1\,630 & 1\,389 & 1\,280 & 2\,582 \\
834 & 848 & 106 & 483 & 1\,948 & 1\,258 & 1\,738 & 1\,469 & 1\,381 & 2\,720 \\
1\,109 & 1\,201 & 1\,201 & 809 & 809 & 809 & 809 & 1\,964 & 1\,827 & 3\,422 \\
1\,136 & 1\,225 & 1\,315 & 833 & 2\,223 & 1\,735 & 2\,339 & 1\,877 & 1\,846 & 3\,147 \\
1\,147 & 1\,224 & 715 & 844 & 2\,234 & 1\,748 & 2\,123 & 1\,835 & 1\,845 & 3\,146 \\
716 & 797 & 887 & 405 & 1\,830 & 1\,310 & 1\,620 & 1\,434 & 1\,433 & 2\,602 \\
1\,019 & 1\,108 & 1\,198 & 716 & 2\,106 & 1\,618 & 218 & 1\,760 & 1\,729 & 3\,030 \\
1\,074 & 1\,157 & 1\,235 & 765 & 2\,155 & 1\,655 & 2\,147 & 1\,778 & 3\,079 & 3\,069 \\
1\,150 & 1\,230 & 1\,307 & 847 & 2\,177 & 1\,749 & 2\,179 & 1\,863 & 3\,145 & 3\,145 \\
915 & 1\,007 & 1\,097 & 615 & 1\,945 & 1\,510 & 1\,990 & 1\,770 & 1\,633 & 2\,929 \\
1\,197 & 1\,286 & 1\,276 & 894 & 2\,284 & 1\,796 & 2\,196 & 1\,983 & 1\,907 & 3\,208 \\
692 & 775 & 865 & 383 & 1\,773 & 1\,273 & 1\,765 & 1\,533 & 1\,396 & 2\,697 \\
1 & 92 & 179 & 300 & 1\,101 & 599 & 1\,046 & 850 & 722 & 2\,014 \\
92 & 1 & 90 & 329 & 1\,012 & 556 & 1\,045 & 707 & 639 & 2\,018 \\
65 & 154 & 244 & 527 & 1\,166 & 634 & 111 & 894 & 764 & 2\,093 \\
179 & 90 & 1 & 479 & 927 & 516 & 936 & 667 & 635 & 1\,848 \\
202 & 113 & 89 & 454 & 899 & 457 & 927 & 594 & 580 & 1\,906 \\
70 & 159 & 231 & 233 & 1\,181 & 657 & 1\,142 & 918 & 780 & 2\,081 \\
300 & 329 & 479 & 1 & 1\,414 & 902 & 1\,375 & 1\,150 & 1\,025 & 2\,613 \\
541 & 630 & 805 & 540 & 1\,587 & 989 & 1\,613 & 1\,249 & 1\,112 & 2\,437 \\
453 & 542 & 632 & 150 & 1\,499 & 1\,016 & 1\,538 & 1\,276 & 1\,139 & 2\,464 \\
188 & 277 & 357 & 115 & 1\,299 & 787 & 1\,206 & 1\,073 & 910 & 2\,498 \\
464 & 553 & 598 & 128 & 1\,460 & 1\,023 & 1\,510 & 1\,290 & 1\,146 & 2\,530 \\
1\,101 & 1\,012 & 927 & 14\,141 & 1 & 524 & 312 & 287 & 401 & 1\,208 \\
599 & 556 & 516 & 902 & 524 & 1 & 408 & 242 & 123 & 1\,718 \\
1\,046 & 1\,045 & 936 & 1\,375 & 312 & 480 & 1 & 495 & 357 & 981 \\
850 & 707 & 667 & 1\,150 & 287 & 242 & 495 & 1 & 137 & 1\,463 \\
722 & 693 & 635 & 1\,025 & 401 & 123 & 357 & 137 & 1 & 1\,601 \\
2\,014 & 2\,018 & 1\,848 & 2\,613 & 1\,208 & 1\,718 & 982 & 1\,463 & 1\,601 & 1 \\
4 & 1 & 1 & 3 & 3 & 4 & 3 & 6 & 2 & 3
\end{pmatrix}
$$

Step 2:将上述数据进行无量纲化处理,将图 4-1 矩阵中的每一列都与第一列做比值,其计算式如下:

$$x'_{ij} = \frac{x_{ij}}{x_{i1}} (i=1, 2, 3, \cdots, 23; j=2, 3, 4, \cdots, 10) \tag{5-68}$$

Step 3:参考数列选取。参考数列选取标准如下:①尽量使枢纽点到各城市的距离最小;②尽量使枢纽点连接的铁路线更多。综上所述,本小节选择第 4 列为参考数列,即

$$x_0 = \begin{bmatrix} 0.456\,9 & 0.579\,1 & 0.729\,4 & 0.733\,2 & 0.735\,8 & 0.565\,6 & 0.702\,6 & 0.712\,2 & 0.736\,5 & 0.672\,1 \\ 0.746\,8 & 0.553\,4 & 300 & 3.576\,0 & 8.107\,6 & 2.675\,9 & 2.247\,5 & 3.328\,5 & 0.003\,3 & 0.998\,1 \\ 0.331\,1 & 0.611\,7 & 0.275\,8 & 1.284\,2 & 1.505\,8 & 1.314\,5 & 1.352\,9 & 1.419\,6 & 1.297\,4 & 0.75 \end{bmatrix}^T$$

Step 4:关联系数计算公式。

$$Z = | x_0(k) - x_i(k) | \tag{5-69}$$

$$w = \min_{i=1}^{n} \min_{k=1}^{m} | x_0(k) - x_i(k) | \tag{5-70}$$

$$w' = \max_{i=1}^{n} \max_{k=1}^{m} | x_0(k) - x_i(k) | \tag{5-71}$$

$$\xi_i(k) = \frac{w + \rho \times w'}{Z + \rho \times w'} \quad k=1, 2, 3, \cdots, m \quad \rho = 0.5 \tag{5-72}$$

式(5-69)求解参数 Z,即计算每一列与参考序列的绝对差值;式(5-70)求解参数 w,即求解矩阵中与参考序列差值最小的数;式(5-71)求解参数 w',即求解矩阵中与参考序列差值最大的数值;式(5-72)利用上述求得的参数代入公式中求计算关联系数,通常分辨系数 ρ 取值为 0.5。

Step 5:关联度计算。用来反映各评价对象与参考序列的关联关系,称其为关联度,通常采用平均法计算,但平均法的缺陷在于无法反映不同评价指标对不同参考对象的影响,为了更贴切地反映评价指标与评价对象之间的关系,本小节采用熵权法对其进行改进。熵权是反映在确定指标中各评价对象间竞争程度的值,根据评价对象在问题中贡献程度赋值。熵权值计算式如下:

$$H_j = -k \sum_{i=1}^{n} f_{ij} \ln f_{ij}, (j=1, 2, \cdots, m) \tag{5-73}$$

式中,$k = \frac{1}{\ln n}$,$f_{ij} = \frac{R_{ij}}{\sum\limits_{i=1}^{n} R_{ij}}$。

$$\omega_j = \frac{1 - H_j}{m - \sum\limits_{j=1}^{m} H_j}, \quad (j = 1, 2, \cdots, m) \tag{5-74}$$

$$r_j = \omega_j \sum\limits_{k=1}^{m} \xi_j(k) \tag{5-75}$$

式(5-73)得到第 j 个对象的熵值,再由式(5-74)计算出第 j 个对象的权重,式(5-75)求得最终的关联度,运行结果如图 5-16 所示。

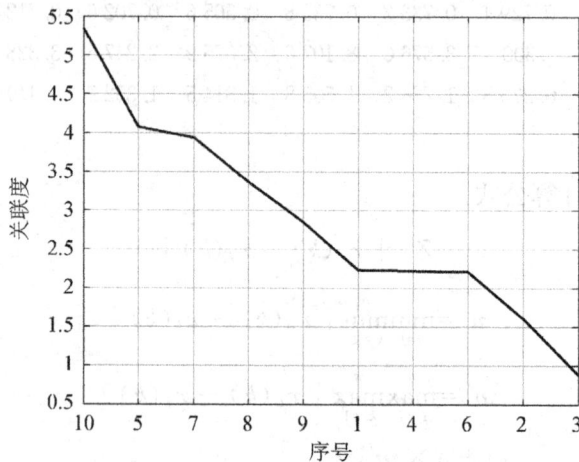

图 5-16 灰色关联度计算

本小节运用 MATLAB 软件进行求解,求解结果如表 5-15 所示。

表 5-15 灰色关联度计算结果

序号	10	5	7	8	9	1	4	6	2	3
枢纽点	上海	石家庄	济南	北京	天津	沈阳	长春	唐山	鞍山	营口
关联度	5.355	4.079	3.946	3.371	2.855	2.234	2.226	2.214	1.607	0.878

如表 5-15 所示,前 5 个点与后 5 个点的关联度相差甚远,因此本小节选取前 5 个枢纽点(见表 5-16)作为运输网络枢纽点的备选集,作为此章节计算的基础数据。

表 5-16 选取的枢纽节点

1	2	3	4	5
上海	石家庄	济南	北京	天津

4. 腹地货源运输组织优化模型原始数据分析

1) 固定成本

固定成本由线路的投资及运营费用构成,由于无法准确获得每个货运站的精确固定费用,所以本小节将固定费用通过已知的数据进行运算,转化为用固定成本系数 c_r 来代替,即

$$c_r = \sum_{i \in R} \frac{2}{3} \times \frac{k_i}{h_i} \tag{5-76}$$

式中,k_i 为第 i 个节点的运输年固定费用投资额;h_i 为第 i 个节点的货运量;R 表示所有路段集合。

式中的固定费用系数 c_r 会随着每个节点的固定成本不同而改变,比较符合实际情况。本小节可以通过数据统计年鉴获得每个节点的年运输费用及该节点的年货运量,只采用两种运输方式,所以用交通投资额 $\frac{k_i}{h_i} \times \frac{2}{3}$ 来表示单位运量下的公路、铁路交通投资额,再将其转为每箱的固定费用系数 c_r(元),如表 5 - 17 所示。

表 5 - 17　每个节点的固定费用系数 c_r

序号	节点城市	固定费用系数 c_r/元	序号	节点城市	固定费用系数 c_r/元
1	齐齐哈尔	3.642 766	15	营口	0.954 7
2	鸡西	1.769 039	16	盘锦	3.631 356
3	鹤岗	0.273 903	17	铁岭	1.443 826
4	双鸭山	10.091 57	18	长春	0.613 024
5	大庆	0.507 23	19	白城	1.876 661
6	伊春	1.042 757	20	松原	1.065 21
7	佳木斯	6.966 657	21	四平	0.709 862
8	七台河	0.914 094	22	吉林	0.422 569
9	牡丹江	8.119 413	23	北京	14.925 04
10	黑河	15.221 18	24	天津	98.795 37
11	绥化	10.080 1	25	济南	34.094 42
12	沈阳	6.621 235	26	石家庄	2.421 207
13	鞍山	1.016 97	27	唐山	4.105 854
14	抚顺	0.397 304 403	28	上海	54.241 05

最终的固定成本是通过求解运输网络布局来得到每条路径的固定费用,该固定费用为该条路径上节点固定费用的加和,再将这些线路的固定费用进行加和求得。

2) 中转成本

由前文可知,中转成本为 $\sum_{r \in R} \sum_{j=1}^{m} q_j D_{rj}$,其中 q_j 为第 j 个枢纽点的单位中转费,通过统计年鉴可查得枢纽节点的年中转量 Q_j(t)以及年中转费用 F_j(元),再将比值转为一个集装箱的中转费用 q_j(元/t),计算铁路枢纽的中转费用,按 1TEU = 20 t(见表 5 - 18)。

$$q_j = \frac{F_j}{Q_j} \tag{5 - 77}$$

表 5 - 18　枢纽点中转费用

序列	中转枢纽点	q_j/(元/t)	序列	中转枢纽点	q_j/(元/t)
1	上海	16	4	北京	17
2	石家庄	19	5	天津	19
3	济南	20			

哈欧班列运输网络是一个动态网络,在实际情况中,每个中转枢纽点时时刻刻在随着新的货物流入网络而产生新的货物中转量,由于每个货源点的货物流入运输网络的时间是连续的,且这些货源点的货物流入关系相互独立,无法断定一批货物的确切中转量,所以为了更加贴合这一情况,本小节采用随机赋值的方法确定中转货运量 D。

3) 参数数据

在实际运输过程中,由于不断有新的货物流入运输网络,也有新的货物流出运输网络,这是一个动态过程,而且每个货源点发货时间也不一致,导致不可能统计出货物流入网络的数量,鉴于这种情况,本小节根据哈欧班列年货运量以一定比例取值作为本运输网络的总集装箱量。为方便计算,本小节将 2016 年的集装箱货运总量缩减 10 倍,并四舍五入取值,得本批次的集装箱总量为 1 000 TEU。具体数据如表 5 - 19~表 5 - 23 所示。

图 5 - 17 为义乌中欧班列 2014 年初至 2017 年第一季度的年货运量。

表 5-19　模型参数

参数	参数含义	赋值	参数	参数含义	赋值
M	本批次集装箱总量	1 000	n	线路段总数	
j	枢纽节点数	5	D	总中转量	175

表 5-20　货源点到枢纽点运价表

序列	路段	公路/(元/TEU)	铁路/(元/TEU)	序列	路段	公路/(元/TEU)	铁路/(元/TEU)
1	齐齐哈尔—上海	12 947	10 543	25	鸡西—石家庄	11 283	8 750
2	鸡西—上海	13 212	12 327	26	鹤岗—石家庄	11 001	8 847
3	鹤岗—上海	13 151	12 430	27	双鸭山—石家庄	11 051	8 977
4	双鸭山—上海	13 187	12 560	28	大庆—石家庄	9 106	6 332
5	大庆—上海	12 671	10 329	29	伊春—石家庄	10 488	8 496
6	伊春—上海	12 990	12 079	30	佳木斯—石家庄	10 623	8 684
7	佳木斯—上海	13 020	12 261	31	七台河—石家庄	11 452	8 932
8	七台河—上海	13 126	12 515	32	牡丹江—石家庄	10 335	8 059
9	牡丹江—上海	12 912	11 642	33	黑河—石家庄	11 897	9 109
10	黑河—上海	13 485	13 106	34	绥化—石家庄	9 303	7 241
11	绥化—上海	12 384	10 818	35	沈阳—石家庄	7 079	4 665
12	沈阳—上海	9 373	8 248	36	鞍山—石家庄	7 028	5 002
13	鞍山—上海	9 390	8 585	37	抚顺—石家庄	7 501	4 861
14	抚顺—上海	9 584	8 438	38	营口—石家庄	6 649	5 342
15	营口—上海	9 225	8 919	39	盘锦—石家庄	6 191	4 113
16	盘锦—上海	8 902	7 690	40	铁岭—石家庄	7 544	4 931
17	铁岭—上海	9 720	8 508	41	长春—石家庄	8 210	5 809
18	长春—上海	10 704	9 392	42	白城—石家庄	10 457	5 724
19	白城—上海	12 260	9 721	43	松原—石家庄	9 330	6 013
20	松原—上海	11 394	9 959	44	四平—石家庄	7 591	5 376
21	四平—上海	10 169	8 953	45	吉林—石家庄	8 918	6 316
22	吉林—上海	11 111	9 899	46	唐山—石家庄	3 301	2 404
23	唐山—上海	9 009	5 987	47	齐齐哈尔—济南	9 657	6 887
24	齐齐哈尔—石家庄	9 980	6 546	48	鸡西—济南	10 217	8 678

（续表）

序列	路段	公路/(元/TEU)	铁路/(元/TEU)	序列	路段	公路/(元/TEU)	铁路/(元/TEU)
49	鹤岗—济南	10 036	8 774	78	牡丹江—北京	8 295	6 632
50	双鸭山—济南	10 101	8 904	79	黑河—北京	9 479	7 985
51	大庆—济南	9 137	6 673	80	绥化—北京	7 529	5 814
52	伊春—济南	9 716	8 423	81	沈阳—北京	4 625	3 239
53	佳木斯—济南	9 797	8 611	82	鞍山—北京	4 586	3 575
54	七台河—济南	9 981	8 860	83	抚顺—北京	4 900	3 434
55	牡丹江—济南	9 593	7 986	84	营口—北京	4 323	3 916
56	黑河—济南	10 748	9 450	85	盘锦—北京	4 008	2 687
57	绥化—济南	8 772	7 168	86	铁岭—北京	4 928	3 505
58	沈阳—济南	6 087	4 593	87	长春—北京	5 933	4 382
59	鞍山—济南	5 906	4 929	88	白城—北京	7 428	4 600
60	抚顺—济南	6 240	4 782	89	松原—北京	6 689	4 888
61	营口—济南	5 724	5 269	90	四平—北京	5 499	3 949
62	盘锦—济南	5 422	4 034	91	吉林—北京	6 400	4 896
63	铁岭—济南	6 275	4 859	92	唐山—北京	1 768	1 206
64	长春—济南	7 229	5 736	93	齐齐哈尔—天津	7 973	5 481
65	白城—济南	8 680	6 065	94	鸡西—天津	8 940	7 272
66	松原—济南	7 902	6 303	95	鹤岗—天津	8 734	7 368
67	四平—济南	6 723	5 303	96	双鸭山—天津	8 772	7 504
68	吉林—济南	7 634	6 244	97	大庆—天津	7 327	5 273
69	唐山—济南	3 373	2 332	98	伊春—天津	8 354	7 017
70	齐齐哈尔—北京	8 358	5 422	99	佳木斯—天津	8 450	7 205
71	鸡西—北京	8 982	7 324	100	七台河—天津	9 066	7 460
72	鹤岗—北京	8 780	7 420	101	牡丹江—天津	8 241	6 580
73	双鸭山—北京	8 826	7 556	102	黑河—天津	9 402	8 050
74	大庆—北京	7 709	5 214	103	绥化—天津	7 470	5 762
75	伊春—北京	8 437	7 075	104	沈阳—天津	4 538	3 187
76	佳木斯—北京	8 508	7 257	105	鞍山—天津	4 509	3 523
77	七台河—北京	8 726	7 512	106	抚顺—天津	4 820	3 382

（续表）

序列	路段	公路/(元/TEU)	铁路/(元/TEU)	序列	路段	公路/(元/TEU)	铁路/(元/TEU)
107	营口—天津	4 244	3 864	112	松原—天津	6 616	4 903
108	盘锦—天津	3 926	2 653	113	四平—天津	5 427	3 897
109	铁岭—天津	4 853	3 453	114	吉林—天津	6 340	4 844
110	长春—天津	5 862	4 375	115	唐山—天津	1 442	932
111	白城—天津	7 360	4 659				

（铁路运价来源：12306 货运查询，公路运价来源：http://www.51yunli.com）

表 5 - 21　货源点到目的点的运价表

	公路/(元/TEU)	铁路/(元/TEU)		公路/(元/TEU)	铁路/(元/TEU)
齐齐哈尔—哈尔滨	2 854	1 747	营口—哈尔滨	5 180	3 239
鸡西—哈尔滨	3 698	2 553	盘锦—哈尔滨	4 933	3 272
鹤岗—哈尔滨	3 545	2 545	铁岭—哈尔滨	3 829	2 302
双鸭山—哈尔滨	3 635	2 676	长春—哈尔滨	2 592	1 424
大庆—哈尔滨	2 051	1 203	白城—哈尔滨	3 443	2 235
伊春—哈尔滨	2 707	2 194	松原—哈尔滨	2 338	1 924
佳木斯—哈尔滨	3 196	2 376	四平—哈尔滨	3 268	1 857
七台河—哈尔滨	3 481	2 735	吉林—哈尔滨	3 062	1 517
牡丹江—哈尔滨	3 140	1 861	石家庄—哈尔滨	6 979	6 770
黑河—哈尔滨	4 023	3 411	唐山—哈尔滨	5 607	4 829
绥化—哈尔滨	1 134	939	济南—哈尔滨	8 483	6 697
沈阳—哈尔滨	4 003	2 568	北京—哈尔滨	7 098	5 344
鞍山—哈尔滨	4 773	2 898	天津—哈尔滨	6 276	5 292
抚顺—哈尔滨	4 338	2 679	上海—哈尔滨	11 771	10 347

表 5 - 22　枢纽点到目的点价格信息

序列	路段	公路/(元/TEU)	铁路/(元/TEU)	序列	路段	公路/(元/TEU)	铁路/(元/TEU)
1	上海—哈尔滨	11 771	10 347	4	北京—哈尔滨	7 098	5 344
2	石家庄—哈尔滨	6 979	6 770	5	天津—哈尔滨	6 276	5 292
3	济南—哈尔滨	8 483	6 697				

（上述两表数据为铁路运价来源：12306 货运查询，公路运价来源：http://www.51yunli.com）

表 5 - 23　模型计算结果

序列	线路	运输方式	序列	线路	运输方式
1	齐齐哈尔—哈尔滨	公路	15	营口—哈尔滨	铁路
2	鸡西—哈尔滨	铁路	16	盘锦—哈尔滨	铁路
3	鹤岗—哈尔滨	铁路	17	铁岭—哈尔滨	公路—铁路
4	双鸭山—哈尔滨	公路	18	长春—哈尔滨	铁路
5	大庆—哈尔滨	公路	19	白城—哈尔滨	铁路
6	伊春—哈尔滨	公路	20	松原—哈尔滨	铁路
7	佳木斯—哈尔滨	铁路	21	四平—哈尔滨	铁路
8	七台河—哈尔滨	公路	22	吉林—哈尔滨	铁路
9	牡丹江—哈尔滨	铁路	23	石家庄—哈尔滨	铁路
10	黑河—哈尔滨	铁路	24	唐山—哈尔滨	铁路
11	绥化—哈尔滨	公路	25	济南—哈尔滨	铁路
12	沈阳—哈尔滨	铁路	26	北京—哈尔滨	铁路
13	鞍山—哈尔滨	公路—铁路	27	天津—哈尔滨	铁路
14	抚顺—哈尔滨	公路—铁路	28	上海—哈尔滨	铁路

图 5 - 17　义乌中欧班列 2014 年初至 2017 年第一季度的年货运量

4）计算结果

本小节运用 MATLAB 对模型进行求解,求解结果如表 5 - 23 所示。

5. 结果对比分析

本小节的研究目的在于对哈欧货源腹地运输网络进行优化设计,以解决其运输网络由于缺少整体规划而产生的运输方式选择无序,运输路径繁杂以及该地区枢纽节点过于密集的现象。本小节对运输网络的优化设计是通过调整网络中的枢纽节点来实现的,该方法不同于传统的网络枢纽确定方法,本小节重点是对货源腹地的网络枢纽节点进行了筛选,再以筛选的网络枢纽点为基础,通过模型进一步调整枢纽点,并确定货物的运输方式以及运输路径。

　　为了方便对比传统的运输网络优化方法,本书将哈欧货源网络全部枢纽节点信息带入到本书的网络模型中,同样采用本书的方法进行计算。该情况下需要添加的数据值如表 5-24~表 5-26 所示。(货源点到枢纽点运价表中筛选后的枢纽点不再重复列出。)

表 5-24　所有哈欧货源地枢纽点中转费用

序列	中转枢纽点	q_j/(元/t)	序列	中转枢纽点	q_j/(元/t)
1	上海	16	6	沈阳	18
2	石家庄	19	7	长春	20
3	济南	20	8	唐山	21
4	北京	17	9	鞍山	18
5	天津	19	10	营口	17

表 5-25　货源点到其余枢纽点运价表

序列	路段	公路/(元/TEU)	铁路/(元/TEU)	序列	路段	公路/(元/TEU)	铁路/(元/TEU)
1	齐齐哈尔—沈阳	5 078	3 330	14	抚顺—沈阳	372	792
2	鸡西—沈阳	6 117	5 938	15	营口—沈阳	1 224	901
3	鹤岗—沈阳	5 879	5 394	16	盘锦—沈阳	1 109	1 120
4	双鸭山—沈阳	5 937	5 934	17	铁岭—沈阳	1 378	1 292
5	大庆—沈阳	6 012	3 847	18	长春—沈阳	1 453	1 606
6	伊春—沈阳	5 490	5 738	19	白城—沈阳	1 583	2 102
7	佳木斯—沈阳	5 598	5 938	20	松原—沈阳	3 486	2 586
8	七台河—沈阳	5 632	5 845	21	四平—沈阳	3 721	1 928
9	牡丹江—沈阳	5 309	4 857	22	吉林—沈阳	3 674	2 747
10	黑河—沈阳	5 382	6 638	23	唐山—沈阳	3 545	2 738
11	绥化—沈阳	5 490	3 465	24	齐齐哈尔—长春	4 084	2 346
12	沈阳—沈阳	0	0	25	鸡西—长春	5 284	4 882
13	鞍山—沈阳	716	805	26	鹤岗—长春	5 197	4 534

（续表）

序列	路段	公路/(元/TEU)	铁路/(元/TEU)	序列	路段	公路/(元/TEU)	铁路/(元/TEU)
27	双鸭山—长春	5 163	4 939	56	黑河—唐山	8 456	8 212
28	大庆—长春	4 629	2 583	57	绥化—唐山	7 923	6 039
29	伊春—长春	5 048	4 302	58	沈阳—唐山	3 922	2 724
30	佳木斯—长春	5 197	4 638	59	鞍山—唐山	2 946	2 948
31	七台河—长春	5 293	4 920	60	抚顺—唐山	4 859	2 748
32	牡丹江—长春	5 247	4 020	61	营口—唐山	3 844	2 739
33	黑河—长春	5 392	5 103	62	盘锦—唐山	3 940	2 038
34	绥化—长春	4 729	3 753	63	铁岭—唐山	4 958	2 546
35	沈阳—长春	2 488	1 060	64	长春—唐山	5 839	3 867
36	鞍山—长春	2 570	2 102	65	白城—唐山	6 528	4 028
37	抚顺—长春	2 028	1 938	66	松原—唐山	5 748	4 375
38	营口—长春	3 719	2 385	67	四平—唐山	4 204	3 344
39	盘锦—长春	3 821	2 134	68	吉林—唐山	5 039	4 285
40	铁岭—长春	3 544	1 956	69	唐山—唐山	0	0
41	长春—长春	0	0	70	齐齐哈尔—鞍山	5 358	3 661
42	白城—长春	1 834	1 782	71	鸡西—鞍山	5 839	5 192
43	松原—长春	1 630	2 938	72	鹤岗—鞍山	5 728	5 291
44	四平—长春	1 591	2 304	73	双鸭山—鞍山	5 284	5 231
45	吉林—长春	2 918	2 857	74	大庆—鞍山	4 920	5 821
46	唐山—长春	3 301	3 867	75	伊春—鞍山	5 482	6 192
47	齐齐哈尔—唐山	7 657	5 180	76	佳木斯—鞍山	5 934	5 921
48	鸡西—唐山	8 217	7 281	77	七台河—鞍山	5 764	5 639
49	鹤岗—唐山	8 026	7 728	78	牡丹江—鞍山	5 629	4 829
50	双鸭山—唐山	8 112	7 920	79	黑河—鞍山	6 738	6 102
51	大庆—唐山	7 291	5 928	80	绥化—鞍山	5 018	5 993
52	伊春—唐山	7 728	7 421	81	沈阳—鞍山	716	805
53	佳木斯—唐山	7 801	7 620	82	鞍山—鞍山	0	0
54	七台河—唐山	8 012	7 846	83	抚顺—鞍山	1 064	950
55	牡丹江—唐山	7 529	6 592	84	营口—鞍山	790	1 023

（续表）

序列	路段	公路/(元/TEU)	铁路/(元/TEU)	序列	路段	公路/(元/TEU)	铁路/(元/TEU)
85	盘锦—鞍山	816	729	101	牡丹江—营口	6 839	4 888
86	铁岭—鞍山	1 024	921	102	黑河—营口	7 956	6 038
87	长春—鞍山	3 227	1 942	103	绥化—营口	6 628	4 044
88	白城—鞍山	4 914	2 013	104	沈阳—营口	1 224	1 130
89	松原—鞍山	3 902	1 820	105	鞍山—营口	1 695	1 502
90	四平—鞍山	3 428	1 659	106	抚顺—营口	1 650	1 323
91	吉林—鞍山	4 400	1 502	107	营口—营口	0	0
92	唐山—鞍山	3 467	3 060	108	盘锦—营口	1 203	1 729
93	齐齐哈尔—营口	6 263	4 001	109	铁岭—营口	1 859	2 411
94	鸡西—营口	7 840	5 225	110	长春—营口	3 791	2 340
95	鹤岗—营口	7 594	5 321	111	白城—营口	4 920	2 749
96	双鸭山—营口	7 623	5 537	112	松原—营口	4 728	2 910
97	大庆—营口	6 384	3 929	113	四平—营口	4 901	1 904
98	伊春—营口	6 928	5 012	114	吉林—营口	5 737	2 810
99	佳木斯—营口	6 745	5 393	115	唐山—营口	3 150	3 412
100	七台河—营口	7 920	5 493				

（铁路运价来源：12306 货运查询，公路运价来源：http://www.51yunli.com）

表 5 - 26　网络运输优化算法结果分析

	运输成本/元	中转成本/元	固定成本/元	总成本/元
选取枢纽点	91 584	15 925	417 250	524 759
不选枢纽点	108 508	32 375	687 250	828 133

　　传统的网络优化设计通常是将运输网络建立在所有的枢纽点上，并不进行枢纽点的筛选，然后通过对运输网络构建模型并求解来确定最终的枢纽城市。由结果可知，本小节先对枢纽点进行筛选，限定了枢纽点的选取范围，进一步界定最终解的范围，使腹地运输网络设计较传统的运输网络设计更能降低成本，更大程度地利用较少枢纽点进行线路及运输方式的分配，节约了社会资源，间接地说明了本小节腹地货源运输网络优化方式的优越性。

5.5　中欧班列运输组织方式协同优化

5.5.1　运输组织方式协同优化思路

1. 模型背景

通过对中欧班列发展现状及集装箱中心站存在问题的分析,可以总结出作为生存于海运与空运之间的铁路运输,只有在发挥其时间上快于海运、价格上低于空运等特点的情况下,铁路运输的自身竞争优势才得以显现。尽管中欧班列属于点对点开行的直达运输,能够最大程度地发挥其高效、迅速等服务特长,但是中欧班列的运行需要良好的货流组织的支撑。通常情况下,铁路货运中心站运输组织过程主要包括货物运输组织和行车组织。就货物运输组织而言,目前研究的热点就是货物的集散运输,也就是侧重于运输组织方式协同问题的研究,包括港口通过铁水联运即多式联运运抵中心站货流、铁路环形快运货物列车货流、运抵集装箱中心站的公路货流之间协同,以及直达班列与中转班列协同、拼箱货与整箱货协同等,提升内陆型集装箱中心站中欧班列运输的时效性。

本章节侧重研究通过多式联运运抵集装箱中心站货流的协同组织优化。一般来说,在运输过程中,往往不止有一种运输方式,可能同时有多种运输方式交叉,即多式联运。多式联运作为一种现代高效的运输组织形式,能够有效协同货流组织中多种运输方式,达到协同效益。集装箱多式联运是一种以实现货物整体运输的效益最优化为目标的联运组织形式。它通常以集装箱为运输单元,将不同的运输方式有机地组合在一起,构成连续的、综合性的一体化货物运输。多式联运的特点是由多式联运经营人与托运人签订一个运输合同,统一组织以集装箱为运输单元的多式联运,可以降低运输成本、提高运作效率、提高服务质量。

基于这些优点,接下来将对不同运输方式进行协同优化研究。我们知道,在中心站运输组织过程中,存在不同的利益相关方,比如提供货物参与运输的用户方以及运输系统的承运方,这些利益相关方属于整个运输组织系统的子系统,承运方提供运输组织方案,目标是追求整体运输效用最大化,但这样难以使各个用户方实现自身效用最大化。本节将综合考虑运输过程中的成本与时间目标,具体主要包括运输成本、中转成本、运输时间以及中转时间,确定优化目标后,分析利益相关方协同的影响因素,从成本和时间这两个角度提出协同优化模型。

2. 模型构建思路

一批货物从供应点(O)运送到目的地(D),途径 N 个中间站点,任意两个相邻站点之间有多种运输方式,中心站企业在运输过程中可以选择直接由 O 点运送至

D 点的运输方式,也可以根据货物供给方的需求相应改变,比如在中间站点选择转换运输方式。在中间站点转换运输方式显然意味着需要花费一定的转运时间和转运成本。当然,在相邻两站点之间,不同的运输方式所需要的运输时间、运输成本、所具备的运输能力以及运输可靠性等都不尽相同。因此,在上述背景之下,要求运输方能在追求自身运输成本最低的要求下,满足供货方的时间需求,并提供最合适的运输方式及路径是本文建模的关键问题所在。

模型构建思路如下。

选择运输路径,需要综合考虑包括成本、时间、可靠性、运输服务质量等多因素。这些因素包含了定量因素和定性因素两个方面;而且,成本和时间对路径的选择往往起到了决定性作用,因此,成本和时间两大因素是本书评价运输路径优劣的重要指标。鉴于此,本书以基于成本和时间两个定量指标来构建优化模型,从成本和时间两个方面对不同的路径进行对比,找出可行性较大的优化路径,将不同路径多方面的优劣势展现出来,以方便不同用户根据其自身需求进行路径的优化选择。

通常情况下,成本和时间的优化问题是典型的多目标规划问题,此类问题的各个子目标之间往往存在一定的冲突,追求一个目标最优的情况下,势必带来另一个目标的衰减,因此是一个不确定多项式(NP)问题,难以找到满足所有目标函数的最优解。但是,我们仍然可以根据优化求解得出是系统平衡的相对最优解,为决策提供支持。

在模型构建过程中,还需要注意,由于人的行为、设备稳定性、运输时的气候等不可预知的因素,运输过程存在一定的不确定性。不同运输方式具有不同的可靠性,不同作业班组所提供的作业质量存在波动,不同相邻站点之间可供选择的运输方式存在差异性等诸多无法得以准确界定的因素对实际运输方案的影响,在建模过程中应对上述问题进行详细考虑。本研究将主要的不确定因素反映在时间上,在建模过程中,将时间作为不确定参数,建立不确定模型。为了消除不确定因素,我们将引用模糊机会约束规划理论将模型进行清晰化,将问题转化成确定性的数学规划问题进行求解。

5.5.2　运输组织方式协同优化模型

1. 基本假设

(1)运输过程中的中间站点存在运输方式转换,运输方可以选择在中间站点发生转换或是不发生,发生转换时,任意一个站点仅能转换一次。

(2)在优化过程中,运输的货物看成一个整体,在站点转换时不发生货流量的改变。

(3)运输过程中的运能及各设备能力都能满足运输需求。

(4) 运输中同一种运输方式的各类费用是统一的。

2. 参数说明

O 表示运输起点；

D 表示运输终点；

K 表示可供选择的交通运输方式集合；

I 表示从运输起点到运输终点的中间站点集合；

Q 表示运输量；

$X_{i,i+1}^m = \{0,1\}$ 表示在站点 i 与站点 $i+1$ 之间当选择第 m 种运输方式时，值为 1，否则为 0；

$Y_i^{mn} = \{0,1\}$ 表示在站点 i 时，如果由第 m 种运输方式转换成第 n 种运输方式时，值为 1，否则为 0；

$c_{i,i+1}^m$ 表示从站点 i 到站点 $i+1$ 使用第 m 种运输方式时的单位运输成本；

c_i^{mn} 表示在站点 i 时由第 m 种运输方式转换成第 n 种运输方式的单位转换成本；

$t_{i,i+1}^m$ 表示由站点 i 到站点 $i+1$ 采用第 m 种运输方式所需要的运输时间；

t_i^{mn} 表示在站点 i 由第 m 种运输方式转换成第 n 种运输方式所需要的转运时间。

3. 建立模型

建立运输成本最小和运输时间模型，表示为

$$\min S = \sum_{i \in I} \sum_{m \in K} X_{i,i+1}^m c_{i,i+1}^m Q + \sum_{i \in I} \sum_{m \in K} \sum_{n \in K} Y_i^{mn} c_i^{mn} Q \tag{5-78}$$

$$\min T = \sum_{i \in I} \sum_{m \in K} X_{i,i+1}^m t_{i,i+1}^m + \sum_{i \in I} \sum_{m \in K} \sum_{n \in K} Y_i^{mn} t_i^{mn} \tag{5-79}$$

约束条件：

$$\sum_{m \in K} X_{i,i+1}^m = 1 \quad \forall i \in I, \; \forall m \in K \tag{5-80}$$

$$\sum_{m \in K} \sum_{n \in K} Y_i^{mn} = 1 \quad \forall i \in I, \; \forall m, n \in K \tag{5-81}$$

$$X_{i-1,i}^m + X_{i,i+1}^m \geqslant 2Y_i^{mn} \quad \forall i \in I, \; \forall m, n \in K \tag{5-82}$$

$$X_{i,i+1}^m, Y_i^{mn} \in \{0,1\} \tag{5-83}$$

$$Q > 0 \tag{5-84}$$

式(5-78)和式(5-79)是目标函数，分别表示从供给方到目的地的总运输费用和总运输时间最小，其中式(5-79)中，由于各种不确定因素的影响，模型里我们将时间表示为不确定参数,即式(5-79)为不确定模型;式(5-80)表示在任意两个中间站点之间只能选择一种运输方式;式(5-81)表示在任意一个中间站点时只能转换一次运输方式;式(5-82)表示运输是连贯进行的;式(5-83)表示变量的取值情况;式(5-84)表示运输量的取值非负数。

4. 模型转化

在上述模型中,$t^m_{i,\ i+1}$ 和 t^{mn}_i 表示的是两个模糊变量,关于它们的目标函数 T 也是模糊变量,因此需要对其进行转化。针对这一类问题,不确定规划提供了解决方法。不确定规划是指包含随机参数和模糊参数的数学规划,由于实现决策过程中往往存在不确定现象(包括随机现象和模糊现象两大类),需要用随机变量或者模糊变量来对其进行描述。常用的处理方法包括期望值法、机会约束规划及相关机会规划,可根据不同要求进行选择。

期望值法是指在存在模糊参数的数学规划问题中,采用模糊参数的数学期望值替代模糊参数,将问题转化成确定性的数学规划问题进行求解,由此计算出来的解为最优期望解。机会约束规划最早由查纳斯和库伯在 1959 年提出,其核心是在一定概率意义下求解最优解。相关机会规划是使时间的机会函数在不确定性环境中达到最大值的优化问题,与上述两种方法相比,相关机会规划得到的最优解只需要在实际问题中能够得到尽可能的实现即可。

根据本书所构建的模型特点,可采用机会约束规划方法进行模型的转化求解。应用模糊机会约束规划理论,可将基于成本和时间的优化模型(式 5-78～式 5-84)转化成以下模式:

$$\min\ [S,\ \overline{T}] \tag{5-85}$$

约束条件:

$$S = \sum_{i \in I} \sum_{m \in K} X^m_{i,\ i+1} c^m_{i,\ i+1} Q + \sum_{i \in I} \sum_{m \in K} \sum_{n \in K} Y^{mn}_i c^{mn}_i Q \tag{5-86}$$

$$pos\left\{ \sum_{i \in I} \sum_{m \in K} X^m_{i,\ i+1} t^m_{i,\ i+1} + \sum_{i \in I} \sum_{m \in K} \sum_{n \in K} Y^{mn}_i t^{mn}_i \leqslant \overline{T} \right\} \geqslant \alpha \tag{5-87}$$

$$\sum_{m \in K} X^m_{i,\ i+1} = 1 \quad \forall i \in I,\ \forall m \in K \tag{5-88}$$

$$\sum_{m \in K} \sum_{n \in K} Y^{mn}_i = 1 \quad \forall i \in I,\ \forall m,\ n \in K \tag{5-89}$$

$$X^m_{i-1,\ i} + X^m_{i,\ i+1} \geqslant 2Y^{mn}_i \quad \forall i \in I,\ \forall m,\ n \in K \tag{5-90}$$

$$X^m_{i,\ i+1},\ Y^{mn}_i \in \{0.1\} \tag{5-91}$$

$$Q > 0 \tag{5-92}$$

式中，$pos\{\ \}$表示事件$\{\ \}$成立的可能性；α是置信度水平；$\overline{T}$目标值表示满足置信水平α条件下的最小值。

由于运输时间与中转事件是一个三角模糊数，由模糊数的加法和乘法运算可知，总运输时间T也是一个三角模糊数，记作$(T_1，T_2，T_3)$，其中运输时间和中转时间分别记为

$$t_{i,\ i+1}^m = (t_{i,\ i+1}^m)_1，(t_{i,\ i+1}^m)_2，(t_{i,\ i+1}^m)_3 \qquad (5-93)$$

$$t_i^{mn} = (t_i^{mn})_1，(t_i^{mn})_2，(t_i^{mn})_3 \qquad (5-94)$$

则目标函数$\overline{T}$可表示为

$$\overline{T} = \sum_{i \in I} \sum_{m \in K} X_{i,\ i+1}^m [(t_{i,\ i+1}^m)_1，(t_{i,\ i+1}^m)_2，(t_{i,\ i+1}^m)_3] +$$
$$\sum_{i \in I} \sum_{m \in K} \sum_{n \in K} Y_i^{mn} [(t_i^{mn})_1，(t_i^{mn})_2，(t_i^{mn})_3] \qquad (5-95)$$

引用模糊数学中的概念：设三角模糊数$\bar{r}$为$(r_1，r_2，r_3)$，其隶属函数以$u_{\bar{r}}(x)$表示则对任意给定的置信水平$\alpha(0 \leqslant \alpha \leqslant 1)$，当且仅当$T \geqslant (1-\alpha)r_1 + \alpha r_2$时，有$pos\{\bar{r} \leqslant T\} \geqslant \alpha$成立。

根据上述引理，可以将式(5-95)转换成：

$$\overline{T} \geqslant \sum_{i \in I} \sum_{m \in K} [X_{i,\ i+1}^m (t_{i,\ i+1}^m)_1 + Y_i^{mn} (t_i^{mn})_1](1-\alpha) +$$
$$\sum_{i \in I} \sum_{m \in K} \sum_{n \in K} [X_{i,\ i+1}^m (t_{i,\ i+1}^m)_2 + Y_i^{mn} (t_i^{mn})_2]\alpha \qquad (5-96)$$

5.5.3　模型求解算法

显然，本书构建的基于成本和时间的优化模型是典型的多目标优化问题，此类问题的各个子目标之间往往存在一定的冲突，改善其中任意一个子目标，往往意味着其他子目标的牺牲，因此，找到满足所有目标函数的最优解是不现实的。

可行的做法为通过对子目标之间进行均衡，以获得帕累托最优解。多目标的帕累托最优解是由多目标问题合理构成的集合，在实际应用中，决策者可根据实际情况及偏好，从上述合理解的集合中挑选一个或多个合理解作为多目标问题的最优解。在本书所有构建的基于成本和时间的优化模型中，成本和时间显然存在着互斥关系，要降低成本，往往就需要牺牲运输时间，要兼顾这两项指标，只能选择折中方案的合理解，形成费用尽可能少、时间尽可能短的一组同等优化级别的非劣解集合。

在具体算法上，考虑到传统算法通常只进行一次运行来获取一个帕累托最优

解的局限性,本书采用具有智能性、自适应性、能够在单次优化过程中求解出多个均衡解的遗传算法来求解多目标优化问题。在多目标进化算法的研究中,不少学者取得了较好成果。NSGA(非支配排序遗传算法)和 NSGA‐II(带精英策略的非支配排序的遗传算法)都是基于帕累托最优解和遗传算法的多目标优化算法。

传统多目标遗传算法(NSGA)采用的非支配分层方法,可以使好的个体有更大的机会遗传到下一代;适应度共享策略则使得准 Pareto 面上的个体均匀分布,保持了群体多样性,克服了超级个体的过度繁殖,防止了早熟收敛。

针对 NSGA 的不足之处,Deb 等人于 2002 年提出 NSGA‐II 算法。相较于 NSGA,NSGA‐II 的改进体现在计算复杂度的降低、用拥挤距离比较算子替代适值度和引入精英保留机制。NSGA‐II 算法的主流程如图 5‐18 所示。

在具体算法设计上面,首先明确将运输方式以自然数(1,2,3,4)来表示,并以此作为染色体基因。其次,确定初始种群,包括种群规模和构成种群的个体,按照通常经验,将种群规模确定为 50～100,种群个体为每一个运输组织方案。在个体适应度评估中,以总运输时间和总运输费用两个约束条件作为评价

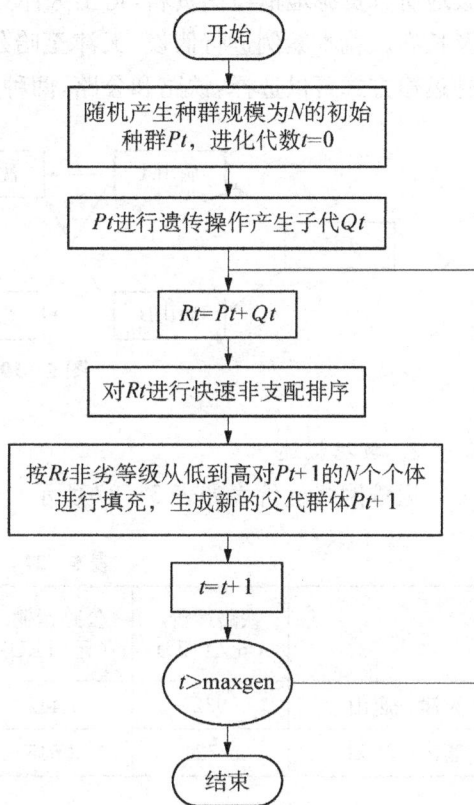

图 5‐18　NSGA‐II 算法流程

标准。模型运算的选择操作则是依据快速非支配排序结果、拥挤度算子大小两项指标,采用拥挤联赛算子来选择。具体改进算法流程如图 5‐18 所示。

5.5.4　案例分析

1. 案例描述

本节仍以哈尔滨集装箱中心站为例,对哈欧班列货流组织进行协同优化。为了验证模型,从哈尔滨腹地网络优化枢纽站选择结果中任意挑选一个枢纽站的数据进行案例分析。假设一批货流在枢纽站集结完毕,将通过铁路运输、公路运输或是公铁联运形式运送至中欧班列集装箱中心站,利用上述构建的协同优化模型对

运输组织过程进行优化。

从 5 个重要枢纽站中选择天津作为案例研究对象,将在天津枢纽站集结完成的货流运送至哈尔滨集装箱中心站,通过模型对运输组织过程进行协同优化。

根据中国铁路运行路线,已知天津到哈尔滨货运路线途经站点,再综合哈尔滨腹地所有货源地枢纽站资料,得出天津到哈尔滨运输线路途经城市有唐山、沈阳以及长春。就本案例进行假设,天津至哈尔滨,途径 3 个城市,每个相邻城市间有两种运输方式可供选择:铁路和公路,两种方式分别表示为 A 和 B,如图 5-19 所示。

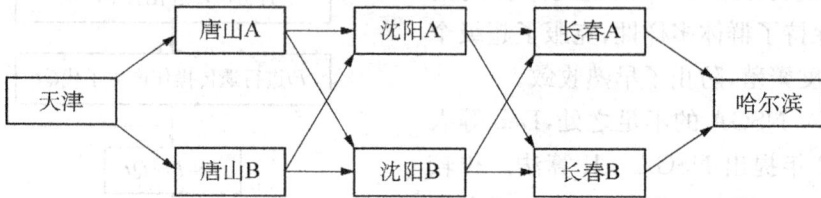

图 5-19　运输网络

2. 数据描述

运输网络运价表如表 5-27 所示。

表 5-27　运输网路运价

	铁路运价/ (元/TEU)	公路运输/ (元/TEU)		铁路运价/ (元/TEU)	公路运输/ (元/TEU)
天津—唐山	932	1 442	沈阳—长春	1 606	2 488
唐山—沈阳	2 724	3 545	长春—哈尔滨	1 424	2 592

铁路运价数据来自 95306 货运网,查询得到各城市间铁路运输价格;公路运价来自公路运价计算器,由于每单位 TEU 货运平均载重为 20 t,因此将集装箱公路运费近似等同 20 t 总量时的总价,依据如表 5-28 所示。

表 5-28　集装箱尺寸重量

类型	大小	内长/m	内宽/m	内高/m	门高/m	门宽/m	容积/m³	载重/t	皮重/t
普通箱(GP)	20	5.898	2.352	2.385	2.280	2.343	28.00	17.5	2.3
普通箱(GP)	40	12.032	2.352	2.385	2.280	2.343	57.00	28	3.4
高箱(HC/HQ)	40	12.032	2.352	2.690	2.585	2.343	67.00	28	4.0

　　根据城市间里程数、铁路和公路货物运输时速,得到各城市之间的运输方式时间。铁路货运现阶段的发展目标是高速、重载。一般正线铁路,如京广线等,货物列车的正常运行速度约为 100 km/h。货物列车的运行速度与途径地形有很大关系,主要体现在铁路的坡度和列车最小转弯半径这两个方面。在如平原地区的地势平缓的华北地区,铁路的坡度较小,线路比较平直,列车运行阻力较小,运行速度快,速度可达 100 km/h,在某些路段甚至超过此速度。但在多山且地势较崎岖的西南地区,则铁路坡度较大,线路转弯较多,且转弯半径都比较小,限制了火车的运行速度,速度多为 70~80 km/h。本例中所选城市都位于华北平原地带,因此选择列车运输时速为 80 km/h。在公路中进行集装箱货物运输,假设集卡的平均速度为 60 km/h。表 5-29 为运输网络运输时间,表 5-30 为枢纽点中转费用。

表 5-29　运输网络运输时间

	铁路运输时间/h	公路运输时间/h		铁路运输时间/h	公路运输时间/h
天津—唐山	1.35	1.93	沈阳—长春	2.88	4.11
唐山—沈阳	5.48	7.83	长春—哈尔滨	3.05	4.36

　　运输方式转换的单位转换成本 c_i^{mn} 表示在站点 i 时由第 m 种运输方式转换成第 n 种运输方式的单位转换成本。这里假设中转站不同运输方式之间的单位转换成本相同,即 $c_i^{mn}=q_j$,根据前文的推导,计算枢纽站点的运输方式转换单位费用为

$$q_j = \frac{F_j}{Q_j} \tag{5-97}$$

式中,通过统计年鉴可查得枢纽节点的年中转量 Q_j(t)以及年中转费用 F_j(元)。

表 5-30　枢纽点中转费用

序列	中转枢纽点	c_i^{mn}/(元/t)	序列	中转枢纽点	c_i^{mn}/(元/t)
1	上海	16	4	北京	17
2	石家庄	19	5	天津	19
3	济南	20			

3. 求解结果

利用 lingo8.0 对模型进行求解,目标函数优化结果如图 5-20、图 5-21 所示。

Variable	Value	Reduced Cost
X_1	1.000000	1.350000
X_2	0.000000	1.930000
X_3	1.000000	5.480000
X_4	0.000000	7.830000
X_5	1.000000	2.880000
X_6	0.000000	4.110000
X_7	1.000000	3.050000
X_8	0.000000	4.360000
Y_2	0.000000	19.00000
Y_3	0.000000	20.00000
Y_4	0.000000	17.00000

图 5 - 20　以时间为目标优化结果

Variable	Value	Reduced Cost
X_1	1.000000	932.0000
X_2	0.000000	1442.000
X_3	1.000000	2724.000
X_4	0.000000	3545.000
X_5	1.000000	1606.000
X_6	0.000000	2488.000
X_7	1.000000	1424.000
X_8	0.000000	2592.000
Y_2	0.000000	19.00000
Y_3	0.000000	20.00000
Y_4	0.000000	17.00000

图 5 - 21　以成本为目标优化结果

　　根据协同优化原理得到最终收敛解如图 5 - 21 所示,当两个子系统的解达到一致时,即以时间为目标的子系统与以成本为目标的子系统的解达到一致,协同优化系统达到协同最优。

　　计算结果:货物从天津运至哈尔滨使用铁路运输最为合适,总运输时间为12.76 h,总运输成本为 6 684 元。图 5 - 21 中的参数 X_1 表示图 5 - 19 中天津到唐山使用铁路运输方式;X_2 表示天津到唐山使用公路运输方式,以此类推,如表 5 - 31 所示。

表 5 - 31　参数说明表

	天津—唐山	唐山—沈阳	沈阳—长春	长春—哈尔滨
铁路运输	X_1	X_3	X_5	X_7
公路运输	X_2	X_4	X_6	X_8

　　得到结论,从天津到哈尔滨最佳运输组织方式就是全程使用铁路运输。很显然,这只是一个简单的案例,哈尔滨集装箱中心站运输组织中有多个枢纽站点,当

货流同时运输至中心站,运输网络中的线路将会更加复杂。本例中少量的数据使用 lingo 软件即可得出结论,当数据量增大时,我们也可借助 Matlab 或 Cplex 对模型进行求解。

其中,图中参数如表 5-31 所示。

对比 5.4 节,本节增加了对运输时间的分析。根据协同优化原理,寻找影响运输组织的两个重要因素:时间和成本。将该问题中的复杂目标函数分解成两个子目标函数,即时间目标函数和成本目标函数,再将这两个子目标函数进行协同优化。具体说来,本小节运输组织协同优化是在优化成本子目标函数的同时综合考虑时间子目标函数的结果。当不断计算,使两个子目标函数之间的优化结果能够一致,就是两个子目标得出的最终路径选择一致时,该问题的目标函数达到最优。最终得到时间与成本协同影响下运输组织方式,缩减了运输成本。

很显然,这仅是近距离间一对一站点运输,优化过程相对简单。已知哈尔滨集装箱中心站在货源运输网络中有 5 个关联度较高的运输枢纽,实际中货源地是源源不断向中心站运送货流的,因此运输网络中的线路错综复杂。在本例的运算基础上加入上海、石家庄、济南、北京这 4 个运输枢纽数据,并重复利用本节模型及算法得出货源地运输枢纽集结货源至哈尔滨集装箱中心站的协同运输方案:一条线路是北京、石家庄通过公路运输至天津中转,同天津货源运至哈尔滨集装箱中心站;另一条线路则是上海通过铁路运输至济南中转,同济南货源运至哈尔滨集装箱中心站,如图 5-22 所示。该最优方案,利用多式联运组织货源,通过协同原理节约了成本,并且也能在一定程度上协同运输时间。线路 1 与线路 2 的运输总时间大致相同,因而避免货物在某一站点或是哈尔滨中心站停留时间过长。

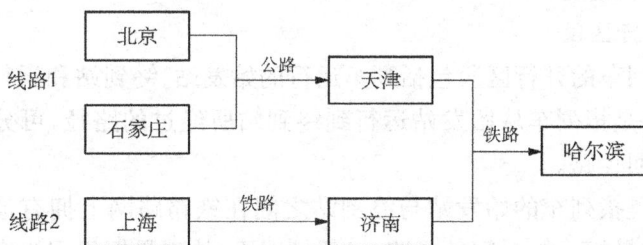

图 5-22　协同优化运输方案

第 6 章　内陆型集装箱中心站中欧班列运输组织方案

6.1　中欧班列开行方案基本概述

中欧班列开行方案是中欧班列运营组织工作的重要组成部分,是编制列车运行图的必要条件。以市场运输需求为导向,贴近货主运输需求,根据中欧班列货流起讫点(OD)分布,以有效促进"一带一路"建设为出发点,同时兼顾铁路部门的效益,科学合理地安排中欧班列开行方案,逐步实现中欧班列的常态化运营。

6.1.1　中欧班列开行方案的主要内容

中欧班列开行方案是以货运量为基础,以货物种类、特性为依据,实现从货流到列车流的转变过程,主要包括确定列车开行区段、列车类型、编组内容与开行频次、开行时刻等内容。

1. 列车开行区段

中欧班列列车的开行区段包括列车运行的始发站、终到站和运行径路三部分。其中,运行径路是指列车从始发站运行到终到站所经过的路径,可分为最短径路、特定径路和迂回径路。

最短径路是指列车的始发站与终到站之间在铁路路网上拥有最短里程,或最低运输成本,或最短运输时间的径路,一般情况下,均以最短里程为衡量标准。

特定径路是指在实际工作中,需要将繁忙线路或区段上的部分列车调整到指定的铁路路段运行,以实现铁路路网运行列车的合理分布及车流的动态均衡,达到列车分流目的,在此情况下,列车的运行径路里程发生改变,相对于其最短径路而言称为特定径路。

迂回径路是指在日常运输工作中,由于某些铁路线运营条件发生临时性变化而临时制定的列车运行径路,属非正常径路。例如,由于自然灾害、塌方、施工封锁、发生行车事故导致中断行车或通过能力下降,并在较短时间内不能恢复正常行车时,对于按最短径路或特定路径运行的在途车流或紧急待运物资,铁路局调度人员可根据迂回径路的运输能力规定一日迂回输送的车数、重车方向、空车车种及相关技术站列车编组计划的调整办法下达调度命令,经迂回径路转送到目的地,尽量减少对铁路运输秩序的干扰。

2. 列车类型

为了积极响应国家"十三五"规划中"一带一路"的号召,满足更多国家和地区的经济发展需要,中欧班列运输组织货物呈现多样性。货物多样性导致不同层次的货物对运输时间有着不同的要求,因此中欧班列开行不同等级的货运班列。目前开行的中欧班列按照在途运行的停站方式可分为一站直达货运班列、择站停货运班列、站站停货运班列等类型;按照列车运行图编制种类可分为特快班列、快速班列、长途货物快运班列、零散货物快运班列和普快班列等多个等级;按照货运班列运行速度可划分为 160 km/h、120 km/h、80 km/h 三个等级。一般情况下,中欧班列的停靠站点越少则等级越高,运行速度越快。

3. 编组内容

编制中欧班列开行方案的核心是将不同始发站、终到站之间的货流按照货物种类、货流密度、货物流向等方面分配到铁路路网中,并分配相应的货运列车完成运输作业,所以中欧班列开行方案的编组内容包括车组方向、车组数量、车组编挂方案、列车中转与甩挂作业、列车开行时间等。

4. 开行频率

开行频率就是单位周期内同种(相同运行径路、编组内容、列车类型、开行时刻)列车的开行次数,决定中欧班列的开行密度,其数量的确定要保证在该方向上尽量满足货运量需要,同时使货运设施设备得到经济合理的利用。在确定中欧班列开行时间后,开行频率由货主的时间效益、物流节点与线路通过能力、物流节点作业能力等因素决定。

5. 开行时刻

中欧班列的开行时刻是指中欧班列在运行径路上每一个车站的到达或通过的时刻,是决定有货物中转作业的班列之间衔接效果的重要因素。由于中欧班列迅猛发展,列车之间的换挂衔接作业逐步增多,为提升中欧班列的服务质量,在制定中欧班列开行方案的过程中,需要充分考虑列车的运行时间和中转站的作业时间与等待时间,对于存在多个时间节点约束的列车,则需要根据中转列车数量来确定列车的开行时刻。

6.1.2 中欧班列开行方案的影响因素

编制中欧班列开行方案的过程十分复杂,在实际操作过程中要考虑多种因素对中欧班列开行方案主要内容的影响,其中包括货流,线路与站点作业及通过能力,编组数量,班列运营费用与时间。

1. 货流

制定中欧班列开行方案的基础是货流的流量、属性、OD 分布,目的是将不同起讫点的货流分配到铁路路网及相应的列车上,完成货物运输作业。每一个物流节点货流的流量和流向影响着中欧班列运行区段、开行频率等要素的制定,货流的数量与货物品类共同影响列车类型,所以制定中欧班列开行方案的首要原则为"按需分配"。例如对于一定时期内货流稳定充足的两节点间可以直达形式开行单组列车,减少途中车组换挂,增加货物的送达速度。如果货运量不足,则组织开行分组列车,通过车组在不同列车间的快速换挂作业完成运送过程。而中欧班列开行方案的制定也会对货流产生诱增或转移等影响,因此只有掌握准确、详细的货流数据,并合理估计其市场波动范围才能制定出符合市场需求的开行方案。

2. 线路与站点作业及通过能力

在制定中欧班列开行方案时需要考虑到列车的运行径路、开行频次、换挂作业等可能会受到铁路固有的基础设施设备能力的限制,即铁路的物流节点的通过能力与线路的通过能力。

1) 节点通过能力

物流节点的通过能力是物流节点在一昼夜能够接发各方向的货物列车数。铁路物流中心与传统的货运场站相比能力强大,功能齐全,更加适应多元化的铁路快运产品各项作业。《铁路"十二五"物流发展规划》中明确了在铁路物流节点城市布局一级铁路综合物流中心,数量约为 80 个,同时配套综合型铁路物流中心约 160 个、专业型铁路物流中心 300 个。根据《我国铁路物流中心发展报告》的统计,各铁路局铁路物流中心选址规划与建设工作稳步推进。作为中欧班列网络的节点,其班列网络的形成对更好地开展快运服务有至关重要的作用。

2) 线路通过能力

线路通过能力是指在物流节点之间的线路区段每日运行的班列对数。2016年 7 月,国家发展改革委联合中国铁路总公司等发布了《中长期铁路网规划》,勾画了我国高铁"八纵八横"运营网络。"十二五"和"十三五"期间,我国铁路营业里程不断增加,2016 年达到 1.24×10^5 km,其中高速铁路运营里程达到 2.2×10^4 km。不断建设的高速铁路为缓解既有线路运输负担,释放既有线运输能力提供了很大的帮助,而且随着对既有线的不断技术改造与扩建,大大增强了货物运输通道的运输能力。同时,由于货源结构转变,铁路为中欧班列开行的运输能力提供了一定的保障。我国历年铁路营业里程如图 6-1 所示。

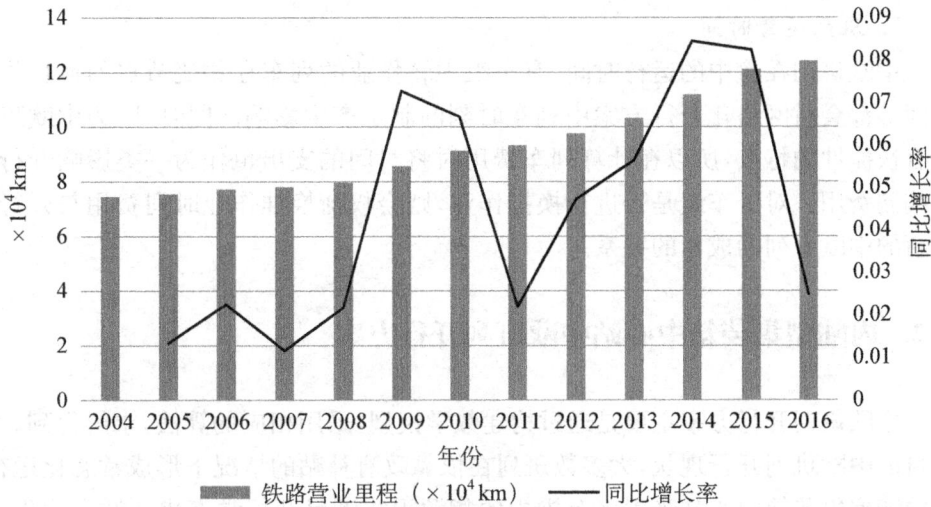

图 6-1　我国历年铁路营业里程

数据来源:国家统计局。

3. 编组数量

编组辆数是指列车机车牵引的车辆数目,受牵引定数的限制,需满足沿途停车站的设备状况及技术作业的要求。传统货物列车在开行时为防止运输能力浪费,要求每列车必须达到"满轴"的要求。但集结满轴的过程时间较长,而且满轴列车运行速度较低,不能满足中欧班列速度快、时效性高的要求,所以在运输能力得到释放后,中欧班列的开行方案中列车应该根据货源情况灵活编组。中欧班列的开行方案中根据实际情况对编组数量给予一个限定的范围,即最小编组辆数和最大编组辆数,车流量在规定的编组数量范围内即可组织开行列车。列车在运行途中车底数量不固定,但在运输全程中,列车的编组数量必须始终在编组数量的范围中。

编组辆数的范围对开行列车的种类也有影响。例如,如果列车编组数量范围是 15~30,则数量为 12 的车流只能与其他去向的车流共同开行一列中欧班列送达。而如果列车最小编组数量为 10,则该方向可考虑开行直达班列。

4. 班列运营费用

中欧班列在运行中产生的费用可以分为直接和间接两种,直接费用包括集结待送车小时费用、机车运转小时费用、列车公里费用及途中甩挂作业的作业费用。

间接费用主要是运输过程中所产生的时间损失,将其折为费用统一考虑。运输中的费用一方面会影响货主对运输方式的选择,另一方面也会影响铁路运输部门对列车运行组织的安排。

5. 班列运营时间

中欧班列在途中的运行时间、有车组中转作业的列车在物流节点的换挂作业时间等都会对网络化开行方案中列车时刻的制定产生影响。同时,因为中欧班列具有快捷性的特点,所以在计算列车费用时将时间的支出也作为一类影响开行方案编制费用。对于车组是否进行换挂作业,则会权衡换挂作业时间费用与开行一列新的中欧班列的成本的关系。

6.2 内陆型集装箱中心站中欧班列开行方案

中欧班列开行方案主要是通过构建数学模型,采用相应的算法,求解得到。根据目前中欧班列开行现状,大多数班列在依靠政府补贴的情况下形成常态化运行,即内陆型集装箱中心站吸引区范围内的货源无法满足开行常态化一站直达班列,需要依靠政府补贴从侧面降低货主运输成本,吸引内陆型集装箱中心站吸引区范围之外的货源。政府补贴的存在虽然可以吸引更广区域的中欧班列货源,但同时也变相增加了列车运输成本。因此,内陆型集装箱中心站中欧班列开行方案的设计需要对中欧班列从开行的经济效益及运输效率等方面进行考量。

内陆型集装箱中心站中欧班列开行方案的设计,应在集装箱运输量的基础上,考虑班列运输效益最大化、集装箱运输成本、运输过程产生污染最小化,集装箱运输的基本需要,确定中欧班列的运行路径,设计计划周期内内陆型集装箱中心站中欧班列的开行方案。因此,中欧班列开行方案的设计问题实际上是根据给定编组去向集的编组计划问题,所以可将其转化为车流服务径路问题进行求解。本章将通过建立开行方案设计模型,实现内陆型集装箱中心站中欧班列开行方案的通用化设计。该模型在中欧贸易需求基本条件下,以中欧班列总运行的效率最大化、运输成本与运输过程产生污染最小化为目标,以是否选用节点间的运行路径为决策变量,最终确定内陆型集装箱中心站中欧班列开行方案。

6.2.1 构建内陆型集装箱中心站中欧班列运输路径

1. 内陆型集装箱中心站中欧班列运输路径构成要素分析

按照各机构参与中欧班列运输通道情况来划分,中欧班列运输通道主要有六个要素构成。

(1) 综合管理机构。中国铁路总公司是我国开行中欧班列运输的主管部门,负责优化交通运输布局,组织拟订并监督实施行业规划、政策和标准,承担铁路运输市场监管责任等。

（2）监督管理机构。该机构负责对出入境货物、交通运输工具、集装箱等进行检查、监督,主要有海关、边检、检验检疫等部门。

（3）发货人。发货人产生基本的货物运输需求,可以是企业、货主或者个人。

（4）运输服务部门。该部门为集装箱货物运输提供服务的企业,提供铁路集装箱运输及各种货运站等服务。

（5）中欧班列经营主体和货运代理企业。代理企业在发货人和运输服务部门间建立中间桥梁,接受货主的委托,完成货物从起点到终点的运输。

（6）其他提供综合服务机构。比如在集装箱运输过程中提供基础服务的商贸、银行、保险等其他金融机构。

参与集装箱中欧班列运输的各个主体关系如图 6-2 所示。

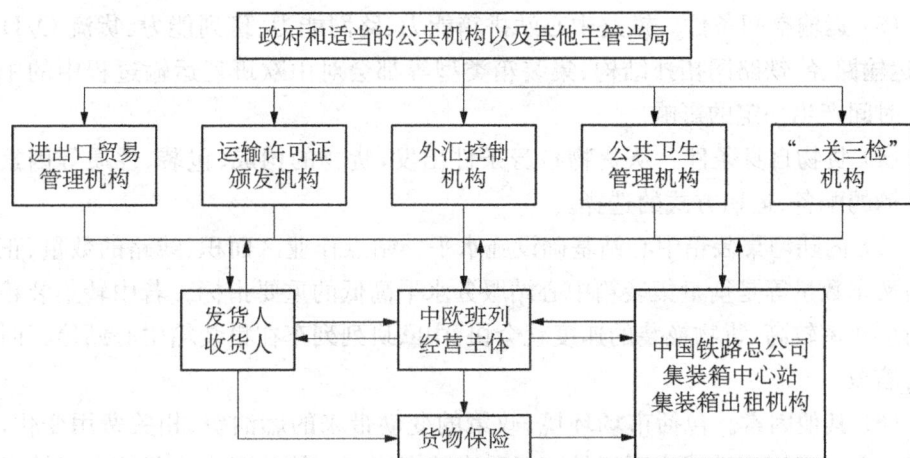

图 6-2　集装箱中欧班列运输参与者关系

2. 内陆型集装箱中心站中欧班列运输路径影响要素分析

在中欧班列运输过程中,由于运输过程是一个动态的、不确定的,货物运输时间、内陆型集装箱中心站的作业能力和基础设施水平、运输空间、货物自身条件等其他因素都会对中欧班列运输环节产生影响。中欧班列运输过程的影响因素如图 6-3 所示。

（1）运输时间条件。货物到达时间、货物在堆场的存储时间、货物的出发时间、货物运输期限以及班列出发时间等都会对集装箱的运输成本产生影响。

（2）内陆型集装箱中心站的作业能力。集装箱中心站最基本的功能就是货物装卸和中转的功能,集装箱中心站如果要成为区域内枢纽站点,强大的货源吸

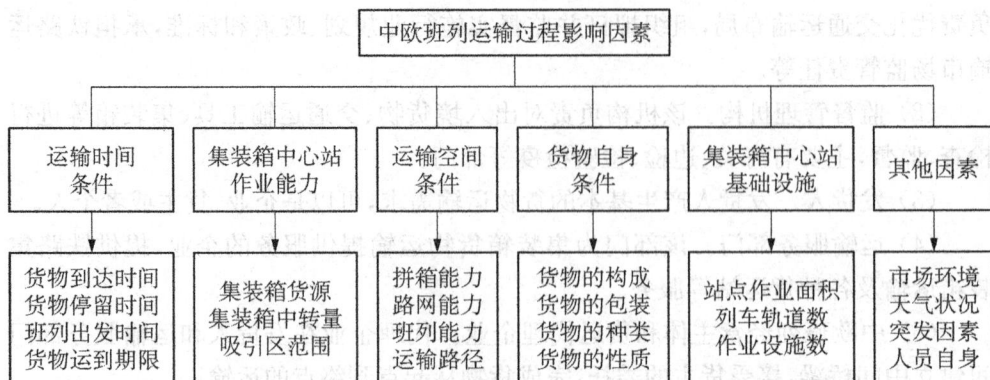

图 6-3   中欧班列运输过程影响因素分析

收和作业能力是最基本的保障和支撑,也是衡量集装箱中心站转换装比重的重要指标。

（3）运输空间条件。铁路中心站拼箱能力、路网能力、班列能力、货流 O/D 分布、运输路径、铁路网拓扑结构、集装箱类型等都会对中欧班列运输过程中的中转换装时间产生一定的影响。

（4）货物自身条件。从货物自身条件出发,货物的构成、包装、性质等因素影响车辆的配备、运输方式的选择。

（5）内陆型集装箱中心站基础设施水平。站点作业区面积、线路的数量、正面吊与叉车数量等是衡量集装箱中心站服务水平高低的重要指标。若中转集装箱货源衔接效率较高,货物换装的速度就会快,中欧班列列车在集装箱中心站停留时间就会缩短。

（6）其他因素。包括市场环境、政策的变动带来的燃油费、相关费用变化,天气状况及突发因素造成交通运输工具晚点或者交通拥堵状况产生货物在运输过程中时间不确定性以及由人类自身可能会影响运输服务的效率等其他因素。

以上因素最终都会对运输过程的运输时间和运输费用产生一定影响,引起时间和费用的变化。其中包括运输费用、中转换装费用等。

3. 内陆型集装箱中心站中欧班列运输路径不确定要素分析

一般情况下,在货主委托中欧班列运输经营人运输一批货物,并按约定的时间送达收货人的过程中,运输的起点和目的地、货运列车的出发时间一般不会产生改变。中欧班列运输经营人在处理集装箱货物国内段运输的过程中,可以选择不同的运输线路、不同的节点进行中转换装,不论选择任何运输路径,运输方式的单位成本、换装节点的中转换装成本、不同节点间的运输距离都是可以进行精确计算的。在中欧班列运输过程中可以将这些因素看成是确定性因素。

由于天气状况、交通状况、运输工具、市场需求及工作人员等因素不是固定的，具有不确定性，这些不确定因素就会对运输造成影响，对中欧班列的运输时间造成不确定性。在对中欧班列开行方案设计过程中，如果把这些不确定因素忽略，就会和实际运输过程产生偏差，最后得出的中欧班列开行方案就会和现实产生误差。为了让中欧班列开行方案结果更加贴近现实的运输情况，在中欧班列运输研究中应理论联系实际，考虑到在实际情况中的不确定因素，对现实问题的描述就会更加准确，对实际中欧班列运输过程问题的解决提供有意义的参考。

在中欧班列运输过程中，存在多种不确定因素，有着不同的分类，而这些不确定因素往往容易被忽略。根据上述对中欧班列过程影响因素的分析，找出影响运输时间的不确定因素，具体如图 6-4 所示。

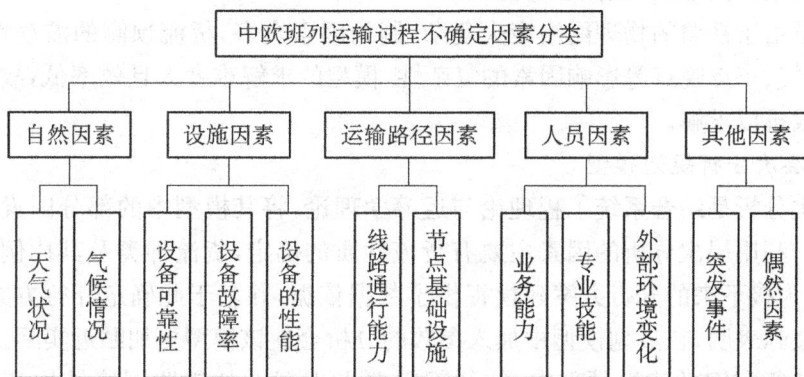

图 6-4　中欧班列运输环节不确定因素分类

6.2.2　内陆型集装箱中心站中欧班列开行方案模型

在中欧班列开行方案的优化研究方面，许多研究学者在此问题上做了较多的研究，由于开行方案优化问题所涉及的因素和问题较多，因此，此问题往往多为 NP-hard 问题。目前，在国内外有关开行方案的研究当中，其建模方法多为双层规划模型、多目标规划模型、层次分析规划模型等。

1. 双层规划模型

双层规划是一种具有二层递阶结构的系统优化问题，上层问题和下层问题都有各自的决策变量、约束条件和目标函数。上层模型对自己的问题做出决策，并传递给下层模型，但是上层模型并不对下层模型的求解进行干涉，为此，下层模型有一定的自主权求得自己的最优解，可以在自己的决策范围内自由决策。

在已有的关于快捷货物运输开行方案的文献当中，大部分上层模型为铁路运营利润或者总运输时间,在约束条件方面,一般考虑快捷货运列车的总运输时间、开行对数、车站办理能力约束等问题。下层模型大部分为用户平衡模型,避免部分线路过于繁忙。在这种双层规划模型中,最主要的是部分参数的传递和模型收敛问题,如何能够求得其最优解变得越来越难。

2. 多目标规划模型

在以往的研究当中,有关开行方案规划模型的目标函数主要为铁路公司运营利润、货物运输成本、货物运输时间、货主运输成本等。由于单目标函数难以全面考虑各个角度的利益,因此选择多目标函数。然而,由于多目标函数往往都有一定的冲突,例如货物运输时间和货主运输成本,如果只追求时间,则运输成本过高,如果要减少成本,则运输时间会过高,为了平衡两者,就需要采用多目标函数,求得其Pareto 解集,为决策者提供参考方案。

但是由于铁路的物理网络庞大复杂,制约因素众多,货流预测的波动性,以及物流、天气、正点晚点等影响因素的复杂性,模型的求解难度大且效率低,故多目标问题一般难以求解。

3. 层次分析规划模型

层次分析是结合系统工程理论与运筹学理论,将其模型中的部分因素进行定量分析。利用层次分析的因素主要有货流性质的确定,货流种类及其比例的分析等,这就为接下来的开行方案建模提供了数据依据,并基于此确定开行方案,现有的研究文献表明,在规划模型中加入参数的分析会使该模型更加贴近实际。

在开行方案的建模过程中,往往都需要考虑现有的铁路网络结构和地区经济发展水平,通过对各指标进行分析、调整,然后再建立开行方案模型。这种方法有一定的弊端,需要对大量的数据进行统计、筛选和分析,这就造成巨大的工作量。

6.2.3 内陆型集装箱中心站中欧班列开行方案模型

1. 问题描述

作为内陆型集装箱中欧班列开行方案中最重要同时也是最基础的部分,内陆型集装箱中欧班列服务网络是由铁路物理网络上开行的所有班列组成的运往路径网络,是铁路集装箱运输品牌的综合体现。在建立内陆型集装箱中欧班列运输服务网络过程中,为便于建模,需要对运输网络进行预处理。一般而言,处理方式是将节点进行扩展,建立虚拟运输网络图。节点扩展是假设各条运输路径之间的换装过程都只能发生在节点上,不能在路径中的某一点。通过节点扩展,来描述不同路径间的换装过程。一般根据流入和流出的不同方向的中欧班列种类数,把中转节点 A 分裂成多个流入节点和流出节点。流入节点和流出节点间用中转线进行连接(见图 6-5),从而实现中转节点扩展。

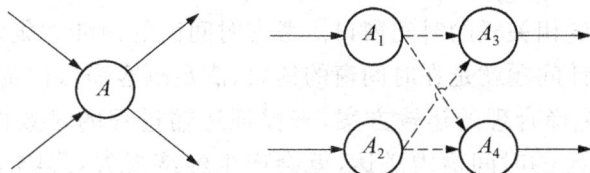

图 6-5　节点扩展

假设节点代表车站,节点之间的联弧表示两个车站之间所开行的班列。如图 6-6 所示的是中欧班列运输服务网络,整个路网共有 1 个起始站,N 个终点站,J 个沿途作业站,开行 N 个班列。由 N 个班列组成的运输网络可以将各集装箱中心站吸引到的货物通过直达或中转运输,从始发站运送至终到站。

在图 6-6 中,假设任何终点站和始发站均能进行货物装卸与车组编组作业,始发站点 O 和 D_1、D_2、$\cdots$、D_i 之间开行中欧班列,沿途 S_1、S_2、$\cdots$、S_j 进行班列换装作业,例如,始发站开行至 D_1 的中欧班列,在 S_1、S_2 站进行换装,完成换装作业后继续行驶,完成中欧班列运输任务。

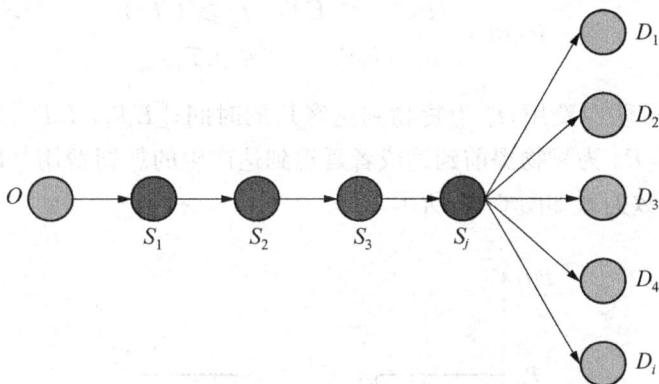

图 6-6　中欧班列运输网络

据此,设有物理网络 $G=(S, E)$,其中 $S=\{S_i \mid i=1, 2, 3, \cdots, j\}$ 为内陆型集装箱中心站中欧班列沿途换装站点集,S_1、S_2、S_j 表示内陆型集装箱中心站中欧班列沿途换装站点,用数字进行标号,j 表示内陆型集装箱中心站中欧班列运输网络中沿途换装站点数量(见图 6-6)。

1) 时间窗问题描述

在中欧班列货物运输过程中受诸多因素影响,比如机器故障、工作人员操作的熟练程度和环境等因素影响,而货物的交货时间和客户的满意度关系也较为密切,不同的客户对货物的交货时间要求不同,要求并非都是严格固定的,而是一个与客户满意度相关联的时间窗口。考虑时间窗的内陆型集装箱中心站中欧班列开行方案设计问题就是在时间窗的约束、满足顾客需求前提下,通过制定合理的运输路线、选择合理的运输方案,来保证运输过程的时效性和经济性。如果货物没有在规定的时间窗内送达,就会产生经济损失,影响运输成本。所以本章在优化运输成本的目标函数中,把与时间窗相关的成本考虑到总的运输成本中。

2) 时间窗的分类

在实际运输过程中,货物的运输常常会受到时间限制的约束,不同顾客对货物送达目的地的运输时间要求也不同。将运输成本与客户间满意度建立联系,把时间窗问题分为硬时间窗、软时间窗和混合时间窗。

(1) 硬时间窗:硬时间窗是指客户对货物从起点送达目的地的时间有严格的要求。若货物到达目的地的时间早于客户预先规定的时间,则货物就要等到规定的时间范围内才能交付;若货物到达的时间比客户规定的时间范围晚,则客户可以选择拒收该货物。硬时间窗下对应的惩罚系数关系如下:

$$P(t) = \begin{cases} P_0 (t_i \leqslant ET_i,\ t_i \geqslant LT_i) \\ 0 \quad (ET_i \leqslant t_i \leqslant LT_i) \end{cases} \tag{6-1}$$

式中,$P(t)$ 表示惩罚费用;t_i 为货物到达客户的时间;$[ET_i,\ LT_i]$ 为客户期待的收货时间范围;P_0 为货物提前到达或者延迟到达产生的惩罚费用。硬时间窗对应的具体惩罚系数关系如图 6-7 所示。

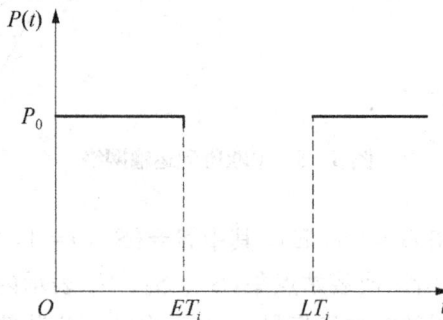

图 6-7 硬时间窗

(2) 软时间窗:同硬时间窗相比,软时间窗较为宽松,具有一定的弹性。如果货物没有在规定的时间范围内送达,那么客户也可以在时间窗范围外接收货物,这就是软时间窗问题。但因此产生的惩罚费用需要承运人来承担。如货物提前达到会产生仓储成本,货物延迟到达的话承运人就会根据合同规定承担相应地惩罚费用。在考虑到运输成本的条件下,同时顾及客户对货物运输的满意度,把满意度转化成时间窗偏离下惩罚成本的计算,来提高满意度。

$$P(t) = \begin{cases} P_{1\max}(0, (ET_i - t_i)), t_i \leqslant ET_i \\ 0, t_i \in (ET_i, LT_i) \\ P_{2\max}(0, (t_i - LT_i)), t_i \geqslant LT_i \end{cases} \quad (6-2)$$

式中,P_1 为货物提前到达情况下产生的惩罚系数;P_2 为货物延迟到达情况下产生的惩罚系数。货物提前到达、延期达到产生的惩罚系数关系如图 6-8 所示。

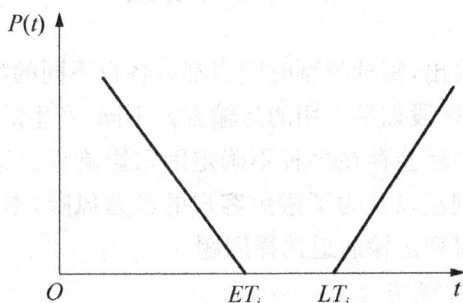

图 6-8　软时间窗

(3) 混合时间窗:混合时间窗是指将硬时间窗与软时间窗问题结合起来,货物在运输过程中,如果货物在 $[ET_i, LT_i]$ 时间范围送达,将不会产生惩罚成本。当货物在 $[AET_i, ET]$、$[LT_i, ALT_i]$ 这两个时间范围送达,就会影响客户对货物运输的满意度,相应地也会产生惩罚成本。当货物在 $[-\infty, AET_i]$、$[ALT_i, +\infty]$ 这两个任一时间段送达,客户可以选择拒绝收货,产生的惩罚成本就会变得很大。混合时间窗与对应的惩罚系数关系如下所示:

$$P(t) = \begin{cases} P_{1\max}(0, (ET_i - t_i)), t_i \in (AET_i, ET_i) \\ P_e, t_i < AET_i \\ 0, t_i \in (ET_i, LT_i) \\ P_{2\max}(0, (t_i - LT_i)), t_i \in (LT_i, ALT_i) \\ P_l, t_i > ALT_i \end{cases} \quad (6-3)$$

式中,P_e 代表一个相对较大的数,表示货物在规定的时间 AET_i 前到达目的地产生的惩罚费用;P_l 表示客户拒收该货物;$[AET_i, ALT_i]$ 属于硬时间窗,而在硬时间窗内又存在一个软时间窗$[ET_i, LT_i]$的约束,混合时间窗与对应的惩罚系数关系如图6-9所示。

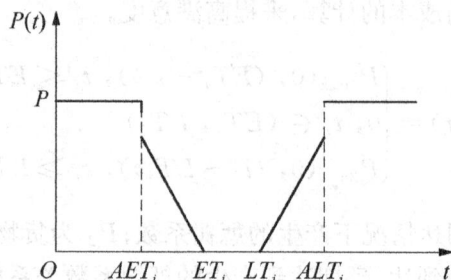

图6-9 混合时间窗

从上述分析可以看出,每种类型时间窗都有各自不同的特点,在货物的实际运输过程中,相同的运输区段如果采用的运输方式不同,产生的时间和费用都会有差异。同时在运输过程中还会存在多种不确定因素影响货物运输过程的送达时间,考虑到承运人的经济利益以及为了避免客户的经营风险,本书选择软时间窗作为时间约束来研究中欧班列运输通道选择问题。

2. 条件假设与符号说明

1) 条件假设

考虑到中欧间实际运输过程中的问题,对本问题的求解,需要满足以下假设条件。

(1) 换装作业过程中忽略实际货运作业站的复杂关系,视区域为节点,只考虑换装过程的消耗问题。

(2) 只在节点处发生货物的中转换装,运输途中不产生换装操作。

(3) 在节点处发生的短途运输、产生的延迟时间以及成本计入换装时间和换装成本中。

(4) 货物在运输途中的节点处货运站不产生仓储成本。

(5) 铁路单位运输成本在不同的运输路线和国内外都相同。

(6) 所有车流遵循车流不可拆分原则。

(7) 假设任何终点站和始发站均能进行货物装卸与车组甩挂作业。

(8) 开行的中欧班列去向不一定满轴开行。

(9) 忽略车辆的回空。

2) 相关符号说明

N:运输节点的集合。

M：运输线路的集合；$k \in M$。

q_k：第 k 种中欧班列的单位货运量（单位：吨/TEU）。

n_k：第 k 种中欧班列的集装箱数量，$n_{\min}^k$ 为第 k 种中欧班列最小编组数量，$n_{\max}^k$ 为第 k 种中欧班列最大编组数量，即满轴开行时的列车编组数量。

F_k：第 k 种中欧班列开行频次（单位：天/次），$F_k \in N+$。

L_k：第 k 种中欧班列开行一次的运营费用（单位：元）。

C_k：第 k 种中欧班列开行一次的固定碳排放（单位：$kgCO_2$）。

T_k：第 k 种中欧班列的集货时间（单位：天）。

c_{ij}^k：节点 i 到节点 j 间运行第 k 种中欧班列单位运输成本。

d_{ij}^k：从节点 i 到节点 j 间运行第 k 种中欧班列的距离。

c_i^k：在节点 i 处运行第 k 种中欧班列产生的单位中转成本。

t_{ij}^k：从城市节点 i 到城市节点 j 间采用第 k 种中欧班列运输的时间。

t_i^k：在节点 i 处运行第 k 种中欧班列产生的中转换装时间。

t_k：第 k 种中欧班列集结 n TEU 所需时间。

y_{ij}^k：如果节点 i 到节点 j 运行第 k 种中欧班列，则 $y_{ij}^k = 1$，否则 $y_{ij}^k = 0$。

x_i^k：如果第 k 种中欧班列在节点 i 处换装，则 $x_i^k = 1$，否则 $x_i^k = 0$。

当货物运输选择满洲里、阿拉山口、二连浩特三个口岸任一节点出境时，火车需换轨，则 $z_i = 1$，没有选择这三个口岸的话，则 $z_i = 0$。

Q_{ij}^k：节点 i 到节点 j 运输第 k 种中欧班列过程中的货运量约束。

t_D：货物由起点运输到目的地所花费的时间。

$[a, b]$：在中欧班列运输合同中规定的货物运输时间范围。

f：货物产生滞留费用的目标函数。

p_1：货物提前到达目的地产生的等待时间费用。

g：货物产生延迟惩罚费用的目标函数。

p_2：货物在规定时间之后到达目的地产生的惩罚时间费用。

CF：碳氧化因子。

CE：热值（kcal/kg）。

p_k：运行第 k 种中欧班列燃料的原始排放系数（$kgCO_2$/kcal）。

e_k：运行第 k 种中欧班列单位距离单位载重量的燃料消耗量[kg/(TEU·km)]。

C_i^k：在城市节点 i 处开行第 k 种中欧班列换装所产生的碳排放量。

基于上述假设条件和符号说明，本节建立如下考虑多目标的内陆型集装箱中心站开行方案模型。

3. 内陆型集装箱中心站中欧班列开行方案模型

内陆型集装箱中心站中欧班列开行方案设计,主要从三个主体进行分析,即货物运输时间最短、货物运输成本最低及货物运输过程产生的污染最少。中欧班列开行方案的设计,总的来说是希望在保证运输时间的基础上,降低货物运输成本及污染。铁路运输企业开行中欧班列,提供运输服务,希望消耗的成本最低;运输服务的需求方是货主,希望运输时间最短;在如今"低碳经济"的大环境下,国家希望在经济贸易得到发展的同时,因运输或经济活动产生的污染最少。即铁路运输企业在实现最低运输成本的基础上,能够将货物更有效率且低碳环保地送达目的地,此时内陆型集装箱中心站中欧班列开行方案最合理。

综上所述,内陆型集装箱中心站中欧班列开行方案的设计目标是货物运输时间最短、货物运输成本最低以及货物运输过程产生的污染最少。这样,既可以保证中欧班列货物的运输时间,也保证了铁路运输企业在组织运营中欧班列的成本与运输过程产生的污染合理化。

1) 时间函数分析

影响货物运输时间的因素有很多,在本节时间函数的建立中考虑了运输里程来计算货物的在途运输时间、货物的转运时间,包括货物从在节点 i 换装产生的等待及作业时间、口岸通关及换轨时间、货物集结等待时间。结合《中欧班列发展规划》文件中提出的货物在口岸停留时间不超过 6 小时,所以本节认定中欧班列在口岸进行换轨时,产生的时间为 6 小时。考虑上述分析,建立如下时间函数:

$$\min T = \sum_{i, j \in N} \sum_{k \in M} t_{ij}^k y_{ij}^k + \sum_{i \in N} \sum_{k \in M} t_i^k x_i^k + \sum_{i \in N} 6 z_i + \sum_{k \in M} F_k \times 24 \qquad (6-4)$$

式(6-4)表示运输总时间最小的目标函数由 4 部分组成,分别为货物在途运输时间,货物中转换装时间以及中欧班列由国内运输转为国外运输时,在国内口岸火车换轨所需的时间及货物集结等待时间。

2) 运输成本函数分析

在中欧班列运输过程中,运输费用包括运输区段的费用、中转换装费用及延误产生的仓储费用等,由于选择的运输方式不同,产生的运输费用也不同。除了中转换装成本,其他成本不会产生。所以中欧班列开行方案中的运输成本费用包括基本的在途运输费用和中转换装费用,并考虑到若货物在合同规定的时间内提前到达会产生相应的滞留费用,货物在合同规定外的时间延迟到达情况下,则会产生延迟惩罚费用。

$$f = p_1 \max(a - t_D, 0) = \begin{cases} p_1(a - t_D), & t_D < a \\ 0, & t_D \geqslant a \end{cases} \qquad (6-5)$$

$$g = p_2 \max(t_D - b, \, 0) = \begin{cases} p_2(t_D - b), \, t_D > b \\ 0, \, t_D \leqslant b \end{cases} \tag{6-6}$$

式(6-5)和式(6-6)分别表示货物提前到达产生的滞留费用及货物延期到达产生的惩罚费用。

$$\min Z = \Big(\sum_{(i,\,j \in N)} \sum_{k \in M} n_k c_{ij}^k d_{ij}^k y_{ij}^k + \sum_{i \in N} \sum_{k \in M} n_k c_i^k x_i^k + \sum_{k \in M} n_k f + \sum_{k \in M} n_k g + \sum_{k \in M} L_k \frac{T_k}{F_k} \Big) / \sum_{k \in M} n_k \tag{6-7}$$

式(6-7)表示货物单位运输成本最低,目标函数由 5 部分构成,分别为货物在途的运输费用、货物中转换装产生的费用、如果货物提前到达产生的滞留费用、货物延迟到达产生的惩罚费用及共开行 k 种中欧班列的单位运营费用。

将货物产生滞留费用的目标函数 f 与货物产生延迟惩罚费用的目标函数 g 的表达式代入式(6-7),得到的单位运输成本模型如下:

$$\min Z = \Big(\sum_{(i,\,j \in N)} \sum_{k \in M} n_k c_{ij}^k d_{ij}^k y_{ij}^k + \sum_{i \in N} \sum_{(k) \in M} n_k c_i^k x_i^k + \sum_{k \in M} n_k p_1 \max(a - t_D, \, 0) +$$

$$\sum_{k \in M} n_k p_2 \max(t_D - b, \, 0) + \sum_{k \in M} L_k \frac{T_k}{F_k} \Big) / \sum_{k \in M} n_k \tag{6-8}$$

3) 碳排放量计算方法及碳税成本函数分析

随着大气环境变暖,凭借着能耗少、污染少、排放少作为优势的"低碳经济"渐渐成为关注热点,以铁路集装箱运输为核心的中欧班列改变了原有传统公路运输方式下的能源消耗组成。

基于联合国政府间气候变化专门委员会(IPCC)的测算方法,所有处于世界气象组织和联合国环境规划署的成员国都可以接收到它的信息。该部门的作用是对全球气候进行客观、全面和公正透明的评估,同时对世界上关于全球气候研究的先进技术和信息进行整合,为全球气候研究提供科学依据。基于 IPCC 提供的测算方法,计算交通运输工具碳排放的方法有两种情况。

(1) 已知消耗能源总量的情况。

$$T_i = \sum_{i=1}^n (E_i x f_i x c_i) \tag{6-9}$$

式中,i 表示汽油、柴油、煤炭等燃料的种类;E_i 表示第 i 种能源的数量;f_i 表示第 i 种能源的热值;c_i 表示第 i 种能源 CO_2 排放系数。

（2）未知能源消耗总量的情况。

$$E = \sum_{i=1}^{n} O_i c_i \tag{6-10}$$

$$O_i = M_i f_i S H \tag{6-11}$$

式中，E 为 CO_2 年排放量；c_i 表示第 i 种能源 CO_2 排放系数；O_i 为第 i 种燃料的年消耗量；S 为铁路运输的年行驶公里数；H 为铁路运输每百千米耗油量；M_i 为第 i 种燃料密度；f_i 表示第 i 种能源的经热值。

碳排放的目标函数建立。结合上述有关碳排放的计算方法，建立基于碳排放的目标函数如下：

$$\min E = (\sum_{(i,j) \in N} \sum_{k \in M} CE \times CF \times n_k p_k e_k d_{ij}^k y_{ij}^k + \sum_{i \in N} \sum_{(k) \in M} C_i^k n_k x_i^k + \sum_{k \in M} C_k \frac{T_k}{F_k}) / \sum_{k \in M} n_k \tag{6-12}$$

式（6-12）表示要求中欧班列运输过程中单位运量的碳排放最少，包括货物在运输过程中、中转换装与中欧班列运营过程中产生的碳排放量。

约束条件。上述所建立的目标函数需满足约束条件为

s. t.
$$0 < \sum_{(k) \in m} x_i^k \leqslant 2, \ \forall i \tag{6-13}$$

$$\sum_{(i) \in \{i,j,l,\cdots\}} y_{ij}^k = 1, 若 y_{ij}^k = 1, 则 y_{jl}^k = 1, \ i < j < l \tag{6-14}$$

$$\sum z_i = 1 \tag{6-15}$$

$$q_k n_k \leqslant Q_{ij}^k, \ \forall i, j, k \tag{6-16}$$

$$t_{ij}^k = \frac{d_{ij}^k}{v_{ij}^k} \tag{6-17}$$

$$y_{ij}^k, x_i^k, z_i \in \{0, 1\} \tag{6-18}$$

$$y_{i-1, i}^k + y_{i, i+1}^k \geqslant 2 x_i^k, \ \forall i, k \tag{6-19}$$

$$\frac{n_{\min}^k}{n} t_k \leqslant F_k \leqslant \frac{n_{\max}^k}{n} t_k \tag{6-20}$$

约束条件式（6-13）表示节点间货物最多允许中转换装 2 次；约束条件式（6-14）保证第 k 种中欧班列在节点 i 与节点 j 之间的线路唯一性与连续性；约束条件式（6-15）保证第 k 种中欧班列在满洲里、二连浩特或阿拉山口任一口岸出境；约束条件式（6-16）表示运输过程中运输工具承运的货运量不能超过节点 i、j

间的线路通行能力;约束条件式(6-17)表示节点城市 i 与节点城市 j 间运行第 k 种中欧班列产生的运输时间;约束条件式(6-18)表示均为 0—1 变量;约束条件式(6-19)表示在节点处进行换装作业,保证货物运输的连续性。约束条件式(6-20)表示第 k 种中欧班列的开行频次应介于最小开行频次与最大开行频次之间。

综上所述,建立内陆型集装箱中心站中欧班列开行方案模型,即

$$\min T = \sum_{i,\,j \in N} \sum_{k \in M} t_{ij}^k y_{ij}^k + \sum_{i \in N} \sum_{k \in M} t_i^k x_i^k + \sum_{i \in N} 6 z_i + \sum_{k \in M} F_k \times 24 \quad (6-21)$$

$$\min Z = \Big[\sum_{(i,\,j \in N)} \sum_{k \in M} n_k c_{ij}^k d_{ij}^k y_{ij}^k + \sum_{i \in N} \sum_{(k) \in M} n_k c_i^k x_i^k + \sum_{k \in M} n_k p_1 \max(a - t_D,\,0) + \\ \sum_{k \in M} n_k p_2 \max(t_D - b,\,0) + \sum_{k \in M} L_k \frac{T_k}{F_k} \Big] \Big/ \sum_{k \in M} n_k$$

$$(6-22)$$

$$\min E = \Big(\sum_{(i,\,j \in N)} \sum_{k \in M} CE \times CF \times n_k p_k e_k d_{ij}^k y_{ij}^k + \sum_{i \in N} \sum_{(k) \in M} C_i^k n_k x_i^k + \sum_{k \in M} C_k \frac{T_k}{F_k} \Big) \Big/ \sum_{k \in M} n_k$$

$$(6-23)$$

s. t.

$$0 < \sum_{(k) \in m} x_i^k \leqslant 2,\ \forall\, i \tag{6-24}$$

$$\sum_{(i) \in \{i,\,j,\,l,\,\cdots\}} y_{ij}^k = 1,\text{若 } y_{ij}^k = 1,\text{则 } y_{jl}^k = 1,\ i < j < l \tag{6-25}$$

$$\sum z_i = 1 \tag{6-26}$$

$$q_k n_k \leqslant Q_{ij}^k,\ \forall\, i,\,j,\,k \tag{6-27}$$

$$t_{ij}^k = \frac{d_{ij}^k}{v_{ij}^k} \tag{6-28}$$

$$y_{ij}^k,\,x_i^k,\,z_i \in \{0,\,1\} \tag{6-39}$$

$$y_{i-1,\,i}^k + y_{i,\,i+1}^k \geqslant 2 x_i^k,\ \forall\, i,\,k \tag{6-30}$$

$$\frac{n_{\min}^k}{n} t_k \leqslant F_k \leqslant \frac{n_{\max}^k}{n} t_k \tag{6-31}$$

式中,y_{ij}^k、x_i^k、z_i 和 F_k 为决策变量。

6.2.4　多目标求解算法研究

传统的优化方法不能直接解决多目标优化问题,多目标问题的解决常采用加权法、约束法等转化成单目标优化问题。其中进化算法中的群体搜索策略为多目标优化问题的解决提供了合适的方案。由于多目标优化问题中多个目标间相互矛盾,不能同时达到最优解,不同的决策者会根据自己的偏好需求不同,得到不同的最优解。一般把多目标优化问题的所有可能最优解称为非劣解,也称为 pareto 最优解。

1. 多目标函数优化问题

在对实际问题进行优化时,大部分问题常常涉及多目标优化的情况。与单目标优化问题相比,多目标优化的特点是使各个目标能够达到综合的最优值。但是在多目标优化问题中,各个目标是相互影响的,很难同时达到最优,所以一般适用单目标问题的求解方法就很难用于求解多目标问题。对多目标函数优化问题的数学模型可以表示为

$$\min f(x) = (f_1(x), f_2(x), \cdots, f_M(x)) \tag{6-32}$$

$$g_i(x) \leqslant 0, i = 1, 2, \cdots, I$$
$$h_k(x) = 0, k = 1, 2, \cdots, K$$
$$x \in D$$

式中,$g_i(x)$ 和 $h_k(x)$ 分别为不等式约束和等式约束;$x = (x_1, x_2, \cdots, x_D)$ 是一个 D 维的决策变量。在对多目标优化处理过程中常会涉及以下两个概念。一是可行解,即对于一个 $x \in D$,若 x 满足优化问题中的约束条件,则称 x 是优化问题的可行解。二是可行解集,由决策空间 D 中的所有可行解组成的解集称为可行解集,记为 X_f,f 是优化多目标函数。

2. 多目标最优解概念

在实际问题中常常需要同时优化多个目标,并且目标之间又存在相互冲突的问题。如果只考虑一个目标值的话,就不能对相应方案的优劣做出判断。因此,对多目标优化中产生了帕累托最优解集概念。

(1) 支配解。假设有 K 个需要最小化的目标值(f_1, f_2, $\cdots$, f_k),x 与 y 为两组解向量,如果对所有 $k = 1, 2, \cdots, K$ 有 $f_k(x) \leqslant f_k(y)$,则称解向量 x 支配(或占优),记做 $x < y$。

(2) 帕累托最优概念。如果解向量 x^* 不受任何其他可行解支配,则 x^* 称为帕累托最优或者非支配解,且 $f(x^*) = [f_1(x^*), f_2(x^*), \cdots, f_k(x^*)]$ 称为非支配解向量。

3. 多目标的处理方法

当时间、碳排放、运输成本权重相同时，目标函数变为 $\min\left[T(\phi),E(\phi),Z(\phi)\right]$。若货主对时间要求最少，则相应的运输成本将会增加；若要降低运输成本，则货物运输的及时性得不到保障；在低碳运输的背景下，还要考虑到如何降低能源消耗，降低对环境的影响，用来权衡运输方式选择的有效性。因此，当三个目标同时进行考虑时，所得到的解非最优解，存在"效益背反"现象，而需要对三个目标提出某种折中判定，得到相对最优解。

第一步：求单目标的两个端点。求解三个单目标的最小、最大值模型如下：

$$\min f_1(\varphi)$$
$$\text{s. t.}\ \varphi\in\chi \tag{6-33}$$

$$\max f_1(\varphi)$$
$$\text{s. t.}\ \varphi\in\chi \tag{6-34}$$

$$\min f_2(\varphi)$$
$$\text{s. t.}\ \varphi\in\chi \tag{6-35}$$

$$\max f_2(\varphi)$$
$$\text{s. t.}\ \varphi\in\chi \tag{6-36}$$

$$\min f_3(\varphi)$$
$$\text{s. t.}\ \varphi\in\chi \tag{6-37}$$

$$\max f_3(\varphi)$$
$$\text{s. t.}\ \varphi\in\chi \tag{6-38}$$

假设 $\varphi_1^{\min}$ 是模型式(6-33)的最优解方案，则 $f_1(\varphi_1^{\min})$ 是货物运输的最短运输时间；设 $\varphi_1^{\max}$ 是模型式(6-34)的最优解方案，则 $f_1(\varphi_1^{\max})$ 是货物运输的最长运输时间；设 $\varphi_2^{\min}$ 是模型式(6-35)的最优解方案，则 $f_2(\varphi_2^{\min})$ 是货物运输的最小成本；设 $\varphi_2^{\max}$ 是模型式(6-36)的最优解方案，则 $f_2(\varphi_2^{\max})$ 是货物运输最大成本；设 $\varphi_3^{\min}$ 是模型式(6-37)的最优解方案，则 $f_3(\varphi_3^{\min})$ 是货物运输过程的最低碳排放；设 $\varphi_3^{\max}$ 是模型式(6-38)的最优解方案，则 $f_3(\varphi_3^{\max})$ 是货物运输过程的最高碳排放量。

第二步：采用标准 0～1 区间变换。由于运输时间、运输成本、碳排放三个目标具有不一样的量纲，采用如下公式处理该三个目标：

$$\phi_1(\varphi)=\frac{f_1(\varphi)-f_1(\varphi_1^{\min})}{f_1(\varphi_1^{\max})-f_1(\varphi_1^{\min})} \tag{6-39}$$

$$\phi_2(\varphi) = \frac{f_2(\varphi) - f(\varphi_2^{\min})}{f_2(\varphi_2^{\max}) - f_1(\varphi_2^{\min})} \qquad (6-40)$$

$$\phi_3(\varphi) = \frac{f_3(\varphi) - f(\varphi_3^{\min})}{f_3(\varphi_3^{\max}) - f_1(\varphi_3^{\min})} \qquad (6-41)$$

第三步：根据各目标重要性，动态赋予权重，一般来说，根据行业专家和学者的知识及经验赋予优化目标的权重系数。设给定三个目标的权重分别为 w_1、w_2、w_3，其中 $w_1 \geqslant 0$，$w_2 \geqslant 0$，$w_3 \geqslant 0$，且 $w_1 + w_2 + w_3 = 1$。

第四步：将上述多目标函数求解转化为单目标模型。由于三个目标函数相互间具有矛盾性，只能找到模型的 Pareto 最优解，因此用加权求和法将多目标函数化成单目标进行求解。

$$\min z(\varphi) = \min \left(\sum_{i=1}^{3} w_i f_i \right) \qquad (6-42)$$

6.2.5 内陆型集装箱中心站中欧班列开行方案模型求解算法

1. 概述

由于建立的内陆型集装箱中心站开行方案模型是非线性的，求解该类模型，大多依赖启发式算法，包括遗传算法（Genetic Algorithm）、粒子群算法（Particle Swarm Optimization，PSO）、模拟退火算法（Stimulated Annealing，SA）与蚁群算法（Ant Colony Optimization，ACO），不同算法特点比较分析如表 6-1 所示。

表 6-1 不同算法比较分析

算法名称	基本原理	特 点
遗传算法	把问题的解通过编码的方式构造成染色体，把目标函数转化成适值函数，通过空间中大量种群构成的种群中染色体上基因的交叉和变异操作得到新的染色体	根据适值函数进行评价并保留较好的解，淘汰较劣的解，通过多次繁殖和遗传逐步实现优化目标
模拟退火算法	采用 Metropolis 接收准则，以一组冷却进度表参数控制算法进程，可以在多项式时间内找到近似最优解	避免陷入局部最优解，保证全局最优解的可靠性，具有跳出局部极值而发现全局最优解的能力
蚁群算法	通过蚂蚁行走的路径表示需优化问题可行解，蚂蚁群体经过的路径形成待优化问题的解空间，蚂蚁在信息素的作用下逐步聚集到最短路径上，相应的就是等待优化问题的最优解	基于群体的随机全局优化方法，这种非确定性使算法有更多的机会获得问题的全局最优解，并且其优化过程不受问题本身的数学性质如连续性、可微等影响

（续表）

算法名称	基本原理	特　点
粒子群算法	通过几条简单的规则对群体行为建模，使每个个体在空间中移动搜索的同时记录自身的最优解和领域内最优解，并且在此基础上进行状态的变换，直到得到满意解	把个体当作是搜索空间中没有体积没有质量的粒子，粒子在搜索空间中以相应的速度飞行，并可以根据个体及集体的飞行情况动态调整该速度

由于在中欧班列开行方案设计中涉及的路径节点比较多，单个节点与其他节点存在较多联系，路网比较复杂，节点数量增多时，求解工作量比较大，相应的求解难度较大，所以，本书选用遗传算法来求解路径优化问题。

2. 遗传算法

1）遗传算法概述

遗传算法（GA）是由约翰•霍兰（John Holland）等人于 1975 年首次提出。作为一种全局性优化方法，遗传算法在物流与供应链管理领域处理了大量的优化问题。基本思想是用生物中的染色体来求解问题，把这些染色体置于问题求解的环境中，根据优胜劣汰的原则，选择适应环境的优良个体进行复制、交叉、变异，产生更适应环境的新一代染色体群。在实际应用中，遗传算法能够不依靠问题本身迅速搜寻未知空间以便找到高适应值点。

2）遗传算法的特点

遗传算法的优越性主要体现在：一是在搜索过程不会轻易陷入局部最优困境，尽管所定义的适应函数处于不连续、非规则的情况，仍然会有较大的概率找到整体最优解；二是由于本身固有的并行性，对于大规模的计算，遗传算法都可以解决。为了避免陷入局部最优，在遗传算法中引入了变异。一方面可以在附近找到更好的解，另一方面能够保持群体的多样性，保证群体能够继续进化。遗传算法在很多领域应用广泛，比如在函数优化、组合优化、生产调度、图像处理等领域。

3）遗传算法基本流程

遗传算法的遗传操作具有随机性，可以有效通过历史信息来推测下一代性能，可以提高寻优点集。通过群体一代一代不断进化，最终收敛到适应环境的优良新个体上，得到问题的最优解。遗传算法的运行过程是一个典型的迭代过程，其基本算法流程如下所示。

（1）编码策略。二进制编码方式是比较常见的策略，染色体为 n 位的二进制串，第 i 个基因位为 0，表示第 i 列未被选中，否则表示第 i 列包含在解中。通过交叉、变异后，需要检验新解是否可行，消除冗余列；并需设计启发式算法将非可行解转化成可行解或在非可行解的目标函数值上加罚函数值。

（2）计算适应度函数。用适应值来衡量个体优劣，表明个体对环境的适应能力。遗传算法在搜索时的依据是适应度函数，即遗传算法的收敛速度、能否找到最优解等取决于所选择的适应度函数。对于函数优化问题，一般取目标函数作为适应度函数。

（3）选择。在生物进化过程中常常伴随着一定的随机性，其中适应环境能力比较强的个体越容易生存，优秀的基因更容易保留下来。在遗传算法中，需要随机地选择个体进行交叉操作和变异操作。采用轮盘赌方法进行个体选择，是常用也是最简单的选择方法。选择概率定义：

$$P(x_i) = \frac{F(x_i)}{\sum_{i=1}^{n} F(x_i)} \tag{6-43}$$

式中，$F(x_i)$ 表示个体 x_i 的适应度函数值；n 表示种群的个体数目；$p(x_i) \in (0, 1)$；从某种意义上而言，个体适应度值越高，对应的选择概率就越大。

（4）交叉。连续优化常见的交叉操作有均匀交叉、模拟二进制交叉、单点交叉和两点交叉等。如何设计实现交叉操作往往和研究的问题有关。

（5）均匀交叉。根据概率来交叉两个父代染色体个体，过程是首先随机产生一个和父代染色体个体同样长度的二进制串，过程中用 0 来表示不交换，1 表示交换，即用这个二进制串作为交叉模板，如图 6-10 所示。然后再依据模板来对父代两个个体进行交叉操作，最后重新得到两个新个体。

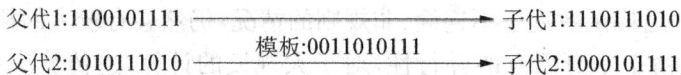

父代1:1100101111 ——————→ 子代1:1110111010
模板:0011010111
父代2:1010111010 ——————→ 子代2:1000101111

图 6-10 均匀交叉

（6）模拟二进制交叉（SBX）。针对两个实数编码的父代 $x^1 = (x_1^1, x_2^1, \cdots, x_n^1)$，$x^2 = (x_1^2, x_2^2, \cdots, x_n^2)$，被选中的基因则按照如下的方法进行操作。

$$y_i^1 = 0.5[(1-\beta)x_i^1 + (1+\beta)x_i^2], \quad y_i^2 = 0.5[(1-\beta)x_i^1 + (1-\beta)x_i^2] \tag{6-44}$$

式中

$$\beta(u) = \begin{cases} (2u)^{\frac{1}{\eta+1}}, & \text{若 } u \leqslant 0.5 \\ 2(1-u)^{\frac{1}{\eta+1}}, & \text{其他情况} \end{cases}$$

式中，u 是 $[0，1]$ 区间均匀分布的随机数。

（7）变异。变异是进化策略产生新个体的主要方法，是对群体中个体的某些基因值作变动。对采用二进制编码的染色体，变异是把一些基因值取反，即 0 变为 1，1 变为 0。遗传算法的基本流程图如 6 - 11 所示。

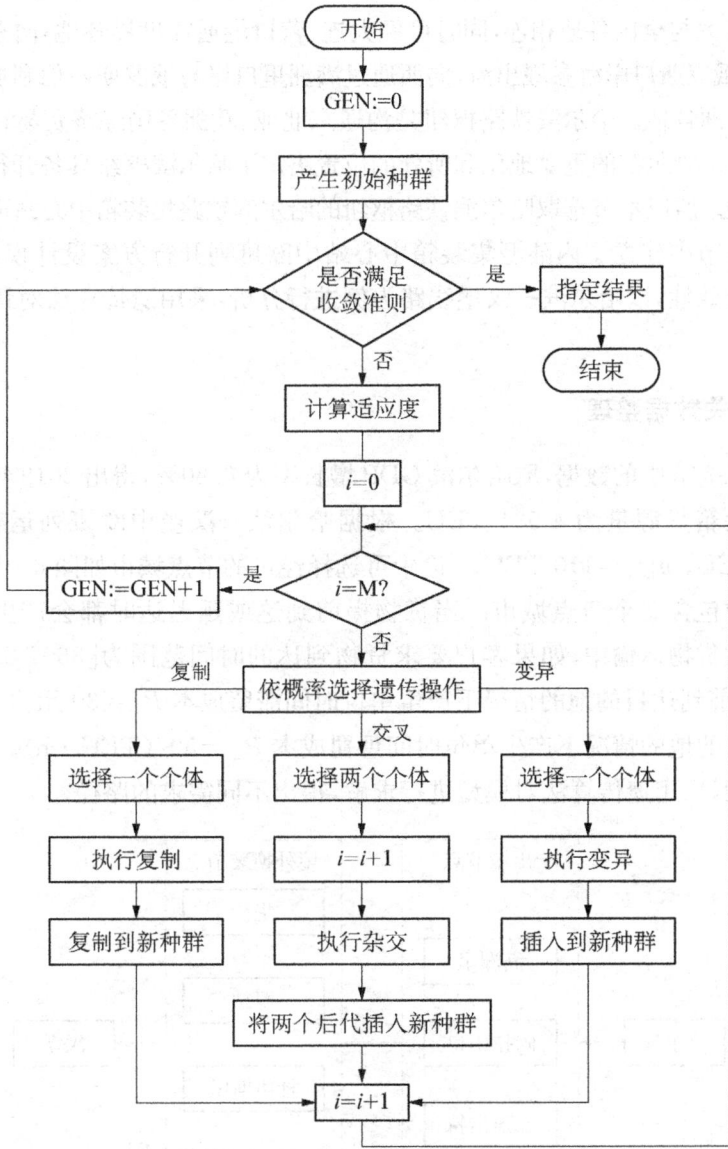

图 6 - 11　**遗传算法基本框架**

6.3　案例分析

哈尔滨铁路枢纽是我国东北北部地区的枢纽中心,有京哈、滨洲、滨北、滨绥、拉滨等五大铁路干线以及哈大、哈齐客运专线铁路在此汇集。该枢纽向南经京哈铁路入山海关与全国各地相连,同时可经大连、营口港通往世界各地,向东南经绥芬河口岸,从俄罗斯口岸海参崴出海,向西通过满洲里口岸与俄罗斯西伯利亚大铁路联结可通往欧洲各地。哈尔滨铁路枢纽是沟通东北亚、欧洲各国经济贸易往来的窗口和桥梁。由于哈尔滨的重要地位和所处的位置决定了哈尔滨枢纽具备开行中欧班列的各项条件。所以本节选取哈尔滨铁路枢纽的哈尔滨铁路集装箱中心站进行分析。

在6.2节中建立了内陆型集装箱中心站中欧班列开行方案设计模型,为验证该模型的有效性,以哈尔滨—汉堡线路为例进行分析,采用遗传算法对该模型进行求解。

6.3.1　相关数据整理

根据2.3节中的数据,取哈尔滨 GDP 增长率为 6.80%,得出 2019 年哈尔滨—汉堡的集装箱货源量为 4 534 TEU。根据哈尔滨—汉堡中欧班列运行现状,取 $n_{min}=80$ TEU, $n_{max}=110$ TEU。 途中可选择经过的节点城市如图 6-12 所示,运输网络图中包含 9 个节点城市。当货物提前到达或延迟达时都会产生相应的费用。在本次货物运输中,如果客户要求货物到达的时间范围为[360,528](单位：h),货物提前到达目的地的情况下产生单位时间滞留成本 $P_1=30$ 元/(TEU·h),延迟到达目的地的情况下产生单位时间惩罚成本 $P_2=50$/(TEU·h)。 将案例数据代入模型,采用遗传算法对模型进行求解,得出不同需求的路径。

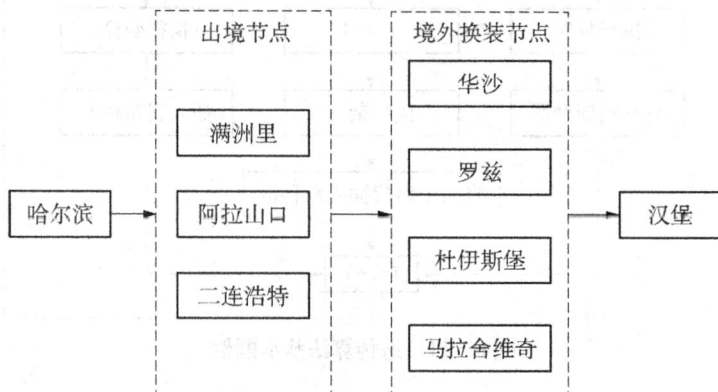

图 6-12　哈尔滨—汉堡运输网络

为方便求解工作,将上述节点城市用数字编码代替,如表 6－2 所示。

表 6－2　节点城市编号

编码	1	2	3	4	5
节点	哈尔滨	满洲里	二连浩特	阿拉山口	华沙
编码	6	7	8	9	
节点	罗兹	杜伊斯堡	马拉舍维奇	汉堡	

根据"一带一路"沿线铁路班列实际运行情况,考虑中欧集装箱班列中途换装等造成的延误,节点间各运输区段里程与中欧班列运行速度如表 6－3 所示。

表 6－3　网络节点间各运输区段距离与班列运行速度

运行区段	距离/ km	平均速度/ $(km \cdot h^{-1})$	运行区段	距离/ km	平均速度/ $(km \cdot h^{-1})$
哈尔滨—满洲里	749	31	阿拉山口—马拉舍维奇	6 909	31
哈尔滨—二连浩特	1 861	29	二连浩特—华沙	8 757	32
哈尔滨—阿拉山口	4 493	33	二连浩特—罗兹	8 599	28
满洲里—华沙	8 868	33	二连浩特—杜伊斯堡	9 232	37
满洲里—罗兹	8 849	29	二连浩特—马拉舍维奇	7 492	31
满洲里—杜伊斯堡	9 840	40	华沙—汉堡	1 759	31
满洲里—马拉舍维奇	8 517	32	罗兹—汉堡	1 616	28
阿拉山口—华沙	7 045	30	杜伊斯堡—汉堡	1 290	40
阿拉山口—罗兹	7 155	26	马拉舍维奇—汉堡	1 948	34
阿拉山口—杜伊斯堡	8 764	34			

根据我国的《铁路货物运价规则》规定:对于铁路货物运输费用的计算方法,货物可以采用适用的发到基价与运行基价和运输里程的乘积,即铁路集装箱运价＝(基价＋运行基价×运输里程)×箱数。从 95306 货运网站上查询到铁路集装箱运输费用收费标准为:尺寸为 20 ft(1 ft＝0.304 8 m)的集装箱运输基价为 2.025 元/(TEU·km),尺寸为 40 ft 的集装箱运输基价为 2.754 元/(TEU·km)。

2016 年,我国的铁路能源消耗折算成标准煤达到 1 591.6 万 t,和 2015 年相比增长 0.9%。铁路运输量的单位综合能耗为 4.71 t 标准煤/(×10⁶·TEU·km)。在我国铁路主要污染物排放量中化学需氧量排放量达 1 965 t,同比降低 2.0%,二氧化硫排放量 23 924 t,同比降低 13.9%。铁路运输碳排放参数具体如表 6-4 所示。

表 6-4 铁路运输碳排放参数

燃料消耗量/ [kg/(TEU·km)]	燃料热值/ (kcal/kg)	燃料排放系数/ (kgCO₂/kcal)	碳氧化因子
0.094 2	10 200	0.000 3	1

根据相关文献的数据信息、集装箱货运中转站等相关情况,整理得到中欧班列途径换装节点的换装成本、转运时间和碳排放量,具体如表 6-5 所示。

表 6-5 哈尔滨—汉堡中欧班列换装节点参数表

	中转费用/(元/箱)	转运时间/h	碳排放量/(kgCO₂/TEU)
满洲里	0	6	3
阿拉山口	0	6	3
二连浩特	0	6	4.8
华沙	150	13	6.0
罗兹	120	15	7.2
杜伊斯堡	170	12	4.8
马拉舍维奇	100	14	0.9

6.3.2 模型求解结果

在中欧班列的实际运输过程中,中欧班列参与者对运输的关注度和侧重点不同,即对货物送达的时效性、运输费用、碳税成本要求不同,则选择的运输路径就不同。结合具体的集装箱货物运输环境,通过在算法设计中加入对费用、碳排放政策、时间的敏感度权重,使得求解的结果更符合实际需求。本书设定费用的敏感程度等级 α_i=(强;一般;弱)=(9:7:5);碳排放的敏感程度等级 β_k=(强;一般;弱)=(9:7:5);运输时间的敏感程度等级 λ_j=(强;一般;弱)=(9:7:5);敏感度等级越强,则代表着在目标中的作用就明显,权重也就大。因此可确定其权重系数 w_i=[α_i, β_k, λ_j],通过采用归一化原理的方法得到 $w_1=\alpha_i/(\alpha_i, \beta_k, \lambda_j)$, $w_2=\beta_k/(\alpha_i, \beta_k, \lambda_j)$, $w_3=\lambda_j/(\alpha_i, \beta_k, \lambda_j)$。对于中国铁路总公司来说,中欧班列运输集成运作的良性循环系统如图 6-13 所示。

综上所示,采用遗传算法对模型进行求解,迭代 200 次,结果如表 6-6 所示。

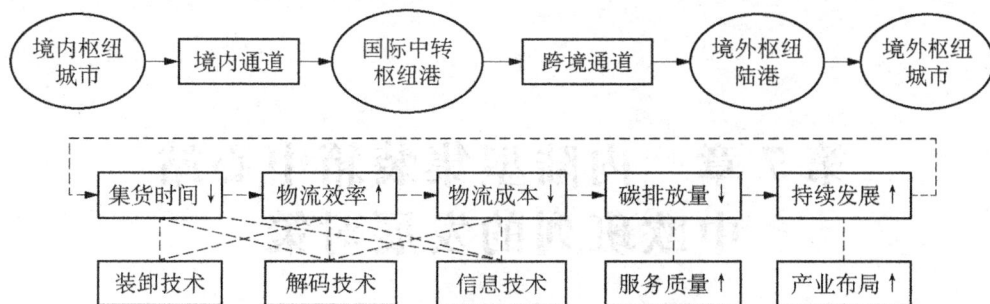

图 6 - 13　货物集成运作的良性循环系统

表 6 - 6　哈尔滨—汉堡中欧班列开行方案求解结果

方案	节点与运输方式	(α, β, λ)	单位运输费用/元	运输时间/h	单位碳排放量/kg	开行频次/（天/列）
1	1—2—7—9	(0, 0, 1)	26 474.98	474.98	4 150.69	6.4
2	1—3—8—9	(1, 0, 0)	21 121.75	611.23	3 675.15	8.8
3	1—2—6—9	(0, 1, 0)	23 926.25	600.01	3 256.38	8.0
4	1—2—8—9	(7, 5, 9)	23 285.93	516.81	3 877.53	6.8
5	1—2—5—9	(5, 9, 7)	24 845.29	551.03	3 304.04	7.6
6	1—4—6—9	(9, 7, 5)	22 706.26	605.66	3 437.03	8.4
7	1—3—8—9	(5, 5, 5)	24 136.52	574.92	3 650.73	7.2

　　根据表 6 - 6 可以得出,若完全考虑运输时间对开行方案的影响,哈尔滨—汉堡中欧班列应沿哈尔滨—满洲里—杜伊斯堡—汉堡线路,每 6.4 天开行一列;若完全考虑运输费用对开行方案的影响,哈尔滨—汉堡中欧班列应沿哈尔滨—二连浩特—马拉舍维奇—汉堡线路,每 8.8 天开行一列;若完全考虑碳排放量对开行方案的影响,哈尔滨—汉堡中欧班列应沿哈尔滨—满洲里—华沙—汉堡线路,每 8 天开行一列;若综合考虑运输费用与运输时间对开行方案的影响,哈尔滨—汉堡中欧班列应沿哈尔滨—满洲里—马拉舍维奇—汉堡线路,每 6.8 天开行一列;若综合考虑碳排放量与运输时间对开行方案的影响,哈尔滨—汉堡中欧班列应沿哈尔滨—满洲里—华沙—汉堡线路,每 7.6 天开行一列;若综合考虑运输费用与碳排放量对开行方案的影响,哈尔滨—汉堡中欧班列应沿哈尔滨—阿拉山口—罗兹—汉堡线路,每 8.4 天开行一列;若综合考虑运输费用、碳排放量与运输时间对开行方案的影响,哈尔滨—汉堡中欧班列应沿哈尔滨—二连浩特—马拉舍维奇—汉堡线路,每 7.2 天开行一列。

第 7 章 内陆型集装箱中心站中欧班列的发展对策

7.1 内陆型铁路集装箱中心站中欧班列存在问题

中欧班列国内段运行顺畅,完全达到货主对运输时间的要求,但是中欧班列国外段运行具有不确定性,影响中欧班列产品信誉。主要存在以下问题。

1. 铁路运输在货流组织方面占比不足

中欧班列的运输组织是以国际集装箱班列运输为主体的多式联运过程,在流程上分为国内运输与国外运输两个阶段。在国内运输阶段,国际货物运输组织虽然由铁路、公路、水运、航空相互配合予以完成,但不同运输方式之间同样存在很大程度上的竞争。

由于铁路运输在货流组织过程中要经过装卸、集结、编组、中转等流程造成运输灵活性较低、运价复杂且不合理,使铁路运输在货流组织方面的性价比降低,导致铁路运输占据的市场份额并不理想,丧失了在中欧班列货流组织方面的核心竞争力,与铁路在全国交通体系中占主导大动脉地位极不相符,无法顺利落实以铁路运输为核心的多式联运战略。

2. 内陆型集装箱中心站功能区布局有待调整优化

内陆型集装箱中心站需要具备集装箱的装卸、集结、编组、中转及报关检验等功能,因此,在划分中心站功能区的过程中需考虑诸多因素,例如提高集装箱作业效率、节约装卸成本、增强管理沟通等,来实现作业区与生产区流畅衔接,从而保证中心站高效率的作业方式。

部分内陆型集装箱中心站在功能区划分方面仍存在较大缺陷,主要表现为只以集装箱本身的基本功能为基础,以完成集装箱的相关作业为目标,笼统地对中心站的功能区进行划分;缺乏从现代物流及多式联运角度考虑,如未设置拆拼箱专用区域与商检区域,导致中心站的物流组织与管理遭遇瓶颈,无法大幅提高效率,不利于进出口货物运输;中心站集装箱堆场内的物流配套设施尚不完善,缺少相应的物流增值服务功能,没有顺应当前铁路物流向现代化物流转型的趋势等。

3. 运价补贴仍是维持中欧班列的主导因素

根据表 7-1 可知,各地政府组织开行中欧班列的补贴在 312～7 000 美元/TEU,截至目前,各地政府对组织中欧班列所发放的补贴仍是维持大部分中欧班列运营的关键,导致中欧班列各条线路各自为政,在促进中欧班列蓬勃发展的同时,也造成了中欧班列运输市场的运价竞争混乱,阻碍中欧班列常态化运营。地方政府补贴班列的目的是借由铁路外贸通道谋求城市在全球物流经贸网络中的地位提升,增强承接外向型高附加值产业吸引力。尽管通过政府财政补贴的方式,可以帮助中欧班列渡过在运营初期的难关,但降低政府补贴、增加市场化运营程度、促进中欧班列常态化开行将是中欧班列未来发展的趋势。

表 7-1　各地中欧班列政府运价补贴　　(单位:美元/TEU)

地区	运价补贴	地区	运价补贴
郑州	3 000～7 000	徐州	1 250
武汉	4 000～5 000	长沙	1 562～4 688
成都	3 000～3 500	合肥	312～937
重庆	3 500～4 000	昆明	1 250
苏州	现已取消	西安	1 015～1 875
义乌	无	甘肃	937
营口	无	广东	1 875～2 344
乌鲁木齐	2 500～4 000	哈尔滨	1 500～2 000

4. 运输时效稳定性差

班列运行初期能够保证在规定时间内运抵目的地,但随着班列开行频次增加、国外段运输能力受限,受制于基础设施设备,同时沿途国家的铁路技术标准不统一,造成班列运行时长的不确定性较大,运输时间波动范围较广,限制了哈尔滨铁路集装箱中心站开行中欧班列的发展。

5. 班列开行城市货源不足

近年,尽管中欧班列开行数量呈现指数增长,但是货物集结时间长,不能形成常态化运营;其次,运量增加的主要原因,一方面是由于其货类结构已由 IT 产品等高附加值货物向日用百货等较低附加值产品拓展,另一方面是在各地政府补贴支撑下,货源腹地逐步延伸,中欧班列开行城市通过降低运价,吸引沿海地区的海运需求存量,这不仅会增加货物运输成本,同时浪费铁路运力,显然不合理;其三,中国出口欧洲货量多于进口货量,主要问题归咎于国外货物难以集结,国家应制定相应政策,形成合力在国外通过谈判等方式增加货源。

6. 往程班列与回程班列数量分布严重不均

中欧班列去程与回程班列数量严重不均衡,是所有中欧班列都面临的痛点,回程货源远小于去程货源,往返比例约为3∶1。这主要是由于中欧班列运营主体的海外营销匮乏,没有建立有效的营销体系,班列的国企身份在回程货源开发上有诸多不便,如投资合作、人员出境等,另外,中欧班列操作缺乏稳定性,过于复杂,没有统一标准,不符合欧洲货主的使用习惯。

7.2　内陆型集装箱中心站中欧班列运输组织的对策

1. 强化铁路运输在中欧班列货流组织中的地位

本书研究结果表明,在内陆型集装箱中心站腹地区域,适用铁路运输的货物,应在充分发挥铁路集装箱运输优势的基础上采用铁路运输。为此,铁路部门应对距离车站(专用线)较远、整车发运较少、公路散货治理要求较高的地区,增开集装箱办理站点,建立集装箱多式联运竞争合作的价值链,制定科学的运输组织方案,促使中欧班列向常态化开行发展;加强集装箱中心站与陆运、海运企业或机构之间的合作,优化多式联运作业流程,改造升级货场作业硬件设施,促进资源配置和各运输主体互利共赢,增加铁路吸引力和市场竞争力,实现整车运输增量和集装箱发运增量的统一。

2. 完善内陆型集装箱中心站功能区布局

经过铁路货物运输改革,向物流现代化转型是铁路货物运输的必然趋势。然而,无论从运输组织方式还是管理方式等方面,内陆型集装箱中心站作为铁路货物运输的最基础也是最重要的一环,其内部功能区划分的合理性对铁路运输作业效率与铁路运输向现代化物流转型的进度具有重要的决定性作用。

做好内陆型集装箱中心站功能区划分工作,既要考虑铁路运输传统作业的需求,又要考虑现代化物流发展的新功能,体现现代物流运输的理念。开展中心站功能区划分工作之前,合理规划内陆型集装箱中心站的功能定位,在保证以高效率完成装卸、集结、编组、中转、仓储等最基础、最主要业务的同时,增加现代化物流增值服务功能;再结合中心站具体地域面积及其他相关指标确定中心站作业流程,以系统性、协调性、高效性与经济性等为原则,采用合理的方法对内陆型集装箱中心站的功能区进行划分。

3. 制定合理的运价补贴机制

为了保证货主采用铁路运输的积极性,铁路部门应该从政府管理层和中国铁路总公司角度出发,积极营造公平开放、竞争有序的市场环境,制定合理的铁路运输运价补贴机制,以改变当前中欧班列市场运价竞争混乱的现状,减少不必要的恶性竞争,促进我国以铁路为核心的多式联运快速发展。

4. 提高中欧班列运输时效性

构建快捷畅达的物流通道,加强路企合作,促进不同运输方式间的无缝衔接。国内方面,针对货源"小批量、高频次、快中转"等特点,开行物流专线,构建区域快运通道;对接各类企业,多方挖掘货源,根据流量流向,开发"点对点"等国内快运班列,构建国内长途快运通道。国际方面,加强与进出口企业和境外物流贸易企业对接,同时以中国铁路总公司为主导,主要就中欧班列通关流程、境外换装、列车运行速度等问题,开展与中欧班列运输径路相关国家之间的运输友好协商,并签订相关协议,提高中欧班列在境外运输段的运输效率;发挥铁路口岸功能,推行通关"一站式"办理,简化业务办理流程,构建以铁路为主导的国际物流大通道。

5. 提高中心站作业组织效率

建设集装箱中心站货运信息智能管理系统,提升货运产品可追溯及在线调度管理水平,保证中欧班列可按需按时开行。运用电子标识、自动分拣、自动拆封包、危化品智能监测等技术,对运输、仓储、配送装备进行升级,优化作业流程,提高集装箱中心站物流各环节效率。

6. 增加回程班列比重

平衡中欧班列的去程与回程班列比例是决定中欧班列常态化开行的关键所在,根据中欧班列运行现状分析,增加中欧班列回程比例是推动中欧班列长远、可持续发展的重要手段。

铁路运输部门应以中国铁路总公司为核心,统筹规划,加强顶层设计,积极推进信息服务网络化,建设中欧班列信息服务平台,逐步实现与中欧班列沿线国家铁路部门、海关、检验检疫机构等的信息系统电子数据的交换及共享,提高中欧班列运输的时效性、便利性与安全性;深入分析欧洲进口货物的内容、价值及走向,寻找稳定的回程货源,并为其提供方便的集货途径,与中欧班列沿线国家开展业务洽谈,在沿线国家和终点建立大型集货中心,将中欧班列回程业务以集货中心为圆心向外延伸,扩大回程货源辐射半径,再在货源辐射覆盖的区域内建立多个小型集货点,以集货点为圆心,向外辐射,形成相对稳定的集货半径。如果上述集货模式能够有效实行,必定会极大地增加中欧班列回程比重,促进中欧班列常态化开行。

7.3　保障措施建议

1. 加强协调组织

发挥铁路主导作用,由中国铁路总公司牵头,建立各地方政府、平台公司及企业共同参加的统一系统机构,各方同时发力,共同加强班列国内外日常工作的组织与协调,助力中欧班列常态化开行。

加强与沿线国家沟通、合作,逐步建立适用于中欧班列的国际铁路运输规范,以提高班列通关效率与境外换装能力,确保班列的运行时效性、稳定性,满足货主发货量需求,逐步实现班列运行客运化,为中欧班列境外运行创造便利条件。

2. 加快信息平台建设

在中欧班列运营管理方面,加快信息平台建设,顺应"互联网+"的发展趋势,建立综合服务性信息平台,铁路部门应开放信息接口,使各货主、运输部门、代理都能获得使用权限,根据客户需求实现货主需求受理、车辆和集装箱追踪、"一单制"服务落实、网上支付等功能,提高班列联运信息服务水平和竞争力。

在中欧班列营销管理方面,在大数据背景下,充分利用现代信息技术,在建立综合服务性信息平台的基础上,结合自身积累的海量信息数据,构建中欧班列货运营销大数据综合信息平台,优化营销方式,创新营销方案,做好市场分析与预测,弥补传统营销模式的不足;利用95306铁路货运电子商务服务系统,将中欧班列业务模块加入95306系统中,并同时配备运单追踪功能,客户可以及时查询在途货物运输相关信息,包括到站时间、到站地点、货物状态等。

构建中欧班列综合服务性信息平台与中欧班列货运营销大数据综合信息平台,实现中欧班列货运业务的精细化管理,提升货运服务水平,挖掘潜在客户转为现实客户,保证中欧班列货源的稳定增长。

同时,信息平台还可用于港口、铁路运输部门、海关、货代、船代等业务关联部门直接信息的连接和沟通,形成多式联运信息网络格局,多种运输方式之间实现信息共享有利于扩大货源吸引范围,为集结货源提供了有力支撑。

3. 进一步降低物流成本

优化中欧班列境外运输组织模式,减少班列运行途中非必要作业的停留时间,能够有效地减少物流成本。非必要作业时间主要包括班列不能及时办理通关手续而造成停留和因通过能力不足而造成停留等待,通过同沿线国家协调,优先组织中欧班列通过,实现经济运输。

4. 降低班列回程成本,助力班列常态化开行。

在国际方面,充分发挥市场在资源配置中的决定性作用,加强同"一带一路"经济带沿线国家的贸易合作,发展中欧贸易,大力组织班列回程运输;在国内方面,扩大货源吸引范围,加强回程货源组织,拓展汽车配件、食品饮品、机械设备等适箱货源,带动国内、国外两个市场发展,重点是推进当前中欧班列运输组织运价补贴模式改革,将现在只对去程中欧班列进行运价补贴的"开环运价补贴"转变为对组织回程中欧班列达到去程中欧班列一定比例的中欧班列运营主体进行运价补贴的

"闭环运价补贴",从降低去程班列运输成本转变为降低回程班列运输成本,努力实现中欧班列重去重回,以提升班列质量和效益。例如在单位时间内,哈尔滨—汉堡中欧班列运营主体组织哈尔滨—汉堡中欧班列的去程班列为 10 列,组织回程班列为 7 列,回程班列数量为去程班列数量的 70%,满足回程班列数量与去程班列数量的比例标准,哈尔滨—汉堡中欧班列运营主体可申请在此段单位时间内开行中欧班列所享受的"闭环运价补贴"。

　　5. 运价补贴机制与运输市场规律相协调

　　适当的运价补贴有助于保证其常态化发展,但如果政府对中欧班列的运价补贴过低,微薄的运价补贴不能提升中欧班列的竞争力,不能够达到预期的效果,进而造成资金的浪费;如果政府对中欧班列的运价补贴过高,虽然会给中欧班列的竞争力带来很大的提升,货物运输的总成本下降,但高昂运价补贴所带来的财政压力,政府不能承受,也不利于中欧班列的常态化运营。因此,政府在制定中欧班列运价补贴标准时应与国际货运市场规律相协调,充分考虑铁路运输的外部成本和时间成本。外部成本的错误估计会使运价补贴政策达不到政府预期的中欧班列占比目标,从而对中欧班列具体运价补贴数额产生影响;在时间成本的考虑上,需要对货物时间价值进行考虑,从而在时效性上符合不同货物品类的需求。

　　在中欧班列运营初期,中欧班列最优运价补贴数额与政府期望的中欧班列发展水平关系较大,通过确定政府对中欧班列占比的目标(即中欧班列的期望水平)得出运价补贴合理范围及最优运价补贴数额,可以为政府制定运价补贴政策提供参考,避免盲目补贴导致恶性竞争,同时可促进中欧贸易发展,刺激更多的货物通过中欧班列运输;在中欧班列运营中期,中欧班列具有稳定的货源,中欧班列的单位运营成本降低,适当减少运价补贴也不会影响中欧班列的占比;在中欧班列运营后期,中欧班列在完全没有运价补贴的情况下,仍能够在市场竞争中稳步发展,完成中欧班列的常态化开行。

参 考 文 献

[1] 吴强. 铁路集装箱运输[M]. 北京:中国铁道出版社,2011.

[2] 李佳峰. 港口型集装箱中心站选址及运输组织方案[J]. 铁道工程学报,2004,21(4):6-10.

[3] 张海霞,刘浦. 铁路集装箱中心站联运模式及交通支撑策略——以广州市为例[C]. 中国城市交通规划年会,2017.

[4] 朱友文. 铁路集装箱中心站运营模式研究[J]. 中国铁路,2011(1):53-57.

[5] 张彬. 铁路集装箱中心站设施设备能力协调研究[D]. 北京:北京交通大学,2015.

[6] 王姣娥,景悦,王成金. "中欧班列"运输组织策略研究[J]. 中国科学院院刊,2017,32(4):370-376.

[7] 王长江. 指数平滑法中平滑系数的选择研究[J]. 中北大学学报(自然科学版),2006(6):558-561.

[8] 杨吾扬,梁进社. 关于吸引范围及其模式与划分方法[J]. 地理学报,1985,40(2):97-108.

[9] 梁晓慷. 带有时间窗的铁路集装箱多式联运方案优化研究[D]. 成都:西南交通大学,2016.

[10] 朱文肖. 铁路物流中心平面布局规划研究[D]. 北京:北京交通大学,2015.

[11] 闫卫阳,郭庆胜,李圣权. 基于加权 Voronoi 图的城市经济区划分方法探讨[J]. 华中师范大学学报(自然科学版),2003,37(4):567-571.

[12] 国家统计局城市社会经济调查总队编. 中国城市统计年鉴[M]. 中国统计出版社,1995.

[13] 侯玉梅,贾震环,田歆,等. 带软时间窗整车物流配送路径优化研究[J]. 系统工程学报,2015,30(2):240-250.

[14] 潘常虹,范厚明. 集装箱多式联运系统的 Petri 网建模及其性能分析[J]. 铁道运输与经济,2015,37(3):59-63,88.

[15] 王文宪. 基于 SLP 的铁水联运港站布局优化研究[J]. 铁道运输与经济,2014,36(9):21-25.

[16] 冯芬玲,景莉,杨柳文. 基于改进 SLP 的铁路物流中心功能区布局方法[J]. 中国铁道科学,2012,33(2):121-128.

[17] 王利. 铁路集装箱站作业流程及平面配置方案设计研究[J]. 交通运输系统工程与信息,2009,9(3):152-156.

[18] 马成林,毛海军,李旭宏. 物流园区内部功能区布局方法[J]. 交通运输工程学报,2008,8(6):116-121.

[19] 彭蓉,鄢玲. Petri 网模型在铁路集装箱运输业务流程优化中的应用研究[J]. 铁道运输与经济,2008,30(9):80-83.

[20] 徐玲玲,李文君. 重庆保税港区港口物流与区域经济协同发展研究[J]. 重庆理工大学学报

（社会科学），2015，29（06）：22 - 26.

[21] 张广胜. 我国铁路物流与经济发展的协同机制研究[J]. 北京交通大学学报（社会科学版），
2013，12（3）：21 - 25.

[22] 杨冀琴. 铁路集装箱运输参与多式联运的协同优化[D]. 成都：西南交通大学，2008.

[23] 孙玲. 协同学理论方法及应用研究[D]. 哈尔滨：哈尔滨工程大学，2009.

[24] 王姣娥，景悦，王成金. "中欧班列"运输组织策略研究[J]. 中国科学院院刊，2017，32（4）：
370 - 376.

[25] Baykasoğlu A, Subulan K. A multi-objective sustainable load planning model for
intermodal transportation networks with a real-life application [J]. Transportation
Research Part E Logistics & Transportation Review, 2016,95:207 - 247.

[26] Goldman A J. Optimal Locations for Centers in a Network [J]. Transportation Science,
1969,3(4):352 - 360.

[27] O'Kelly M E, Lao Y. Mode Choice in a Hub-and-Spoke Network: A Zero-One Linear
Programming Approach [J]. Georgraphical analysis, 1991,23(4):283 - 376.

[28] Slack B. Intermodal transportation in North America and the development of inland load
centers [J]. Professional Geographer, 2010,42(1):72 - 83.

[29] Campbell J F. Integer programming formulations of discrete hub location problems [J].
European Journal of Operational Research, 1994,72(2):387 - 405.

[30] 张建勇，郭耀煌. 一种多式联运网络的最优分配模式研究[J]. 铁道学报，2002，24（4）：114 -
116.

[31] 陈大伟，徐中，李旭宏. 区域综合货运枢纽布局优化模型[J]. 华南理工大学学报（自然科学
版），2009，37（11）：31 - 36.

[32] 倪玲霖，史峰. 多分配快递轴辐网络的枢纽选址与分配优化方法[J]. 系统工程理论与实
践，2012，32（2）：441 - 448.

[33] Modesti P, Sciomachen A. A utility measure for finding multiobjective shortest paths in
urban multimodal transportation networks [J]. European Journal of Operational Research,
1998,5:27 - 38.

[34] Nijkamp P, Reggiani A, Tsang W F. Comparative modeling of interregional transportation
flows: Applications to multimodal European freight transport[J]. European Journal of
Operational Research, 2004,155(3):584 - 602.

[35] Racunica I, Wynter L. Optimal location of intermodal freight hubs [J]. Transportation
Research Part B, 2005,39:453 - 477.

[36] 张运河，林柏梁，梁栋，等. 优化多式联运问题的一种广义最短路方法研究[J]. 铁道学报，
2006，28（4）：22 - 26.

[37] 张建勇，郭耀煌. 一种多式联运网络的最优分配模式研究[J]. 铁道学报，2002，24（4）：114 -
116.

[38] 刘杰，何世伟，宋瑞，等. 基于运输方式备选集的多式联运动态路径优化研究[J]. 铁道学
报，2011，33（10）：1 - 6.

[39] 郭周祥. 不确定性环境下汽车供应链物流计划协同优化研究[D]. 北京：北京交通大
学，2017.

[40] 王春波. 协同运输模式下煤炭外运组织优化研究[D]. 兰州：兰州交通大学，2016.

[41] 张得志,李双艳.不确定环境下协同运输优化模型及其求解算法[J].铁道科学与工程学报,2010,7(4):116-120.

[42] 冯芬玲,张清雅.基于环境的多式联运运输方式协同组织优化模型[J].铁道科学与工程学报,2012,9(6):95-100.

[43] 杨浩.铁路运输组织学[M].第3版.北京:中国铁道出版社,2012.

[44] 徐亚,陈秋双,龙磊,等.基于多目标规划的堆场空间分配问题研究[J].系统工程学报,2009,24(3):365-369.

[45] 闫利军,樵军谋,徐坚,等.模糊层次分析法中权重求解的线性目标规划模型[J].制造业自动化,2018,40(9):107-109+117.

[46] 吴天羿,许继恒,刘建永,等.求解有硬时间窗车辆路径问题的改进遗传算法[J].系统工程与电子技术,2014,36(4):708-713.

[47] 何小锋,马良.带时间窗车辆路径问题的量子蚁群算法[J].系统工程理论与实践,2013,33(5):1255-1261.

[48] 邹骥,滕飞,傅莎.减缓气候变化社会经济评价研究的最新进展——对IPCC第五次评估报告第三工作组报告的评述[J].气候变化研究进展,2014,10(5):313-322.

[49] 彭建刚,刘明周,张玺,等.基于Pareto优化的离散自由搜索算法求解多目标柔性作业车间调度问题[J].中国机械工程,2015,26(05):620-626.

[50] 孙骞,张进,王宇翔.蚁群算法优化策略综述[J].信息安全与技术,2014,5(2):22-23,27.

[51] 于海璁,陆锋.一种基于遗传算法的多模式多标准路径规划方法[J].测绘学报,2014,43(1):89-96.

[52] 卢宇婷,林禹攸,彭乔姿,等.模拟退火算法改进综述及参数探究[J].大学数学,2015,31(6):96-103.

[53] 武中凯,尹传忠,颜阳,等.基于大数据综合信息平台的铁路货运营销分析[J].铁道货运,2018(10):28-32.

[54] 唐俊,尹传忠,武中凯.沿海港口与内陆腹地城市间铁路通道配流优化研究[J].铁道运输与经济,2018,40(6):12-17.

[55] 唐雁,尹传忠,武中凯,等.哈尔滨集装箱中心站功能区布局优化研究[J].铁道运输与经济,2018,40(5):24-30.

[56] 武中凯,尹传忠,唐俊,等.我国铁路运输企业改革的相关思考[J].综合运输,2018,40(5):27-33.

[57] 武上援,颜景波,李国华,等.大庆—泽布鲁日沃尔沃汽车中欧班列运输组织优化对策[J].铁道货运,2018,36(2):38-41.

[58] 颜阳,武中凯,尹传忠,等.基于灰色线性回归模型的哈尔滨铁路枢纽货运量预测研究[J].铁道货运,2018(11):1-5.